中学・高校 6年分の英単語を総復習する

やりなおし英語

ENGLISH VOCABULARY
Junior & Senior High School

平山 篤 =著
Hirayama Atsushi

はじめに

　英語を使えるようにするには、2つのものが欠かせません。
　それは Small Grammar（小さな文法）と Large Vocabulary（大きな語彙）です。
　つまり、文法をなるべくシンプルにとらえ、その一方で多くの単語を身につけるということが必要です。
　本書はそのうちの Large Vocabulary をめざすものです。

　もちろんここに収めたものが、辞書ほど Large というわけではありません。
　しかし、本書の単語を身につければ、新聞、雑誌、小説などいろいろ興味あるものにチャレンジできるようになります。そして、そうしたものを読めば読むほど Vocabulary は膨らんでいきます。
　そこへご案内するのが本書の役目だと考えています。

　ともすると「どのように英語を勉強すればいいのか」と迷って多くの時間を費やしてしまいます。
　基本に戻って、「中学・高校の英語をきちんと身につけ、使えるようにする」。
　これが実は一番無駄のない確実な方法です。

本書の特長

1 単語を覚えることをめざさない。

　めざすものは、あくまでも日本文の内容をスムーズに英語で表現することです。延々と英単語を日本語にする練習は必要ありません。なぜなら、それを続けている限り、頭が英語モードに入っていかないためです。「英文を言えるようにする」、これだけをこころがけましょう。

2 単語を感じる。

　自分でその単語を使ってみましょう。そうすることで、はじめて、その単語の感触がわかります。それを経験すれば自然とその単語は自分のものになってきます。逆に英文が作れなければ、その単語が使えない、つまり身についていないということがわかります。「見たことはあるが、意味を思い出せない」単語の増殖を防ぎましょう。

3 単語を理解する。

　英単語の語源を知ることで単語の理解を深めることができます。語源というと、面倒あるいは難解というイメージがあるかもしれませんが、実は語源を手軽に学習できる方法があります。巻末に載せていますが、これだけで実用上十分な語源知識はつくと思います。高校編に入る前、あるいは途中で一回見ておくとよいでしょう。

4 1ヵ月後が楽しみ。

　こうしたトレーニングを1ヵ月ぐらい続ければ、いわゆる英語慣れを実感できると思います。どんどんページをめくって「結構できるようになった」という感覚をぜひ味わってください。

本書の使い方

> **まず左ページ上の単語に目を通す。**
>
> 10個並んでいる単語を見てみましょう。

⬇

> **次にその下の例文を読む。**
>
> 10個の単語のうちから5個が選ばれ、それらを用いた英文が並んでいます。

⬇

> **そして右ページで英文を作る。**
>
> 先ほどの5つの文に新たに5つ加わります。
> 日本文の内容を英語で表現してみましょう。

　これで1ユニット終了です。
　このようにワンステップずつ進むので、無理なく各ユニットを終えることができます。
　また最初にひとつの Group の左ページだけを通してみる方法も Group 全体がつかめて効果的です。

英単語力を面積で測ってみよう！

この 10 単語は大丈夫と思えた UNIT を塗りつぶしてみましょう。
現在の英単語力が一目でわかります。

Group 1

1	2	3	4	5	6	7	8
9	10	11	12	13	14	15	16
17	18	19	20	21	22	23	24
25	26	27	28	29	30	31	32

Group 2

33	34	35	36	37	38	39
40	41	42	43	44	45	46
47	48	49	50	51	52	53
54	55	56	57	58	59	60
61	62	63	64	65	66	67

Group 3

68	69	70	71	72	73	74
75	76	77	78	79	80	81
82	83	84	85	86	87	88
89	90	91	92	93	94	95
96	97	98	99	100	101	102

Group 4

103	104	105	106	107	108	109
110	111	112	113	114	115	116
117	118	119	120	121	122	123
124	125	126	127	128	129	130
131	132	133	134	135	136	137

Group 5

138	139	140	141	142	143	144
145	146	147	148	149	150	151
152	153	154	155	156	157	158
159	160	161	162	163	164	165
166	167	168	169	170	171	172

contents

Group 1 (中学レベル)   9

    動詞 10
    名詞 10
    形容詞 10
    副詞 1
    前置詞 1

Group 2 (高校レベル1)   75

    動詞 15
    名詞 12
    形容詞 8

Group 3 (高校レベル2)   147

    動詞 14
    名詞 12
    形容詞 8
    副詞 1

Group 4（高校レベル3） 219

  動詞　14
  名詞　12
  形容詞　8
  副詞　1

Group 5（高校レベル4） 291

  動詞　14
  名詞　12
  形容詞　9

■ Backstage Tour **英単語の漢字変換**　363
■ Group 0（中学基礎レベル）　381
■**索引**　389

Group1（UNIT 1-32）
（中学レベル）

UNIT 1

動詞 1-1

単語を見てみよう！

- ① **do** [du] する
- ② **visit** [vízit] 訪れる
- ③ **wait** [wéit] 待つ
- ④ **collect** [kəlékt] 集める
- ⑤ **stay** [stéi] 滞在（する）
- ⑥ **worry** [wə́:ri] 心配する
- ⑦ **forget** [fərgét] 忘れる
- ⑧ **grow** [gróu] 育つ
- ⑨ **invite** [inváit] 招く
- ⑩ **respect** [rispékt] 尊敬（する）・点

よく使われる表現も見ておこう！

① What do you do?　　　どういうお仕事ですか。

③ I can't wait.　　　待ちきれない。

⑥ Don't worry.　　　心配いらないよ。

⑦ Don't forget your umbrella.　　　傘を忘れないように。

⑧ Grow up.　　　少しは大人になりなさい。

■派生語・関連語
④ colléction 収集　⑧ grówth 成長　⑨ invitátion 招待
⑩ respéctable 立派な　respéctful 礼儀正しい　respéctive それぞれの

NOTES：④絵画のコレクション　⑤ホームステイ

英語で話してみよう！　　　　　　　　　　　　　CD1

(1) 心配いらないよ。　　　　　　Don't _____.

(2) また訪ねてきてください。　　Please _____ us again.

(3) 招いてくれてありがとう。　　Thank you for _____ me.

(4) どういうお仕事ですか。　　　What do you _____?

(5) 我々は今データを集めている。　We're _____ data now.

(6) 少しは大人になりなさい。　　_____ up.

(7) 傘を忘れないように。　　　　Don't _____ your umbrella.

(8) 私は両親を尊敬している。　　I _____ my parents.

(9) うちに泊まってもいいよ。　　You can _____ with us.

(10) 待ちきれない。　　　　　　　I can't _____.

中学レベル

---

(1) worry　(2) visit　(3) inviting　(4) do　(5) collecting
(6) Grow　(7) forget　(8) respect　(9) stay　(10) wait

UNIT 2

動詞1-2

単語を見てみよう！

- ① **care** [kéər] 気にかける・世話
- ② **say** [séi] 言う
- ③ **send** [sénd] 送る
- ④ **become** [bikʌ́m] なる
- ⑤ **lose** [lúːz] 失う
- ⑥ **get** [gét] 得る・なる
- ⑦ **nod** [nάd] うなずく
- ⑧ **shake** [ʃéik] 振る
- ⑨ **receive** [risíːv] 受け取る
- ⑩ **explain** [ikspléin] 説明する

よく使われる表現も見ておこう！

① I don't care. どうでもいい。

② Say hello to your family. ご家族によろしく。

⑤ I lost my way. 私は道に迷った。

⑥ I get it. わかりました。

⑩ Can you explain it? それを説明してもらえますか。

■派生語・関連語
⑤ lóss 損失 ⑨ recéption 受付 recéipt 領収書 ⑩ explanátion 説明

NOTES: ⑧バニラシェイク　⑨レシーブを返す

英語で話してみよう！　　　　　　　　　　　　　　CD

(1) ご家族によろしく。　　　　　　_____ hello to your family.

(2) 彼にEメールを出した。　　　　　I _____ him an e-mail.

(3) それを説明してもらえますか。　　Can you _____ it?

(4) 彼女は首を振った。　　　　　　　She _____ her head.

(5) 彼はうなずいて承諾した。　　　　He _____ yes.

(6) 私は道に迷った。　　　　　　　　I _____ my way.

(7) どうでもいい。　　　　　　　　　I don't _____.

(8) 彼から手紙を受け取った。　　　　I _____ a letter from him.

(9) 彼女が私の上司になった。　　　　She _____ my boss.

(10) わかりました。　　　　　　　　　I _____ it.

---

(1) Say　(2) sent　(3) explain　(4) shook　(5) nodded
(6) lost　(7) care　(8) received　(9) became　(10) get

中学レベル

UNIT 3

動詞1-3

単語を見てみよう！

- ① **happen** [hǽpən] 起こる
- ② **arrive** [əráiv] 着く
- ③ **hear** [híər] 聞こえる
- ④ **finish** [fíniʃ] 終える
- ⑤ **save** [séiv] 救う・蓄える
- ⑥ **pay** [péi] 払う・給料
- ⑦ **laugh** [lǽf] 笑う
- ⑧ **choose** [tʃúːz] 選ぶ
- ⑨ **return** [ritə́ːrn] 戻る
- ⑩ **win** [wín] 勝つ

よく使われる表現も見ておこう！

① What happened to you? 君、どうしたんですか。

③ I can't hear you. 聞こえないよ。

⑥ Can I pay with a credit card? クレジットカードで払えますか。

⑦ Don't laugh at me. 私のことを笑わないで。

⑩ You win. 君の勝ちだ。

■派生語・関連語
② arríval 到着 ⑥ páyment 支払い ⑦ láughter 笑い
⑧ chóice 選択

NOTES：①ハプニング　⑧ベストチョイス　⑩ウイニングボール

英語で話してみよう！　　　　　　　　　　　　　　　CD2

(1) 私のことを笑わないで。　　　　Don't _____ at me.

(2) 何時に大阪に着きますか。　　　What time will we _____ in Osaka?

(3) すぐにそれを終えます。　　　　I will _____ it soon.

(4) 君の勝ちだ。　　　　　　　　　You _____.

(5) 彼が私の命を救った。　　　　　He _____ my life.

(6) 君はどれを選びましたか。　　　Which one did you _____?

(7) クレジットカードで払えますか。　Can I _____ with a credit card?

(8) 聞こえないよ。　　　　　　　　I can't _____ you.

(9) 君、どうしたんですか。　　　　What _____ to you?

(10) いつ日本に戻ってきたのですか。　When did you _____ to Japan?

---

(1) laugh　(2) arrive　(3) finish　(4) win　(5) saved
(6) choose　(7) pay　(8) hear　(9) happened　(10) return

中学レベル

UNIT 4

動詞 1-4

単語を見てみよう!

- □ ① **understand** [ʌ̀ndərstǽnd] 理解する
- □ ② **turn** [tə́:rn] 曲がる・順番
- □ ③ **need** [ní:d] 必要(とする)
- □ ④ **think** [θíŋk] 考える
- □ ⑤ **mean** [mí:n] 意味する・卑しい
- □ ⑥ **hope** [hóup] 希望(する)
- □ ⑦ **practice** [prǽktis] 練習(する)
- □ ⑧ **move** [mú:v] 動く・感動させる
- □ ⑨ **agree** [əgrí:] 賛成する
- □ ⑩ **disagree** [dìsəgrí:] 反対する

よく使われる表現も見ておこう!

① I understand your feelings.   君の気持ちはわかります。

③ I need your help.   君の手助けが必要だ。

④ Let me think.   ちょっと考えさせてください。

⑤ What do you mean?   どういう意味ですか。

⑥ I hope you like it.   君がそれを気に入ってくれればいいけど。

■派生語・関連語
④ thóught 思考 ⑨ agréement 同意

NOTES：②水泳のターン　③客のニーズ　⑥若手のホープ

英語で話してみよう！　　　　　　　　　　　　　　　CD

(1) どういう意味ですか。　　　　What do you _____?

(2) 私はそれには反対です。　　　I _____ with that.

(3) 君は賛成ですか。　　　　　　Do you _____?

(4) 君の手助けが必要だ。　　　　I _____ your help.

(5) 次の角を右に曲がりなさい。　_____ right at the next corner.

(6) 彼女は先週京都に引っ越した。　She _____ to Kyoto last week.

(7) 君がそれを気に入ってくれればいいけど。　I _____ you like it.

(8) ピアノを毎日練習しています。　I _____ the piano every day.

(9) 君の気持ちはわかります。　　I _____ your feelings.

(10) ちょっと考えさせてください。　Let me _____.

....

(1) mean　(2) disagree　(3) agree　(4) need　(5) Turn
(6) moved　(7) hope　(8) practice　(9) understand　(10) think

UNIT 5

動詞 1-5

単語を見てみよう！

- ① **marry** [mǽri] 結婚する
- ② **believe** [bilíːv] 信じる
- ③ **try** [trái] 試す
- ④ **begin** [bigín] 始まる
- ⑤ **meet** [míːt] 会う
- ⑥ **keep** [kíːp] 維持する
- ⑦ **lend** [lénd] 貸す
- ⑧ **borrow** [bárou] 借りる
- ⑨ **introduce** [ìntrəd(j)úːs] 紹介する・導入する
- ⑩ **complain** [kəmpléin] 不平を言う

よく使われる表現も見ておこう！

① Will you marry me? 　　結婚してくれますか。

② I can't believe this. 　　こんなこと信じられない。

⑤ Nice to meet you. 　　はじめまして。

⑨ Let me introduce myself. 　　自己紹介させてください。

⑩ I can't complain. 　　文句は言えないな。

■派生語・関連語
① márriage 結婚　② belíef 信念　③ tríal 試行
⑨ introdúction 紹介　⑩ compláint 不平

NOTES：⑤ミーティング　⑥成績をキープ　⑨曲のイントロ

英語で話してみよう！　　　　　　　　　　　　　　CD3

(1) 文句は言えないな。　　　　　　I can't _____.

(2) それを試すべきだよ。　　　　　You should _____ it.

(3) 君の車、借りられる？　　　　　Can I _____ your car?

(4) 結婚してくれますか。　　　　　Will you _____ me?

(5) 自己紹介させてください。　　　Let me _____ myself.

(6) 雨が降り始めた。　　　　　　　It _____ raining.

(7) 私は日記をつけている。　　　　I _____ a diary.

(8) こんなこと信じられない。　　　I can't _____ this.

(9) はじめまして。　　　　　　　　Nice to _____ you.

(10) 私のものを貸しましょうか。　　Shall I _____ you mine?

中学レベル

....

(1) complain　(2) try　(3) borrow　(4) marry　(5) introduce
(6) began　(7) keep　(8) believe　(9) meet　(10) lend

UNIT 6

動詞1-6

単語を見てみよう！

- ① **quit** [kwít] 辞める
- ② **hit** [hít] 打つ
- ③ **cheer** [tʃíər] 元気づく・励ます
- ④ **enter** [éntər] 入る
- ⑤ **breathe** [bríːð] 呼吸する
- ⑥ **fail** [féil] 失敗する
- ⑦ **bark** [báːrk] ほえる
- ⑧ **imagine** [imǽdʒin] 想像する
- ⑨ **hide** [háid] 隠す
- ⑩ **hate** [héit] 憎む

よく使われる表現も見ておこう！

① I'll quit my job.　　仕事を辞めます。

③ Cheer up.　　元気を出して。

⑥ He failed in business.　　彼は事業で失敗した。

⑧ I can't imagine.　　想像がつかない。

⑩ I hate carrots.　　にんじんは大嫌い。

■派生語・関連語
④ éntrance 入り口　⑤ bréath 息　⑥ fáilure 失敗　⑧ imaginátion 想像　imáginary 想像上の　imáginative 想像力のある　⑩ hátred 憎しみ

NOTES：②ヒットを打つ　③チアリーダー

英語で話してみよう！　　　　　　　　　　　　　　　　CD

(1) にんじんは大嫌い。　　　　　I _____ carrots.

(2) 想像がつかない。　　　　　　I can't _____.

(3) 彼は車にはねられた。　　　　He was _____ by a car.

(4) 息ができない。　　　　　　　I can't _____.

(5) 彼は事業で失敗した。　　　　He _____ in business.

(6) 犬が私にほえた。　　　　　　A dog _____ at me.

(7) 仕事を辞めます。　　　　　　I'll _____ my job.

(8) 元気を出して。　　　　　　　_____ up.

(9) 彼女は今年高校に入った。　　She _____ high school this year.

(10) 彼は何かを隠している。　　　He's _____ something.

----

(1) hate　(2) imagine　(3) hit　(4) breathe　(5) failed
(6) barked　(7) quit　(8) Cheer　(9) entered　(10) hiding

UNIT 7

動詞 1-7

単語を見てみよう!

- ① **wear** [wéər] 着る・すり減らす
- ② **wish** [wíʃ] 願う・願い
- ③ **protect** [prətékt] 守る
- ④ **sound** [sáund] 聞こえる・音
- ⑤ **show** [ʃóu] 見せる
- ⑥ **hurry** [hə́:ri] 急ぐ
- ⑦ **fly** [flái] 飛ぶ
- ⑧ **smoke** [smóuk] タバコを吸う・煙
- ⑨ **appear** [əpíər] 現れる
- ⑩ **disappear** [dìsəpíər] 消える

よく使われる表現も見ておこう!

② I wish you good luck. 幸運を祈ります。

④ It sounds good to me. 私には、よいように思えます。

⑥ Hurry up. 急ぎなさい。

⑦ Time flies. 時間はすぐにたつ。

⑧ Do you smoke? あなたはタバコを吸いますか。

■派生語・関連語
③ protéction 保護 ⑦ flíght 飛行 ⑨ appéarance 外見

NOTES：①スポーツウエア　③コピープロテクト

英語で話してみよう！　　　　　　　　　　　　　　　　　　CD4

(1) 急ぎなさい。　　　　　　　　_____ up.

(2) 幸運を祈ります。　　　　　　I _____ you good luck.

(3) 彼は突然いなくなった。　　　He _____ suddenly.

(4) 何を着ればいいんだろう。　　What should I _____?

(5) あなたはタバコを吸いますか。　Do you _____?

(6) 私には、よいように思えます。　It _____ good to me.

(7) 私達は子供を守らなければならない。　We must _____ our children.

(8) 時間はすぐにたつ　　　　　　Time _____.

(9) 結局、彼女は現れなかった。　She didn't _____ after all.

(10) 私が案内しましょうか。　　　Shall I _____ you around?

----

(1) Hurry　(2) wish　(3) disappeared　(4) wear　(5) smoke
(6) sounds　(7) protect　(8) flies　(9) appear　(10) show

UNIT 8

動詞 1-8

単語を見てみよう！

- ① **join** 加わる
  [dʒɔ́in]
- ② **throw** 投げる
  [θróu]
- ③ **hang** 掛ける
  [hǽŋ]
- ④ **fight** 争う
  [fáit]
- ⑤ **cry** 泣く・叫ぶ
  [krái]
- ⑥ **shine** 輝く
  [ʃáin]
- ⑦ **discuss** 議論する
  [diskʌ́s]
- ⑧ **run** 走る・経営する
  [rʌ́n]
- ⑨ **discover** 発見する
  [diskʌ́vər]
- ⑩ **fix** 修理（固定）する
  [fíks]

よく使われる表現も見ておこう！

① Can I join you? 　　私もあなた達に加わっていいですか。

② Don't throw it away. 　　それを捨てないで。

④ Stop fighting. 　　けんかはやめなさい．

⑦ We'll discuss it later. 　　それは後で話し合おう。

⑧ I have to run. 　　もう行かないといけない。

■派生語・関連語
① jóint 接合　⑦ discússion 議論　⑨ discóvery 発見

NOTES：③ハンガー　⑧ランニング

英語で話してみよう！　　　　　　　　　　　　　　　　CD

(1) けんかはやめなさい。　　　　Stop _____.

(2) 太陽が輝いている。　　　　　The sun is _____.

(3) それは後で話し合おう。　　　We'll _____ it later.

(4) 彼は決して泣かない。　　　　He never _____.

(5) あなたのコートを掛けておきましょう。　　Let me _____ up your coat.

(6) 彼の秘密を見つけた。　　　　I _____ his secret.

(7) もう行かないといけない。　　I have to _____.

(8) 私は自転車を修理した。　　　I _____ my bike.

(9) 私もあなた達に加わっていいですか。　　Can I _____ you?

(10) それを捨てないで。　　　　　Don't _____ it away.

---

(1) fighting　(2) shining　(3) discuss　(4) cries　(5) hang
(6) discovered　(7) run　(8) fixed　(9) join　(10) throw

UNIT 9

動詞 1-9

単語を見てみよう！

- □ ① **remember** [rimémbər] 覚えている
- □ ② **find** [fáind] 見つける
- □ ③ **smell** [smél] におう
- □ ④ **taste** [téist] 味（がする）
- □ ⑤ **bite** [báit] 噛む
- □ ⑥ **kill** [kíl] 殺す
- □ ⑦ **wake** [wéik] 目を覚ます
- □ ⑧ **trust** [trʌ́st] 信用する
- □ ⑨ **relax** [rilǽks] くつろぐ
- □ ⑩ **repeat** [ripíːt] 繰り返す

よく使われる表現も見ておこう！

① Do you remember me?　　私を覚えてますか。

③ It smells good.　　いいにおいがする。

⑥ I have to kill some time.　　少し時間をつぶさなくてはならない。

⑧ You can't trust him.　　彼は信用できないよ。

⑩ Would you repeat it, please?　もう一度言ってもらえますか。

■派生語・関連語
④ tásty 味のよい　⑨ relaxátion くつろぎ　⑩ repetítion 繰り返し

NOTES : ④ワインのテイスティング　⑩リピーター

英語で話してみよう！　　　　　　　　　　CD5

(1) いいにおいがする。　　　　　It _____ good.

(2) もう一度言ってもらえますか。　Would you _____ it, please?

(3) 目を覚ましなさい。　　　　　_____ up.

(4) どうぞくつろいでください。　Please _____.

(5) 私を覚えてますか。　　　　　Do you _____ me?

(6) それは噛まないよ。　　　　　It won't _____ you.

(7) ひどい味だ。　　　　　　　　It _____ terrible.

(8) 少し時間をつぶさなくてはならない。　I have to _____ some time.

(9) どうやってそれを見つけたの？　How did you _____ it?

(10) 彼は信用できないよ。　　　　You can't _____ him.

---

(1) smells　(2) repeat　(3) Wake　(4) relax　(5) remember
(6) bite　(7) tastes　(8) kill　(9) find　(10) trust

UNIT 10

動詞 1-10

単語を見てみよう！

- □ ① **waste** [wéist] 浪費する・廃棄物
- □ ② **promise** [prámis] 約束（する）
- □ ③ **cost** [kɔ́ːst] 費用（がかかる）
- □ ④ **order** [ɔ́ːrdər] 命じる・秩序
- □ ⑤ **exchange** [ikstʃéindʒ] 交換（する）
- □ ⑥ **follow** [fálou] ついていく
- □ ⑦ **belong** [bilɔ́ːŋ] 所属する
- □ ⑧ **spend** [spénd] 費やす
- □ ⑨ **miss** [mís] 寂しく思う・逃す
- □ ⑩ **add** [æd] 加える

よく使われる表現も見ておこう！

① I wasted my time. 　　時間を無駄にした。

③ It costs 3000 yen. 　　3000円かかります。

⑥ Please follow me. 　　私の後についてきてください。

⑨ I'll miss you. 　　君がいないと寂しくなる。

⑩ Add a little salt. 　　少し塩を加えなさい。

■派生語・関連語
⑦ belóngings 身の回り品　⑩ addítion 追加

NOTES:③コストの問題　⑥フォローする

英語で話してみよう！　　　　　　　　　　　CD

(1) 君がいないと寂しくなる。　　　　I'll _____ you.

(2) 彼は戻ってくると約束した。　　　He _____ to come back.

(3) 時間を無駄にした。　　　　　　　I _____ my time.

(4) 私達は情報を交換した。　　　　　We _____ information.

(5) 3000円かかります。　　　　　　It _____ 3000 yen.

(6) 注文はお決まりですか。　　　　　Are you ready to _____?

(7) 少し塩を加えなさい。　　　　　　_____ a little salt.

(8) 週末はどのように過ごしましたか。　How did you _____ your weekend?

(9) 私の後についてきてください。　　Please _____ me.

(10) 私はテニスクラブに所属している。　I _____ to a tennis club.

中学レベル

----

(1) miss　(2) promised　(3) wasted　(4) exchanged　(5) costs　(6) order　(7) Add　(8) spend　(9) follow　(10) belong

UNIT 11

名詞 1-1

単語を見てみよう！

- ① **weather** [wéðər] 天候
- ② **question** [kwéstʃən] 質問
- ③ **examination** [igzæmənéiʃən] 試験
- ④ **future** [fjúːtʃər] 未来
- ⑤ **problem** [prábləm] 問題
- ⑥ **person** [pə́ːrsn] 人
- ⑦ **traffic** [trǽfik] 交通
- ⑧ **vegetable** [védʒ(ə)təbl] 野菜
- ⑨ **mistake** [mistéik] 間違い
- ⑩ **hospital** [háspitl] 病院

よく使われる表現も見ておこう！

① How's the weather?　　　天候はどうですか。

② Can I ask you a question?　　ひとつ質問してもいいですか。

⑤ No problem.　　　何の問題もありません。

⑥ He's a nice person.　　彼はよい人です。

⑨ I made a mistake.　　私はミスをしました。

■派生語・関連語
③ exámine 調べる　⑥ pérsonal 個人の　⑧ vegetárian 菜食主義者

NOTES：①ウエザーリポート　⑧ベジタリアン　⑨ミスが多い

英語で話してみよう！　　　　　　　　　　　　　　　　　　CD6

(1) 彼はよい人です。　　　　　　　He's a nice _____.

(2) 彼女は入院中だ。　　　　　　　She's in the _____.

(3) 天候はどうですか。　　　　　　How's the _____?

(4) 彼女は野菜しか食べない。　　　She eats only _____.

(5) 交通量が多い。　　　　　　　　There's a lot of _____.

(6) 今、試験勉強をしている。　　　I'm studying for the _____ now.

(7) 私はミスをしました。　　　　　I made a _____.

(8) 何の問題もありません。　　　　No _____.

(9) 将来、何になりたいですか。　　What do you want to be in the _____?

(10) ひとつ質問してもいいですか。　Can I ask you a _____ ?

----

(1) person (2) hospital (3) weather (4) vegetables (5) traffic (6) examination (7) mistake (8) problem (9) future (10) question

UNIT 12

名詞1-2

単語を見てみよう！

- ① **job** [dʒáb] 仕事
- ② **subject** 科目・題・従属的・支配する 名形[sʌ́bdʒikt] 動[səbdʒékt]
- ③ **clothes** [klóuz] 服
- ④ **grade** [gréid] 学年・段階
- ⑤ **idea** [aidíə] 考え
- ⑥ **opinion** [əpínjən] 意見
- ⑦ **block** [blák] 区画
- ⑧ **fever** [fíːvər] 熱
- ⑨ **volunteer** [vὰləntíər] ボランティア
- ⑩ **trip** [tríp] 旅行

よく使われる表現も見ておこう！

① You did a good job. よくやった。

② What subjects do you like? 何の科目が好きですか。

⑤ I have no idea. 見当がつかない。

⑧ I have a fever. 私は熱がある。

⑨ I work as a volunteer. 私はボランティアとして働いている。

■派生語・関連語
④ grádual 段階的な　⑨ vóluntary 自発的な

NOTES：④グレードアップ　⑦ブロックに分ける　⑧フィーバー

英語で話してみよう！　　　　　　　　　　　　　　　CD

(1) 何の科目が好きですか。　　　　What _____ do you like?

(2) 私は服を洗った。　　　　　　　I washed my _____.

(3) 私達は奈良へ旅行に行きました。　We made a _____ to Nara.

(4) 君の意見は何ですか。　　　　　What's your _____?

(5) 私はボランティアとして働いている。　I work as a _____.

(6) よくやった。　　　　　　　　　You did a good _____.

(7) 3区画ほど行きなさい。　　　　Go three _____.

(8) 見当がつかない。　　　　　　　I have no _____.

(9) 私は熱がある。　　　　　　　　I have a _____.

(10) 私の娘は小学2年生です。　　　My daughter is in the second _____.

---

(1) subjects　(2) clothes　(3) trip　(4) opinion　(5) volunteer
(6) job　(7) blocks　(8) idea　(9) fever　(10) grade

UNIT 13

名詞 1-3

単語を見てみよう！

- ① **pleasure** [pléʒər] 喜び
- ② **accident** [æksəd(ə)nt] 事故
- ③ **miracle** [mírəkl] 奇跡
- ④ **one-way** [wʌ́nwéi] 片道
- ⑤ **farm** [fɑ́ːrm] 農場
- ⑥ **sightseeing** [sáitsiːiŋ] 観光
- ⑦ **pain** [péin] 痛み
- ⑧ **astronaut** [ǽstrənɔ̀ːt] 宇宙飛行士
- ⑨ **wheelchair** [(h)wíːltʃer] 車イス
- ⑩ **information** [ìnfərméiʃən] 情報

よく使われる表現も見ておこう！

① With pleasure. 喜んで。

② I had an accident yesterday. 私は昨日事故にあった。

③ It's just a miracle. それは、まさに奇跡だ。

⑦ I feel pain in my shoulder. 肩に痛みを感じる。

⑩ We need more information. 私達はもっと情報が必要だ。

■派生語・関連語
① pléase 喜ばす ② accidéntal 偶然の ④ róund-tríp 往復
⑦ páinful 痛い ⑩ infórm 報告する

NOTES：⑩ IT（Information Technology）

英語で話してみよう！　　　　　　　　　　　　　　　CD7

(1) 私は片道切符を買った。　　　　I bought a _____ ticket.

(2) 私達はもっと情報が必要だ。　　We need more _____.

(3) 彼らは農場で働いている。　　　They're working on a _____.

(4) 私は昨日事故にあった。　　　　I had an _____ yesterday.

(5) 肩に痛みを感じる。　　　　　　I feel _____ in my shoulder.

(6) 私達は観光バスに乗った。　　　We took a _____ bus.

(7) 彼は車イスに乗っている。　　　He's in a _____.

(8) 彼女は宇宙飛行士になりたい。　She wants to be an _____.

(9) 喜んで。　　　　　　　　　　　With _____.

(10) それは、まさに奇跡だ。　　　　It's just a _____.

---

(1) one-way (2) information (3) farm (4) accident (5) pain
(6) sightseeing (7) wheelchair (8) astronaut (9) pleasure
(10) miracle

UNIT 14

名詞 1-4

単語を見てみよう！

- ① **trouble** [trʌ́bl] トラブル
- ② **view** [vjúː] 眺め・見解
- ③ **experience** [ikspí(ə)riəns] 経験
- ④ **experiment** [ikspérəmənt] 実験
- ⑤ **nephew** [néfjuː] 甥（おい）
- ⑥ **wind** [wínd] 風
- ⑦ **poem** [póuəm] 詩
- ⑧ **language** [lǽŋgwidʒ] 言語
- ⑨ **glasses** [glǽsiz] メガネ
- ⑩ **purpose** [pə́ːrpəs] 目的

よく使われる表現も見ておこう！

① I'm in trouble. 私は困っている。

③ It was a good experience. それはよい経験でした。

⑥ We have strong winds today. 今日は風が強い。

⑧ Can you speak a foreign language? 外国語が話せますか。

⑩ What's the purpose of your visit? あなたの訪問の目的は何ですか。

■派生語・関連語
① tróublesome 面倒な ⑤ níece 姪（めい） ⑥ wíndy 風の強い
⑦ póet 詩人 ⑨ gláss ガラス

NOTES: ②オーシャンビュー　⑥ウインドサーフィン

英語で話してみよう！　　　　　　　　　　　　　　　CD

(1) それはよい経験でした。　　　　It was a good _____.

(2) 今日は風が強い。　　　　　　　We have strong _____ today.

(3) 私は詩を書くのが好きです。　　I like to write _____.

(4) 彼らは動物実験をしました。　　They did an _____ on animals.

(5) 彼は普段メガネをかけている。　He usually wears _____.

(6) 外国語が話せますか。　　　　　Can you speak a foreign _____?

(7) 私達は海の眺めを楽しんだ。　　We enjoyed the _____ of the sea.

(8) あなたの訪問の目的は何ですか。　What's the _____ of your visit?

(9) 私は甥（おい）が2人います。　I have two _____.

(10) 私は困っている。　　　　　　　I'm in _____.

---

(1) experience　(2) winds　(3) poems　(4) experiment
(5) glasses　(6) language　(7) view　(8) purpose　(9) nephews
(10) trouble

中学レベル

UNIT 15

名詞 1-5

単語を見てみよう！

- ① **kind** [káind] 種類・優しい
- ② **matter** [mǽtər] 問題（になる）
- ③ **church** [tʃə́:rtʃ] 教会
- ④ **neighbor** [néibər] 隣人
- ⑤ **gesture** [dʒéstʃər] 身振り
- ⑥ **continent** [kánt(ə)nənt] 大陸
- ⑦ **date** [déit] 日付
- ⑧ **flight** [fláit] 飛行
- ⑨ **planet** [plǽnit] 惑星
- ⑩ **education** [èdʒukéiʃən] 教育

よく使われる表現も見ておこう！

① It's a kind of art. 　　それは一種の芸術です。

② What's the matter with you? 　　君、どうしたんですか。

④ She's my neighbor. 　　彼女は近所の人です。

⑦ What's the date today? 　　今日は何日ですか。

⑧ Have a nice flight. 　　よい空の旅を。

■派生語・関連語
④ néighborhood 近所　⑥ continéntal 大陸の　⑧ flý 飛ぶ
⑩ éducate 教育する

NOTES:⑧フライトスケジュール　⑨プラネタリウム

英語で話してみよう！　　　　　　　　　　　　　　　　CD8

(1) 彼女は近所の人です。　　　　　She's my _____.

(2) 彼は怒った素振りをした。　　　He made an angry _____.

(3) 日曜日は教会に行く。　　　　　I go to _____ on Sundays.

(4) それは一種の芸術です。　　　　It's a _____ of art.

(5) 彼女は大学教育を受けている。　She has a college _____.

(6) 今日は何日ですか。　　　　　　What's the _____ today?

(7) 君、どうしたんですか。　　　　What's the _____ with you?

(8) 彼は大陸を横断した。　　　　　He traveled across the _____.

(9) よい空の旅を。　　　　　　　　Have a nice _____.

(10) 地球は惑星の1つだ。　　　　　The earth is one of the _____.

---

(1) neighbor (2) gesture (3) church (4) kind (5) education
(6) date (7) matter (8) continent (9) flight (10) planets

中学レベル

UNIT 16

名詞 1-6

単語を見てみよう！

- ① **example** [igzǽmpl] 例
- ② **place** [pléis] 場所・置く
- ③ **meal** [míːl] 食事
- ④ **instrument** [ínstrəmənt] 楽器・器具
- ⑤ **moment** [móumənt] 瞬間
- ⑥ **bone** [bóun] 骨
- ⑦ **fault** [fɔ́ːlt] 失敗
- ⑧ **century** [séntʃəri] 世紀
- ⑨ **desert** 名[dézəːrt] 動[dizə́ːrt] 砂漠・見捨てる
- ⑩ **tongue** [tʌ́ŋ] 言語・舌

よく使われる表現も見ておこう！

① Take TV, for example.　　テレビを例にとってみよう。

② I know a good place.　　私はよい場所を知っている。

⑤ Just a moment, please.　　ちょっと待ってください。

⑦ It's my fault.　　それは私の失敗です。

⑩ What's your mother tongue?　　あなたの母語は何ですか。

■派生語・関連語
④ instruméntal 役立つ・楽器の　⑤ mómentary 一瞬の

NOTES: ④インストルメンタルの曲　⑩焼肉のタン

英語で話してみよう！　　　　　　　　　　　　　　　　　CD

(1) ちょっと待ってください。　　　Just a _____, please.

(2) テレビを例にとってみよう。　　Take TV, for _____.

(3) 砂漠が拡大している。　　　　　The _____ is getting bigger.

(4) 何も楽器はできません。　　　　I can't play any _____.

(5) あなたの母語は何ですか。　　　What's your mother _____?

(6) それは8世紀に建てられた。　　It was built in the 8th _____.

(7) 私はよい場所を知っている。　　I know a good _____.

(8) 私は1日3食とってます。　　　I have three _____ a day.

(9) 彼女は骨を折った。　　　　　　She broke a _____.

(10) それは私の失敗です。　　　　　It's my _____.

---

(1) moment　(2) example　(3) desert　(4) instruments
(5) tongue　(6) century　(7) place　(8) meals　(9) bone
(10) fault

UNIT 17

名詞1-7

単語を見てみよう！

- ① **insect** [ínsekt] 昆虫
- ② **mind** [máind] 心・気にする
- ③ **talent** [tǽlənt] 才能
- ④ **form** [fɔ́ːrm] 形（づくる）・用紙
- ⑤ **war** [wɔ́ːr] 戦争
- ⑥ **peace** [píːs] 平和
- ⑦ **map** [mǽp] 地図
- ⑧ **fact** [fǽkt] 事実
- ⑨ **electricity** [ilektrísəti] 電気
- ⑩ **company** [kʌ́mpəni] 会社・仲間

よく使われる表現も見ておこう！

② Keep it in mind. — それを心に留めておきなさい。

④ It has a strange form. — それは奇妙な形をしている。

⑦ I'll draw you a map. — 君に地図を描いてあげるよ。

⑧ I didn't know that fact. — 私はその事実を知らなかった。

⑩ I work for a company. — 私は会社勤めです。

■派生語・関連語
④ fórmal 形式的な ⑥ péaceful 平和な ⑨ eléctric 電気の

NOTES：②マインドコントロール　③テレビタレント

英語で話してみよう！　　　　　　　　　　　　　　　　CD9

(1) 人々は平和に暮らしている。　　People live in _____.

(2) 私は会社勤めです。　　　　　　I work for a _____.

(3) それを心に留めておきなさい。　Keep it in _____.

(4) 戦争は1945年に終わった。　　The _____ ended in 1945.

(5) 私は選手としての才能がなかった。　I had no _____ as a player.

(6) 6時間電気が来なかった。　　　We had no _____ for 6 hours.

(7) 私はその事実を知らなかった。　I didn't know that _____.

(8) 君に地図を描いてあげるよ。　　I'll draw you a _____.

(9) それは奇妙な形をしている。　　It has a strange _____.

(10) 私は昆虫が嫌いです。　　　　　I don't like _____.

---

(1) peace　(2) company　(3) mind　(4) war　(5) talent
(6) electricity　(7) fact　(8) map　(9) form　(10) insects

UNIT 18

名詞1-8

単語を見てみよう！

- ① **thing** [θíŋ] 物・事
- ② **million** [míljən] 百万
- ③ **uniform** [júːnəfɜːrm] 制服・画一的な
- ④ **noise** [nɔ́iz] 騒音
- ⑤ **factory** [fǽkt(ə)ri] 工場
- ⑥ **earthquake** [ə́ːrθkweik] 地震
- ⑦ **medicine** [médəsin] 薬・医学
- ⑧ **stairs** [stéəz] 階段
- ⑨ **touch** [tʌ́tʃ] 接触（する）
- ⑩ **temple** [témpl] 寺

よく使われる表現も見ておこう！

① Things are different today. 　今日では事情が違う。

④ Don't make any noise. 　物音を立てないで。

⑥ There was a big earthquake. 　大きな地震があった。

⑦ Take this medicine. 　この薬を飲みなさい。

⑨ Keep in touch. 　時々連絡してください。

■派生語・関連語
② bíllion 十億　④ nóisy 騒々しい　⑦ médical 医学の
⑧ upstáirs 2階へ

NOTES：③チームのユニフォーム　⑦メディカルチェック

英語で話してみよう！　　　　　　　　　　　　　CD

(1) 時々連絡してください。　　　　Keep in _____.

(2) 私は階段を上った。　　　　　　I climbed up the _____.

(3) 何百万人もの人々がその試　　　_____ of people watched
 　　合を見た。　　　　　　　　　 the game.

(4) 私達は制服を着ている。　　　　We wear _____.

(5) 彼は工場労働者です。　　　　　He's a _____ worker.

(6) 今日では事情が違う。　　　　　_____ are different today.

(7) 私は古い寺を訪れた。　　　　　I visited an old _____.

(8) 物音を立てないで。　　　　　　Don't make any _____.

(9) 大きな地震があった。　　　　　There was a big _____.

(10) この薬を飲みなさい。　　　　　Take this _____.

---

(1) touch　(2) stairs　(3) Millions　(4) uniforms　(5) factory
(6) Things　(7) temple　(8) noise　(9) earthquake　(10) medicine

UNIT 19   名詞1-9

単語を見てみよう！

- ① **prize** [práiz] 賞
- ② **law** [lɔ́ː] 法
- ③ **temperature** [témp(ə)rətʃər] 温度
- ④ **vase** [véis] 花瓶
- ⑤ **festival** [féstəvəl] 祭り
- ⑥ **object** 物体・反対する 名[ábdʒikt] 動[əbdʒékt]
- ⑦ **quantity** [kwántəti] 量
- ⑧ **quality** [kwάləti] 質
- ⑨ **address** [ədrés] 住所・話す
- ⑩ **courage** [kə́ːridʒ] 勇気

よく使われる表現も見ておこう！

① She won the first prize.　彼女が1位を勝ち取った。

③ Take your temperature.　体温を測りなさい。

⑥ What is that object?　あの物体は何ですか。

⑧ The quality is really high.　その質は本当に高い。

⑨ This is my address.　これが私の住所です。

■派生語・関連語
⑩ courágeous 勇気のある

NOTES: ⑥ UFO (Unidentified Flying Object: 未確認飛行物体)

英語で話してみよう！　　　　　　　　　　　　　　CD10

(1) 私は勇気がなかった。　　　　　I had no _____.

(2) あの物体は何ですか。　　　　　What is that _____?

(3) これが私の住所です。　　　　　This is my _____.

(4) その質は本当に高い。　　　　　The _____ is really high.

(5) 彼らは法律を犯した。　　　　　They broke the _____.

(6) 毎年夏に祭りがある。　　　　　We have a _____ every summer.

(7) 体温を測りなさい。　　　　　　Take your _____.

(8) この花瓶は韓国で作られた。　　This _____ was made in Korea.

(9) その量は十分ではなかった。　　The _____ was not enough.

(10) 彼女が1位を勝ち取った。　　　She won the first _____.

---

(1) courage　(2) object　(3) address　(4) quality　(5) law
(6) festival　(7) temperature　(8) vase　(9) quantity　(10) prize

UNIT 20

名詞 1-10

単語を見てみよう！

- ① **crowd** [kráud] 群集
- ② **custom** [kÁstəm] 習慣
- ③ **college** [kálidʒ] 大学
- ④ **habit** [hǽbit] 癖
- ⑤ **tool** [túːl] 道具
- ⑥ **culture** [kÁltʃər] 文化
- ⑦ **nature** [néitʃər] 自然・性質
- ⑧ **society** [səsáiəti] 社会
- ⑨ **fire** [fáiər] 火・クビにする
- ⑩ **fortune** [fɔ́ːrtʃən] 運・財産

よく使われる表現も見ておこう！

③ I'm going on to college. 　私は大学に進みます。

④ She has a bad habit. 　彼女は悪い癖がある。

⑤ This is a useful tool. 　これは役に立つ道具だ。

⑥ I'm interested in foreign cultures. 　外国の文化に興味がある。

⑩ Do you believe in fortune telling? 　あなたは占いを信じますか。

■派生語・関連語
① crówded 混雑した　③ univérsity（総合）大学　⑧ sócial 社会の
⑩ fórtunate 幸運な

NOTES: ⑥カルチャーショック　⑧ソーシャルダンス

英語で話してみよう！　　　　　　　　　　　　　　　CD

(1) 彼はもともと無口だ。　　　　　He is quiet by _____.

(2) あなたは占いを信じますか。　　Do you believe in _____ telling?

(3) 多くの人々が集まっていた。　　There was a large _____.

(4) 外国の文化に興味がある。　　　I'm interested in foreign _____.

(5) 私は大学に進みます。　　　　　I'm going on to _____.

(6) 習慣は国によって異なる。　　　_____ differ from country to country.

(7) 彼女は悪い癖がある。　　　　　She has a bad _____.

(8) 昨夜火事があった。　　　　　　There was a _____ last night.

(9) これは役に立つ道具だ。　　　　This is a useful _____.

(10) 彼らは小さな社会に暮らしている。　They're living in a small _____.

---

(1) nature　(2) fortune　(3) crowd　(4) cultures　(5) college
(6) Customs　(7) habit　(8) fire　(9) tool　(10) society

UNIT 21

形容詞 1-1

単語を見てみよう！

- ① **right** [ráit]　正しい・権利
- ② **wrong** [rɔ́:ŋ]　間違っている
- ③ **glad** [glǽd]　うれしい
- ④ **thirsty** [θə́:rsti]　喉がかわいた
- ⑤ **hungry** [hʌ́ŋgri]　空腹の
- ⑥ **full** [fúl]　いっぱいの
- ⑦ **shy** [ʃái]　内気の
- ⑧ **sad** [sǽd]　悲しい
- ⑨ **fine** [fáin]　よい・罰金
- ⑩ **angry** [ǽŋgri]　怒っている

よく使われる表現も見ておこう！

① That's right.　　　　　そのとおりです。

② What's wrong?　　　　どうしたんですか。

③ I'm glad to see you.　　お会いできてうれしいです。

⑥ I'm full.　　　　　　　おなかいっぱいです。

⑨ That's fine with me.　　私はそれでいいですよ。

■派生語・関連語
⑤ húnger 飢え　⑧ sádness 悲しさ　⑩ ánger 怒り

NOTES：⑤ハングリー精神　⑥フルスピード　⑦シャイな性格

英語で話してみよう！　　　　　　　　　　　　　　　　CD11

(1) どうしたんですか。　　　　　What's _____?

(2) 彼女は少し内気です。　　　　She's a little _____.

(3) それは悲しい話でした。　　　It was a _____ story.

(4) おなかすいてない？　　　　　Aren't you _____?

(5) 私はそれでいいですよ。　　　That's _____ with me.

(6) 彼女は私に怒っていた。　　　She was _____ with me.

(7) お会いできてうれしいです。　I'm _____ to see you.

(8) そのとおりです。　　　　　　That's _____.

(9) おなかいっぱいです。　　　　I'm _____.

(10) すごく喉が渇いている。　　　I'm very _____.

---

(1) wrong　(2) shy　(3) sad　(4) hungry　(5) fine
(6) angry　(7) glad　(8) right　(9) full　(10) thirsty

UNIT 22

形容詞1-2

単語を見てみよう！

- ① **free** [fríː] 自由な・暇な
- ② **busy** [bízi] 忙しい
- ③ **sure** [ʃúər] 確かな
- ④ **welcome** [wélkəm] 歓迎された
- ⑤ **late** [léit] 遅い
- ⑥ **early** [ə́ːrli] 早い
- ⑦ **quiet** [kwáiət] 静かな
- ⑧ **alone** [əlóun] 一人で
- ⑨ **tired** [táiərd] 疲れている
- ⑩ **funny** [fʌ́ni] 面白い

よく使われる表現も見ておこう！

③ Are you sure? 確かですか。

④ You are welcome. どういたしまして。

⑤ Sorry to be late. 遅れてすみません。

⑧ Leave me alone. 私のことは放っておいて。

⑩ He's funny. 彼は面白い。

■派生語・関連語
① fréedom 自由　⑤ látely 最近　⑦ qúietness 静けさ
⑨ tíredness 疲労

NOTES：①フリータイム　②ビジネス

英語で話してみよう！　　　　　　　　　　　　　　CD

(1) 遅れてすみません。　　　　　Sorry to be _____.

(2) 今日はずいぶん早いですね。　You're so _____ today.

(3) 歩き疲れた。　　　　　　　　I'm _____ from walking.

(4) 静かにしてください。　　　　Be _____, please.

(5) 私のことは放っておいて。　　Leave me _____.

(6) どういたしまして。　　　　　You're _____.

(7) 私は仕事で忙しい。　　　　　I'm _____ with my work.

(8) 明日暇ですか。　　　　　　　Are you _____ tomorrow?

(9) 彼は面白い。　　　　　　　　He's _____.

(10) 確かですか。　　　　　　　　Are you _____?

---

(1) late　(2) early　(3) tired　(4) quiet　(5) alone
(6) welcome　(7) busy　(8) free　(9) funny　(10) sure

UNIT 23

形容詞1-3

単語を見てみよう！

- ① **popular** [pápjulər] 人気がある
- ② **bad** [bǽd] 悪い
- ③ **rich** [rítʃ] 裕福な
- ④ **poor** [púər] 貧しい
- ⑤ **absent** [ǽbs(ə)nt] 欠席した
- ⑥ **present** 出席した・現在の・贈物・与える 名形[préznt] 動[prizént]
- ⑦ **strong** [strɔ́:ŋ] 強い・濃い
- ⑧ **weak** [wí:k] 弱い・薄い
- ⑨ **smart** [smá:rt] 頭のよい
- ⑩ **honest** [ánist] 正直な

よく使われる表現も見ておこう！

① He is popular with girls. 彼は女の子に人気がある。

② That's too bad. それはいけませんね。

⑦ I like strong coffee. 私は濃いコーヒーが好き。

⑧ I'm weak at grammar. 私は文法が弱いです。

⑩ I'll be honest. 正直に言います。

■派生語・関連語
① populárity 人気 ④ póverty 貧困 ⑤ ábsence 不在 ⑥ présence 存在
⑦ stréngth 強さ ⑩ hónesty 正直さ

NOTES：①ポピュラーソング　⑧ウイークポイント

英語で話してみよう！　　　　　　　　　　　　　　　　　　CD12

(1) 彼は学校を欠席している。　　　　He's _____ from school.

(2) 私は文法が弱いです。　　　　　　I'm _____ at grammar.

(3) 正直に言います。　　　　　　　　I'll be _____.

(4) それはいけませんね。　　　　　　That's too _____.

(5) 彼は頭のよい少年です。　　　　　He's a _____ boy.

(6) 彼女の家はとても裕福です。　　　Her family is very _____.

(7) 私は濃いコーヒーが好き。　　　　I like _____ coffee.

(8) 彼は女の子に人気がある。　　　　He is _____ with girls.

(9) 私達は貧しいけれど、幸せです。　We're _____, but we're happy.

(10) みんな会議に出席していました。　Everyone was _____ at the meeting.

---

(1) absent　(2) weak　(3) honest　(4) bad　(5) smart
(6) rich　(7) strong　(8) popular　(9) poor　(10) present

UNIT 24

形容詞1-4

単語を見てみよう！

- ① **easy** [í:zi] 簡単な
- ② **difficult** [dífikʌlt] 難しい
- ③ **same** [séim] 同じ
- ④ **different** [díf(ə)rənt] 異なった
- ⑤ **expensive** [ikspénsiv] 高価な
- ⑥ **cheap** [tʃí:p] 安い
- ⑦ **beautiful** [bjú:təfəl] 美しい
- ⑧ **ugly** [ʌ́gli] 醜い
- ⑨ **wonderful** [wʌ́ndərfəl] 素晴らしい
- ⑩ **nervous** [nə́:rvəs] 緊張した

よく使われる表現も見ておこう！

① It's easy to say. 言うのは簡単だ。

③ I have the same one. 私は同じものを持っている。

⑥ This is so cheap. これは本当に安い。

⑦ What a beautiful day! なんてよい天気なんだ！

⑩ I'm getting nervous. 緊張してきた。

■派生語・関連語
① éase 楽 ② dífficulty 困難 ④ dífference 違い ⑤ expénse 費用
⑦ béauty 美 ⑩ nérve 神経

NOTES：⑥チープな雰囲気　⑩ナーバスになる

英語で話してみよう！　　　　　　　　　　　　　　　　CD

(1) それらはサイズ違いです。　　　They're _____ in size.

(2) これは本当に安い。　　　　　　This is so _____.

(3) 言うのは簡単だ。　　　　　　　It's _____ to say.

(4) それは素晴らしい考えだ。　　　That's a _____ idea.

(5) なんてよい天気なんだ！　　　　What a _____ day!

(6) 緊張してきた。　　　　　　　　I'm getting _____.

(7) それは私には難しすぎる。　　　It's too _____ for me.

(8) それは醜いことですね。　　　　It's an _____ thing.

(9) その時計はとても高そうですね。　The watch looks very _____.

(10) 私は同じものを持っている。　　I have the _____ one.

---

(1) different　(2) cheap　(3) easy　(4) wonderful　(5) beautiful
(6) nervous　(7) difficult　(8) ugly　(9) expensive　(10) same

UNIT 25

形容詞1-5

単語を見てみよう！

- ① **interesting** [ínt(ə)rəstiŋ] 面白い
- ② **interested** [ínt(ə)rəstid] 興味がある
- ③ **exciting** [iksáitiŋ] 興奮させる
- ④ **excited** [iksáitid] 興奮している
- ⑤ **true** [trú:] 本当の
- ⑥ **useful** [jú:sfəl] 役立つ
- ⑦ **favorite** [féiv(ə)rit] 好きな
- ⑧ **clear** [klíər] 明らかな
- ⑨ **sick** [sík] 病気の
- ⑩ **healthy** [hélθi] 健康的な

よく使われる表現も見ておこう！

④ I'm so excited.　　　　　とてもわくわくしています。

⑤ It can't be true.　　　　　それは本当のはずがない。

⑦ What's your favorite food?　好きな食べ物は何ですか。

⑧ Is that clear?　　　　　　はっきりしましたか。

⑨ I got sick.　　　　　　　私は具合が悪くなった。

■派生語・関連語
① ínterest 関心・利益　③ excítement 興奮　⑤ trúth 真実
⑩ héalth 健康

NOTES：③エキサイティングな試合　⑩ヘルシーな食事

英語で話してみよう！　　　　　　　　　　　　　　　CD13

(1) 私は日本の歴史に興味があります。　　I'm _____ in Japanese history.

(2) それは本当のはずがない。　　It can't be _____.

(3) 私は具合が悪くなった。　　I got _____.

(4) それは興奮する試合だった。　　It was an _____ game.

(5) 和食は健康的です。　　Japanese food is _____.

(6) それは面白い話だった。　　It was an _____ story.

(7) 好きな食べ物は何ですか。　　What's your _____ food?

(8) はっきりしましたか。　　Is that _____?

(9) その地図が役に立ちますよ。　　The map will be _____.

(10) とてもわくわくしています。　　I'm so _____.

---

(1) interested　(2) true　(3) sick　(4) exciting　(5) healthy
(6) interesting　(7) favorite　(8) clear　(9) useful　(10) excited

UNIT 26

形容詞1-6

単語を見てみよう！

- ① **ready** [rédi] 用意ができた
- ② **lonely** [lóunli] 寂しい
- ③ **alive** [əláiv] 生きている
- ④ **dead** [déd] 死んでいる
- ⑤ **thin** [θín] やせた・薄い
- ⑥ **thick** [θík] 厚い
- ⑦ **afraid** [əfréid] 怖い
- ⑧ **correct** [kərékt] 正しい
- ⑨ **friendly** [fréndli] 親しみやすい
- ⑩ **fond** [fánd] 好きな

よく使われる表現も見ておこう！

① Dinner is ready. 夕食の準備ができました。

② I feel lonely. 私は寂しく感じる。

⑦ I'm afraid of dogs. 私は犬が怖い。

⑧ That's correct. そのとおりです。

⑩ I'm fond of reading. 私は読書が好きです。

■派生語・関連語
② lóneliness 孤独　④ díe 死ぬ　death 死　⑥ thíckness 厚さ
⑧ corréctness 正しさ

NOTES：①レディーメイド　⑨ユーザーフレンドリー

英語で話してみよう！　　　　　　　　　　　　　　　　CD

(1) 私は寂しく感じる。　　　　　　I feel _____.

(2) 私は読書が好きです。　　　　　I'm _____ of reading.

(3) その鳥はすでに死んでいた。　　The bird was already _____.

(4) そのとおりです。　　　　　　　That's _____.

(5) 彼はやせている。　　　　　　　He's _____.

(6) 夕食の準備ができました。　　　Dinner is _____.

(7) 私は犬が怖い。　　　　　　　　I'm _____ of dogs.

(8) 彼女は生きていた。　　　　　　She was _____.

(9) 彼は親しみやすい人だ。　　　　He's a _____ person.

(10) このステーキは、ぶ厚い。　　　This steak is _____.

---

(1) lonely　(2) fond　(3) dead　(4) correct　(5) thin
(6) ready　(7) afraid　(8) alive　(9) friendly　(10) thick

UNIT 27

形容詞1-7

単語を見てみよう！

- □ ① **famous** [féiməs] 有名な
- □ ② **asleep** [əslíːp] 眠っている
- □ ③ **national** [nǽʃənl] 国（民）の
- □ ④ **wild** [wáild] 野生の
- □ ⑤ **proud** [práud] 誇りを持った
- □ ⑥ **huge** [hjúːdʒ] 巨大な
- □ ⑦ **empty** [ém(p)ti] 空の
- □ ⑧ **born** [bɔ́ːrn] 生まれた
- □ ⑨ **bright** [bráit] 明るい・利口な
- □ ⑩ **dark** [dáːrk] 暗い

よく使われる表現も見ておこう！

① She's a famous writer. 彼女は有名な作家です。

③ Today is a national holiday. 今日は国民の休日だ。

⑤ I'm proud of you. 私はあなたを誇りに思う。

⑧ I was born in Okinawa. 私は沖縄で生まれました。

⑨ You have a bright future. 君には明るい未来がある。

■派生語・関連語
① fáme 名声　③ nátion 国（民）　⑤ príde 誇り
⑧ béar 産む　bírth 誕生　⑨ bríghtness 明るさ　⑩ dárkness 暗さ

NOTES: ④ワイルドな世界　⑤プライドが高い　⑩ダークな色合い

英語で話してみよう！　　　　　　　　　　　　　　　　　　CD14

(1) その赤ん坊は寝ている。　　　The baby is _____.

(2) 君には明るい未来がある。　　You have a _____ future.

(3) 彼女は有名な作家です。　　　She's a _____ writer.

(4) その飛行機は巨大だ。　　　　The plane is _____.

(5) 私はあなたを誇りに思う。　　I'm _____ of you.

(6) そのビンは空だった。　　　　The bottle was _____.

(7) 私は沖縄で生まれました。　　I was _____ in Okinawa.

(8) 私達は多くの野生動物を見た。　We saw many _____ animals.

(9) 今日は国民の休日だ。　　　　Today is a _____ holiday.

(10) 外は暗い。　　　　　　　　　It's _____ outside.

---

(1) asleep　(2) bright　(3) famous　(4) huge　(5) proud
(6) empty　(7) born　(8) wild　(9) national　(10) dark

UNIT 28

形容詞 1 - 8

単語を見てみよう！

- □ ① **several** [sév(ə)rəl]   いくつかの
- □ ② **enough** [inʌ́f]   十分な
- □ ③ **dirty** [də́ːrti]   汚い
- □ ④ **native** [néitiv]   その土地の
- □ ⑤ **own** [óun]   自分の・所有する
- □ ⑥ **brave** [bréiv]   勇敢な
- □ ⑦ **nearsighted** [níərsáitid]   近視の
- □ ⑧ **hard** [háːrd]   難しい・固い　熱心に
- □ ⑨ **perfect** [pə́ːrfikt]   完全な
- □ ⑩ **stupid** [st(j)úːpid]   ばかな

よく使われる表現も見ておこう！

② That's enough.　　　　　もう十分だ。

⑤ I have my own car.　　　私は自分の車を持っている。

⑦ I'm nearsighted.　　　　私は近視です。

⑧ It's hard to say.　　　　それは言いづらい。

⑩ Don't be stupid.　　　　ばかなこと言わないで。

■派生語・関連語
⑦ fársighted 遠視の　⑩ stupídity 愚かさ

NOTES: ④ネイティブスピーカー　⑤オーナー　⑨パーフェクト試合

英語で話してみよう！　　　　　　　　　　　　　　　　　CD

(1) 私は近視です。　　　　　　　I'm _____.

(2) それは言いづらい。　　　　　It's _____ to say.

(3) これが私の生まれた国だ。　　This is my _____ country.

(4) それは完璧な答えだ。　　　　It's a _____ answer.

(5) いくつかの間違いを見つけた。 I found _____ errors.

(6) もう十分だ。　　　　　　　　That's _____.

(7) ばかなこと言わないで。　　　Don't be _____.

(8) 彼は汚い手を使った。　　　　He used a _____ trick.

(9) 私は自分の車を持っている。　I have my _____ car.

(10) 彼は勇敢な男だ。　　　　　He is a _____ man.

---

(1) nearsighted　(2) hard　(3) native　(4) perfect　(5) several
(6) enough　(7) stupid　(8) dirty　(9) own　(10) brave

UNIT 29

形容詞 1-9

単語を見てみよう！

- ① **possible** [pásəbl] 可能な
- ② **impossible** [impásəbl] 不可能な
- ③ **real** [ríːəl] 本当の
- ④ **clever** [klévər] 利口な
- ⑤ **foolish** [fúːliʃ] ばかな
- ⑥ **strange** [stréindʒ] 奇妙な
- ⑦ **deep** [díːp] 深い
- ⑧ **simple** [símpl] 単純な
- ⑨ **wide** [wáid] 幅の広い
- ⑩ **narrow** [nǽrou] 幅の狭い

よく使われる表現も見ておこう！

① Is it possible to say no? 　断ることができますか。

② That's impossible. 　それは無理だ。

③ Is this the real thing? 　これは本物ですか。

⑧ It's not so simple. 　それはそんなに単純ではない。

⑨ There is a wide gap. 　大きな格差がある。

■派生語・関連語
① possibílity 可能性　③ reálity 現実　⑦ dépth 深さ　⑨ wídth 幅

NOTES：③リアルな話　⑤エイプリルフール　⑨ワイド画面

英語で話してみよう！　　　　　　　　　　　　　　　CD15

(1) それは無理だ。　　　　　　　That's _____.

(2) 私達は狭い橋を渡った。　　　　We crossed a _____ bridge.

(3) それはそんなに単純ではない。　It's not so _____.

(4) 彼女は少し変わっている。　　　She's a little _____.

(5) 大きな格差がある。　　　　　　There is a _____ gap.

(6) これは本物ですか。　　　　　　Is this the _____ thing?

(7) それはばかな話だ。　　　　　　That's _____ talk.

(8) うちの犬は本当に利口だ。　　　Our dog is really _____.

(9) 断ることができますか。　　　　Is it _____ to say no?

(10) この湖は深く澄みきっている。　This lake is _____ and clear.

....

(1) impossible　(2) narrow　(3) simple　(4) strange　(5) wide
(6) real　(7) foolish　(8) clever　(9) possible　(10) deep

UNIT 30

形容詞 1-10

単語を見てみよう！

- ① **able** [éibl] できる・有能な
- ② **main** [méin] 主な
- ③ **rude** [rúːd] 失礼な
- ④ **polite** [pəláit] 礼儀正しい
- ⑤ **comfortable** [kʌ́mftəbl] 快適な
- ⑥ **careful** [kéərfəl] 注意深い
- ⑦ **ill** [íl] 病気の・悪い
- ⑧ **necessary** [nésəsèri] 必要な
- ⑨ **delicious** [dilíʃəs] おいしい
- ⑩ **wise** [wáiz] 賢い

よく使われる表現も見ておこう！

① I was able to see him. 彼に会うことができた。

④ She's very polite. 彼女はとても礼儀正しい。

⑤ Make yourself comfortable. 楽にしてください。

⑥ You should be more careful. もっと注意しないと。

⑨ The food was delicious. 食事はおいしかった。

■派生語・関連語
① ability 能力 ⑤ cómfort 楽・なぐさめる ⑥ cáreless 不注意な
⑦ íllness 病気 ⑧ necéssity 必要性 ⑩ wísdom 知恵

NOTES：②メインディッシュ　⑥スキンケア

英語で話してみよう！　　　　　　　　　　　　　CD

(1) 彼女はとても礼儀正しい。　　She's very _____.

(2) 君は賢い選択をした。　　　　You made a _____ choice.

(3) それは必要ありません。　　　It's not _____.

(4) 彼に会うことができた。　　　I was _____ to see him.

(5) 彼は重病です。　　　　　　　He's seriously _____.

(6) 食事はおいしかった。　　　　The food was _____.

(7) 主役は誰ですか。　　　　　　Who's the _____ character?

(8) 失礼にならないように。　　　Don't be _____.

(9) もっと注意しないと。　　　　You should be more _____.

(10) 楽にしてください。　　　　　Make yourself _____.

---

(1) polite　(2) wise　(3) necessary　(4) able　(5) ill
(6) delicious　(7) main　(8) rude　(9) careful　(10) comfortable

UNIT 31

副詞 1-1

単語を見てみよう！

- ① **maybe** [méibi] たぶん
- ② **abroad** [əbrɔ́:d] 海外で
- ③ **rather** [rǽðər] むしろ・かなり
- ④ **else** [éls] 他に
- ⑤ **even** [í:vən] ～でさえ・同等の
- ⑥ **especially** [ispéʃəli] 特に
- ⑦ **anyway** [éniwèi] いずれにしても
- ⑧ **almost** [ɔ́:lmoust] もう少しで
- ⑨ **still** [stíl] まだ・静止した
- ⑩ **ahead** [əhéd] 前へ

よく使われる表現も見ておこう！

① Maybe you are right. たぶん君の言うとおりだ。

④ Do you need anything else? 何か他に必要ですか。

⑦ I'll call you anyway. いずれにしても電話します。

⑧ It's almost done. もう少しで終わります。

⑩ Go ahead. さあ、どうぞ。

■派生語・関連語
⑥ spécial 特別な

NOTES：⑤ 1対1のイーブン

英語で話してみよう！　　　　　　　　　　　CD16

(1)	何か他に必要ですか。	Do you need anything _____ ?
(2)	それは子供でさえできる。	_____ a child can do it.
(3)	私は留学したい。	I want to study _____.
(4)	スポーツが好きです、特にスキーです。	I like sports, _____ skiing.
(5)	たぶん君の言うとおりだ。	_____ you are right.
(6)	もう少しで終わります。	It's _____ done.
(7)	彼はまだ日本にいる。	He's _____ in Japan.
(8)	それはむしろ簡単です。	It's _____ easy.
(9)	さあ、どうぞ。	Go _____.
(10)	いずれにしても電話します。	I'll call you _____.

....

(1) else　(2) Even　(3) abroad　(4) especially　(5) Maybe
(6) almost　(7) still　(8) rather　(9) ahead　(10) anyway

UNIT 32

前置詞 1-1

単語を見てみよう！

- ① **as** [əz] ～として・～の時
- ② **till** [tíl] ～まで
- ③ **along** [əlɔ́:ŋ] ～に沿って
- ④ **except** [iksépt] ～以外・除く
- ⑤ **behind** [biháind] ～の後ろ
- ⑥ **below** [bilóu] ～より下
- ⑦ **against** [əgénst] ～に対して
- ⑧ **beside** [bisáid] ～のそば
- ⑨ **within** [wiðín] ～以内
- ⑩ **without** [wiðáut] ～なしで

よく使われる表現も見ておこう！

② I worked till ten last night. 　昨夜は10時まで働いた。

③ Go along this street. 　この道に沿って行きなさい。

④ I like every subject except math. 　数学以外はどの教科も好き。

⑦ We're against the idea. 　私達はその考えに反対です。

⑨ I'll be back within an hour. 　1時間以内に戻ってきます。

■派生語・関連語
② untíl ～まで　⑥ abóve ～より上　⑨ beyónd ～を越えて

NOTES：⑤２点ビハインド　⑦アゲンストの風

英語で話してみよう！　　　　　　　　　　　　　　　　CD

(1) 私達はその考えに反対です。　　We are _____ the idea.

(2) 昨夜は10時まで働いた。　　　　I worked _____ ten last night.

(3) 彼はドアの後ろに立っていた。　He was standing _____ the door.

(4) 彼女はエッセイストとしても有名です。　She's also famous _____ an essayist.

(5) それは平均以下だった。　　　　It was _____ average.

(6) この道に沿って行きなさい。　　Go _____ this street.

(7) 数学以外はどの教科も好き。　　I like every subject _____ math.

(8) 私は彼のそばに座っていた。　　I was sitting _____ him.

(9) 彼女は無言で立ち去った。　　　She left _____ saying a word.

(10) 1時間以内に戻ってきます。　　I'll be back _____ an hour.

---

(1) against　(2) till　(3) behind　(4) as　(5) below
(6) along　(7) except　(8) beside　(9) without　(10) within

中学レベル

Group 1 は高校英単語に入るための、いわば助走になるものですが、いかがでしたか。

　今はまだ不確実なものがあっても大丈夫です。これから何度も繰り返すうちに自分のものになります。また慣れてきたら、英文をすべて隠して言えるかどうか試してみるのも面白いと思います。さらなるレベルアップが図れます。

　動詞の不規則変化表も、ざっとで構いませんので一通り目を通しておきましょう。

Group 1 の不規則動詞

1 do/did/done　　　　　　　　　　　forget/forgot/forgot(ten)
　grow/grew/grown
2 say/said/said　　　　　　　　　　 lose/lost/lost
　send/sent/sent　　　　　　　　　 shake/shook/shaken
　become/became/become
　get/got/got(ten)
3 hear/heard/heard　　　　　　　　 pay/paid/paid
　choose/chose/chosen　　　　　　　 win/won/won
4 understand/understood/understood　think/thought/thought
　mean/meant/meant
5 begin/began/begun　　　　　　　　 meet/met/met
　keep/kept/kept　　　　　　　　　 lend/lent/lent
6 quit/quit/quit　　　　　　　　　 hit/hit/hit
　hide/hid/hid(den)
7 wear/wore/worn　　　　　　　　　 fly/flew/flown
　show/showed/shown
8 throw/threw/thrown　　　　　　　 hang/hung/hung
　shine/shone/shone　　　　　　　　 run/ran/run
9 find/found/found　　　　　　　　 bite/bit/bit(ten)
　wake/woke/woken
10 cost/cost/cost　　　　　　　　　 spend/spent/spent

Group2（UNIT 33-67）
（高校レベル 1）

UNIT 33

動詞 2-1

単語を見てみよう！

- ① **accept** [æksépt] 受け入れる
- ② **decide** [disáid] 決める
- ③ **wonder** [wándər] 疑問（に思う）
- ④ **avoid** [əvɔ́id] 避ける
- ⑤ **improve** [imprúːv] 改善する
- ⑥ **allow** [əláu] 許す
- ⑦ **express** [iksprés] 表現する・急行
- ⑧ **develop** [divéləp] 発達（開発）する
- ⑨ **consider** [kənsídər] 考慮する
- ⑩ **create** [kriéit] 創造する

よく使われる表現も見ておこう！

① I accepted the offer. 私はその申し出を受け入れた。

③ I wonder if it's OK. それでいいのだろうか。

④ I avoid seeing him. 彼に会うのは避けている。

⑦ She expressed her support. 彼女は支持を表明した。

⑩ He created a problem. 彼が問題を引き起こした。

■派生語・関連語
① accéptance 受け入れ ② decísion 決定 ④ avóidance 回避
⑤ impróvement 改善 ⑥ allówance 許容・手当 ⑦ expréssion 表現
⑧ devélopment 発達・開発 ⑨ considerátion 考慮 ⑩ creátion 創造

NOTES：⑦オリエントエクスプレス　⑩クリエイティブな仕事

英語で話してみよう！　　CD17

(1) それでいいのだろうか。　　I _____ if it's OK.

(2) 君は彼の年齢も考えないと。　You should _____ his age.

(3) 彼が問題を引き起こした。　　He _____ a problem.

(4) 彼女は支持を表明した。　　She _____ her support.

(5) 彼は私がそれを使うことを許さない。　He doesn't _____ me to use it.

(6) 私はその申し出を受け入れた。　I _____ the offer.

(7) その状態が改善された。　　The conditions were _____.

(8) 彼に会うのは避けている。　　I _____ seeing him.

(9) 彼らは新型を開発した。　　They _____ a new model.

(10) それを買うことに決めた。　I _____ to buy it.

高校レベル1

---

(1) wonder (2) consider (3) created (4) expressed (5) allow
(6) accepted (7) improved (8) avoid (9) developed
(10) decided

UNIT 34

動詞 2-2

単語を見てみよう！

- ① **impress** [imprés] 印象づける
- ② **guess** [gés] 推測（する）
- ③ **behave** [bihéiv] 振る舞う
- ④ **propose** [prəpóuz] 提案する
- ⑤ **exist** [igzíst] 存在する
- ⑥ **succeed** [səksí:d] 成功する・継ぐ
- ⑦ **include** [inklú:d] 含む
- ⑧ **react** [riækt] 反応する
- ⑨ **notice** [nóutis] 気づく・通知
- ⑩ **prepare** [pripéər] 準備する

よく使われる表現も見ておこう！

② Guess who. 誰だと思いますか。

③ Behave yourself. きちんと振る舞いなさい。

⑦ Tax is included. 税金は含まれている。

⑨ He noticed my mistake. 彼は私の間違いに気がついた。

⑩ I prepared dinner. 私が夕食を準備した。

■派生語・関連語
① impréssion 印象　③ behávior 振る舞い　④ propósal 提案
⑤ exístence 存在　⑥ succéss 成功　succéssful 成功した　succéssion 継続　succéssive 継続的　⑧ reáction 反応　⑩ preparátion 準備

NOTES：④結婚のプロポーズ　⑥サクセスストーリー

英語で話してみよう！　　　　　　　　　　　　　　　　CD

(1) 税金は含まれている。　　　　　Tax is _____.

(2) 彼は私の間違いに気がついた。　He _____ my mistake.

(3) 多くの問題が依然として存在している。　Many problems still _____.

(4) きちんと振る舞いなさい。　　　_____ yourself.

(5) 彼は私のコメントに強く反応した。　He _____ strongly to my comments.

(6) 私が夕食を準備した。　　　　　I _____ dinner.

(7) 誰だと思いますか。　　　　　　_____ who.

(8) 私は彼女のスピーチに感心した。　I was _____ by her speech.

(9) 彼女は別の計画を提案した。　　She _____ another plan.

(10) 彼はビジネスで成功した。　　He _____ in his business.

---

(1) included　(2) noticed　(3) exist　(4) Behave　(5) reacted
(6) prepared　(7) Guess　(8) impressed　(9) proposed
(10) succeeded

高校レベル1

UNIT 35

動詞2-3

単語を見てみよう！

- ① **influence** [ínfluəns] 影響（する）
- ② **expect** [ikspékt] 予期する
- ③ **realize** [ríːəlàiz] 悟る・実現する
- ④ **seem** [síːm] 〜のようだ
- ⑤ **admit** [ædmít] 認める
- ⑥ **support** [səpɔ́ːrt] 支持（する）
- ⑦ **increase** 動[inkríːs] 名[ínkriːs] 増加（する）
- ⑧ **decrease** 動[dikríːs] 名[díkriːs] 減少（する）
- ⑨ **require** [rikwáiər] 要求する
- ⑩ **regard** [rigáːrd] みなす・点

よく使われる表現も見ておこう！

② It's better than I expected. それは予想以上によい。

③ I realized it later. それは後になってわかった。

④ He seems to be sick. 彼は具合が悪そうだ。

⑦ They increased in number. それらは数が増えた。

⑨ It requires much time. それには多くの時間が必要とされる。

■派生語・関連語
② expectátion 予期　③ realizátion 認識・実現　⑤ admíssion 入場
⑨ requírement 要求

NOTES：①インフルエンザ（influenza）　⑥サポーター

英語で話してみよう！　　　　　　　　　　　　　　　　　CD18

(1) その割合は減っている。　　　　The rate is _____.

(2) それは後になってわかった。　　I _____ it later.

(3) それには多くの時間が必要とされる。　　It _____ much time.

(4) 私は姉に影響された。　　　　　I was _____ by my sister.

(5) 私は家族を支えなければならない。　　I must _____ my family.

(6) それは予想以上によい。　　　　It's better than I _____.

(7) 私は彼をよいライバルと考えている。　　I _____ him as a good rival.

(8) それらは数が増えた。　　　　　They _____ in number.

(9) 彼女は自分の失敗を認めた。　　She _____ her failure.

(10) 彼は具合が悪そうだ。　　　　　He _____ to be sick.

---

(1) decreasing　(2) realized　(3) requires　(4) influenced
(5) support　(6) expected　(7) regard　(8) increased
(9) admitted　(10) seems

UNIT 36

動詞 2-4

単語を見てみよう！

- ① **produce** [prəd(j)úːs] 生産する・出す
- ② **permit** [pərmít] 許可する
- ③ **judge** [dʒʌ́dʒ] 判断する・裁判官
- ④ **depend** [dipénd] 頼る
- ⑤ **compare** [kəmpéər] 比較する
- ⑥ **argue** [áːrgjuː] 論じる
- ⑦ **prefer** [prifə́ːr] 好む
- ⑧ **provide** [prəváid] 供給する・備える
- ⑨ **raise** [réiz] 上げる
- ⑩ **gain** [géin] 得る（こと）

よく使われる表現も見ておこう！

② I was permitted to join them. 　私は彼らに加わることを許可された。

④ It depends on you. 　それは君次第だ。

⑦ I prefer tea to coffee. 　コーヒーより紅茶の方がよい。

⑨ They raised the prices. 　彼らは価格を上げた。

⑩ I gained 5 kilograms. 　私は5キロ太った。

■派生語・関連語
① prodúction 生産　② permíssion 許可　③ júdgment 判断
④ depéndence 依存　⑤ compárison 比較　⑥ árgument 議論
⑦ préference 好み

NOTES：①映画のプロデューサー　⑧ネットのプロバイダー

英語で話してみよう！　　　　　　　　　　　　　　　　CD

(1) 彼らは価格を上げた。　　　　　They _____ the prices.

(2) 私はそのサイズを比べた。　　　I _____ the sizes.

(3) それは君次第だ。　　　　　　　It _____ on you.

(4) 彼らは情報を提供しなかった。　They _____ no information.

(5) 私達は映画を制作した。　　　　We _____ a movie.

(6) 私は彼らに加わることを許可された。　I was _____ to join them.

(7) コーヒーより紅茶の方がよい。　I _____ tea to coffee.

(8) 彼らは言い争いを始めた。　　　They started _____.

(9) 私は5キロ太った。　　　　　　I _____ 5 kilograms.

(10) 私はそれを公平に判断した。　 I _____ it fairly.

---

(1) raised　(2) compared　(3) depends　(4) provided
(5) produced　(6) permitted　(7) prefer　(8) arguing
(9) gained　(10) judged

UNIT 37

動詞2-5

単語を見てみよう！

- □ ① **satisfy** [sǽtisfài] 満足させる
- □ ② **offer** [ɔ́:fər] 提供する・申し出（る）
- □ ③ **act** [ǽkt] 行動する
- □ ④ **replace** [riplέis] 置き換える
- □ ⑤ **treat** [trí:t] 扱う
- □ ⑥ **invent** [invént] 発明する
- □ ⑦ **reduce** [rid(j)ú:s] 減少する
- □ ⑧ **intend** [inténd] 意図する
- □ ⑨ **manage** [mǽnidʒ] 管理する
- □ ⑩ **cure** [kjúər] 治療（する）

よく使われる表現も見ておこう！

① I'm satisfied with the result. 　私はその結果に満足している。

③ She acted at once. 　彼女はすぐに行動した。

④ He might be replaced. 　彼は代えられるかもしれない。

⑤ They treated me nicely. 　彼らは私をきちんと扱ってくれた。

⑨ I can manage it. 　自分で何とかできます。

■派生語・関連語
① satisfáction 満足　③ áction 行動　④ replácement 置き換え
⑤ tréatment 扱い　⑥ invéntion 発明　⑦ redúction 減少
⑧ inténtion 意図　⑨ mánagement 管理

NOTES:③アクション映画　⑤髪のトリートメント

英語で話してみよう！　　　　　　　　　　　　　　　CD19

(1) 彼がその方法を発明した。　　　　He _____ the method.

(2) 私はその結果に満足している。　　I'm _____ with the result.

(3) 彼は代えられるかもしれない。　　He might be _____.

(4) 彼女は手助けを申し出た。　　　　She _____ a helping hand.

(5) その痛みを治してもらった。　　　I was _____ of the pain.

(6) 彼女はすぐに行動した。　　　　　She _____ at once.

(7) 私は戻るつもりだった。　　　　　I _____ to return.

(8) 彼らは私をきちんと扱ってくれた。　They _____ me nicely.

(9) 値引きはできません。　　　　　　We can't _____ the price.

(10) 自分で何とかできます。　　　　　I can _____ it.

---

(1) invented　(2) satisfied　(3) replaced　(4) offered　(5) cured
(6) acted　(7) intended　(8) treated　(9) reduce　(10) manage

高校レベル1

UNIT 38

動詞2-6

単語を見てみよう！

- ① **perform** [pərfɔ́:rm] 行う・演じる
- ② **share** [ʃéər] 分かち合う・分け前
- ③ **blame** [bléim] 責める
- ④ **solve** [sálv] 解決する
- ⑤ **cooperate** [kouápərèit] 協力する
- ⑥ **remain** [riméin] とどまる
- ⑦ **recover** [rikʌ́vər] 回復する
- ⑧ **attend** [əténd] 出席（注意）する
- ⑨ **encourage** [inkə́:ridʒ] 励ます
- ⑩ **transport** [trænspɔ́:rt] 輸送する

よく使われる表現も見ておこう！

③ Don't blame yourself.　自分を責めないで。

④ I can't solve this problem.　この問題が解けない。

⑤ Thanks for cooperating.　協力ありがとう。

⑥ She remained quiet.　彼女は黙ったままだった。

⑨ Please encourage him.　彼を励ましてやってください。

■派生語・関連語
① perfórmance 実行　④ solútion 解決　⑤ cooperátion 協力
⑦ recóvery 回復　⑧ atténdance 出席　atténtion 注意
⑨ encóuragement 奨励　⑩ transportátion 輸送

NOTES：①パフォーマンス　②市場のシェア

英語で話してみよう！　　　　　　　　　　　　　　　　　CD

(1) 私達は車を共有している。　　　　We _____ a car.

(2) 自分を責めないで。　　　　　　　Don't _____ yourself.

(3) 協力ありがとう。　　　　　　　　Thanks for _____.

(4) 彼女は自分の役割を果たした。　　She _____ her role.

(5) 彼を励ましてやってください。　　Please _____ him.

(6) この問題が解けない。　　　　　　I can't _____ this problem.

(7) それらはトラックで輸送されている。　They are _____ by truck.

(8) 私はその会議に出席した。　　　　I _____ the meeting.

(9) 彼はそのショックから立ち直った。　He _____ from the shock.

(10) 彼女は黙ったままだった。　　　　She _____ quiet.

---

(1) share　(2) blame　(3) cooperating　(4) performed
(5) encourage　(6) solve　(7) transported　(8) attended
(9) recovered　(10) remained

高校レベル1

UNIT 39

動詞2-7

単語を見てみよう！

- ① **observe** [əbzə́:rv] 観察する・守る
- ② **refuse** [rifjú:z] 断る
- ③ **deny** [dinái] 否定する
- ④ **consist** [kənsíst] 成り立つ
- ⑤ **graduate** [grǽdʒuèit] 卒業する
- ⑥ **repair** [ripéər] 修理（する）
- ⑦ **approach** [əpróutʃ] 接近（する）
- ⑧ **translate** [trænsléit] 翻訳する
- ⑨ **praise** [préiz] 賞賛（する）
- ⑩ **divide** [diváid] 分ける

よく使われる表現も見ておこう！

② She refused to come.　　彼女は来るのを断った。

③ He denied the rumor.　　彼はそのうわさを否定した。

⑤ I graduated from college this year.　　私は今年大学を卒業しました。

⑥ I repaired the door.　　私はドアを修理した。

⑨ I was praised by my teacher.　　私は先生にほめられた。

■派生語・関連語
① observátion 観察　② refúsal 拒否　③ deníal 否定
⑤ graduátion 卒業　⑧ translátion 翻訳　⑩ divísion 分割

NOTES: ①会議のオブザーバー　⑥リペアショップ

英語で話してみよう！　　　　　　　　　　　　　　　　　　CD20

(1) それは5人のメンバーから成る。　　　It _____ of five members.

(2) 私は今年大学を卒業しました。　　　I _____ from college this year.

(3) 私は星の観察が好きです。　　　I like to _____ the stars.

(4) 彼はそのうわさを否定した。　　　He _____ the rumor.

(5) 彼女はその建物に近づいた。　　　She _____ the building.

(6) 私はそれを4切れに分けた。　　　I _____ it into four pieces.

(7) 私はドアを修理した。　　　I _____ the door.

(8) 彼女は来るのを断った。　　　She _____ to come.

(9) この部分を訳してくれますか。　　　Would you _____ this part?

(10) 私は先生にほめられた。　　　I was _____ by my teacher.

---

(1) consists　(2) graduated　(3) observe　(4) denied
(5) approached　(6) divided　(7) repaired　(8) refused
(9) translate　(10) praised

UNIT 40

動詞 2-8

単語を見てみよう！

- ① **insist** 主張する
  [insíst]
- ② **search** さがす
  [sə́:rtʃ]
- ③ **communicate** 伝える
  [kəmjú:nəkèit]
- ④ **injure** 傷つける
  [índʒər]
- ⑤ **prevent** 妨げる
  [privént]
- ⑥ **measure** 測る・対策
  [méʒər]
- ⑦ **recognize** 認める
  [rékəgnàiz]
- ⑧ **acquire** 得る
  [əkwáiər]
- ⑨ **supply** 供給（する）
  [səplái]
- ⑩ **demand** 要求（する）
  [dimǽnd]

よく使われる表現も見ておこう！

① If you insist. どうしてもと言うのなら。

② I'm searching for my wallet. 私は財布をさがしている。

④ She was seriously injured. 彼女は重傷を負った。

⑦ I recognized him at once. すぐに彼だとわかった。

⑩ We demanded more time off. 私達は休みの増加を要求した。

■派生語・関連語
③ communicátion 伝達　④ ínjury 負傷　⑤ prevéntion 防止
⑦ recognítion 認識　⑧ acquisítion 習得

NOTES: ②サーチライト　⑥メジャーで測る　⑩オンデマンド

英語で話してみよう！　　　　　　　　　　　　　　　　　　CD

(1) 私は財布をさがしている。　　I'm _____ for my wallet.

(2) 私は必要な技術を習得した。　　I _____ the necessary skill.

(3) 私はその幅を測った。　　　　I _____ the width.

(4) すぐに彼だとわかった。　　　I _____ him at once.

(5) 私達は休みの増加を要求した。　We _____ more time off.

(6) 私は自分の考えを伝えた。　　I _____ my thoughts.

(7) 彼らは十分な食料を供給した。　They _____ enough food.

(8) 彼女は重傷を負った。　　　　She was seriously _____.

(9) 雪のために外出できなかった。　The snow _____ me from going out.

(10) どうしてもと言うのなら。　　If you _____.

---

(1) searching　(2) acquired　(3) measured　(4) recognized
(5) demanded　(6) communicated　(7) supplied　(8) injured
(9) prevented　(10) insist

UNIT 41

動詞2-9

単語を見てみよう！

- ① **suppose** 思う [səpóuz]
- ② **concentrate** 集中する [kánsəntrèit]
- ③ **relate** 関係づける [riléit]
- ④ **remind** 思い出させる [rimáind]
- ⑤ **export** 輸出（する） 動[ikspɔ́:rt] 名[ékspɔ:rt]
- ⑥ **import** 輸入（する） 動[impɔ́:rt] 名[ímpɔ:rt]
- ⑦ **contain** 含む [kəntéin]
- ⑧ **surround** 囲む [səráund]
- ⑨ **apologize** 謝る [əpálədʒàiz]
- ⑩ **lack** 欠乏（する） [lǽk]

よく使われる表現も見ておこう！

① I suppose so.	そう思う。
② I can't concentrate on my work.	仕事に集中できない。
⑦ It contains no sugar.	それには砂糖が含まれていない。
⑨ Let me apologize.	謝罪させてください。
⑩ He lacks humor.	彼はユーモアに欠ける。

■派生語・関連語
① supposítion 仮定　② concentrátion 集中　③ relátion 関係
⑦ cóntent 内容　⑨ apólogy 謝罪

NOTES:②コンセントレーションを高める　⑦コンテナ

英語で話してみよう！　　　　　　　　　　　　　　CD21

(1) それは私に子供のころを思い出させる。　　It _____ me of my childhood.

(2) 彼はユーモアに欠ける。　　He _____ humor.

(3) これらは輸入品です。　　These are _____ goods.

(4) そう思う。　　I _____ so.

(5) それには砂糖が含まれていない。　　It _____ no sugar.

(6) 私達は機械を輸出している。　　We _____ machines.

(7) 彼らは血縁関係にある。　　They are _____ by blood.

(8) 仕事に集中できない。　　I can't _____ on my work.

(9) 彼女は記者に囲まれていた。　　She was _____ by reporters.

(10) 謝罪させてください。　　Let me _____.

---

(1) reminds　(2) lacks　(3) imported　(4) suppose　(5) contains
(6) export　(7) related　(8) concentrate　(9) surrounded
(10) apologize

UNIT 42

動詞2-10

単語を見てみよう！

- ① **retire** [ritáiər] 引退する
- ② **regret** [rigrét] 後悔（する）
- ③ **compete** [kəmpí:t] 競争する
- ④ **reject** [ridʒékt] 拒絶する
- ⑤ **employ** [implói] 雇う
- ⑥ **affect** [əfékt] 影響する
- ⑦ **gather** [gǽðər] 集まる
- ⑧ **suffer** [sʌ́fər] 苦しむ
- ⑨ **obtain** [əbtéin] 得る
- ⑩ **advise** [ædváiz] 助言する

よく使われる表現も見ておこう！

① He will retire this spring. 　彼はこの春定年です。

② You won't regret it. 　君はきっとそれを後悔しない。

④ I rejected it flatly. 　私はきっぱりとそれを断った。

⑥ It directly affects our lives. 　それは私達の生活に直接影響する。

⑨ I obtained some extra money. 　私は余分のお金を手にした。

■派生語・関連語
① retírement 引退　③ competítion 競争　④ rejéction 拒絶
⑤ emplóyment 雇用　⑩ advíce 助言

NOTES: ①リタイアする　③設計のコンペ　⑩アドバイス

英語で話してみよう！　　　　　　　　　　　　　　　　　　　CD

(1) それは私達の生活に直接影響する。　　It directly _____ our lives.

(2) 君はきっとそれを後悔しない。　　You won't _____ it.

(3) 彼らは互いに競争している。　　They are _____ with each other.

(4) 彼女は孤独に苦しんでいる。　　She _____ from loneliness.

(5) 彼はその会社に雇われている。　　He is _____ by the company.

(6) 彼はこの春定年です。　　He will _____ this spring.

(7) 私は彼に海外に行くよう助言した。　　I _____ him to go abroad.

(8) 多くの人々がそこに集まった。　　Many people _____ there.

(9) 私は余分のお金を手にした。　　I _____ some extra money.

(10) 私はきっぱりとそれを断った。　　I _____ it flatly.

高校レベル1

---

(1) affects　(2) regret　(3) competing　(4) suffers
(5) employed　(6) retire　(7) advised　(8) gathered
(9) obtained　(10) rejected

UNIT 43

動詞2-11

単語を見てみよう！

- ① **reply** [riplái] 答え（る）
- ② **indicate** [índikèit] 示す
- ③ **criticize** [krítəsàiz] 批判する
- ④ **remove** [rimúːv] 除く
- ⑤ **enable** [inéibl] 可能にする
- ⑥ **violate** [váiəlèit] 違反する
- ⑦ **mention** [ménʃən] 言う
- ⑧ **achieve** [ətʃíːv] 達成する
- ⑨ **feed** [fíːd] 食べさせる
- ⑩ **maintain** [meintéin] 維持する

よく使われる表現も見ておこう！

① I replied to his e-mail. 彼のEメールに返事を出した。

② It indicates her taste. それは彼女の好みを表している。

⑥ He violated the traffic law. 彼は交通違反をした。

⑦ Don't mention it. （お礼に対して）別にいいですよ。

⑧ I achieved my goal. 私は目標を達成した。

■派生語・関連語
② indicátion 指示　③ críticism 批判　crític 批評家　④ remóval 除去
⑥ violátion 違反　⑧ achíevement 達成　⑩ máintenance 維持

NOTES：④リムーバー　⑩機械のメンテナンス

英語で話してみよう！　　　　　　　　　　　　　　　CD22

(1) 彼は交通違反をした。　　　　He _____ the traffic law.

(2) 彼女は厳しく批判された。　　She was _____ severely.

(3) （お礼に対して）別にいいですよ。　　Don't _____ it.

(4) そのおかげで彼は成功した。　　It _____ him to succeed.

(5) 私は同じスピードを維持した。　　I _____ the same speed.

(6) 私がいつも犬に餌をやる。　　I always _____ my dog.

(7) それは彼女の好みを表している。　　It _____ her taste.

(8) 彼はメガネをはずした。　　He _____ his glasses.

(9) 私は目標を達成した。　　I _____ my goal.

(10) 彼のEメールに返事を出した。　　I _____ to his e-mail.

---

(1) violated　(2) criticized　(3) mention　(4) enabled
(5) maintained　(6) feed　(7) indicates　(8) removed
(9) achieved　(10) replied

UNIT 44

動詞2-12

単語を見てみよう！

- ① **deal** [díːl] 扱う・取引
- ② **participate** [pɑːrtísəpèit] 参加する
- ③ **suggest** [səgdʒést] 提案する・示す
- ④ **tend** [ténd] 傾向がある
- ⑤ **pretend** [priténd] ふりをする
- ⑥ **vote** [vóut] 投票(する)
- ⑦ **conclude** [kənklúːd] 結論づける
- ⑧ **spread** [spréd] 広がる
- ⑨ **delay** [diléi] 遅らせる・遅れ
- ⑩ **appeal** [əpíːl] 訴え（る）

よく使われる表現も見ておこう！

② I participated in the game. 　私はその試合に参加した。

③ She suggested a break. 　彼女は休憩を提案した。

⑥ Which one will you vote for? 　どちらに投票しますか。

⑨ The train was delayed. 　その列車は遅れた。

⑩ It doesn't appeal to me. 　それには私に訴えかけるものがない。

■派生語・関連語
② participátion 参加　③ suggéstion 提案　④ téndency 傾向
⑤ preténse 見せかけ　⑦ conclúsion 結論

NOTES：①為替ディーラー　⑩アピールする

英語で話してみよう！　　　　　　　　　　　　　　CD

(1) 彼は休みがちだ。　　　　　　He _____ to be absent.

(2) 彼女は休憩を提案した。　　　　She _____ a break.

(3) 彼はそれを知っているふり　　　He _____ to know it.
　　をした。

(4) この本は健康を扱っている。　　This book _____ with health.

(5) 私はその試合に参加した。　　　I _____ in the event.

(6) その列車は遅れた。　　　　　　The train was _____.

(7) それには私に訴えかけるも　　　It doesn't _____ to me.
　　のがない。

(8) その知らせはすぐに広まる　　　The news will _____ soon.
　　だろう。

(9) 私達は契約を結んだ。　　　　　We _____ a contract.

(10) どちらに投票しますか。　　　　Which one will you _____ for?

---

(1) tends　(2) suggested　(3) pretended　(4) deals
(5) participated　(6) delayed　(7) appeal　(8) spread
(9) concluded　(10) vote

UNIT 45

動詞2-13

単語を見てみよう！

- □ ① **record** 記録（する）
  動[rikɔ́:rd] 名[rékə:rd]
- □ ② **define** 定める
  [difáin]
- □ ③ **publish** 出版する
  [pʌ́bliʃ]
- □ ④ **persuade** 説得する
  [pərswéid]
- □ ⑤ **apply** 適合(応募)する
  [əplái]
- □ ⑥ **transmit** 送信する
  [trænsmít]
- □ ⑦ **isolate** 孤立させる
  [áisəlèit]
- □ ⑧ **unite** 結びつける
  [ju:náit]
- □ ⑨ **complete** 完成する・完全な
  [kəmplí:t]
- □ ⑩ **fulfill** 果たす
  [fulfíl]

よく使われる表現も見ておこう！

④ I tried to persuade him. 　私は彼を説得しようとした。

⑤ It doesn't apply to this case. 　それはこのケースには当てはまらない。

⑥ You can also transmit images. 　君は画像を送ることもできる。

⑨ She completed the job. 　彼女はその仕事を終えた。

⑩ I couldn't fulfill my duty. 　私は義務を果たせなかった。

■派生語・関連語
② definítion 定義　④ persuásion 説得　⑤ applicátion 応用・応募
⑥ transmíssion 送信　⑦ isolátion 孤立　⑧ únity 統一
⑨ complétion 完成　⑩ fulfíllment 実行

NOTES：①公式レコード　⑤アプリケーションソフト

英語で話してみよう！　　　　　　　　　　　　　　　　　CD23

(1) 彼女はその仕事を終えた。　　　She _____ the job.

(2) 私はそのデータを記録した。　　I _____ the data.

(3) 私達は信念によって結びついている。　　We are _____ by beliefs.

(4) 彼は会社で孤立している。　　　He is _____ in the office.

(5) その本はまもなく出版される。　The book will be _____ soon.

(6) 私は彼を説得しようとした。　　I tried to _____ him.

(7) それはこのケースには当てはまらない。　It doesn't _____ to this case.

(8) 君は画像を送ることもできる。　You can also _____ images.

(9) 私は義務を果たせなかった。　　I couldn't _____ my duty.

(10) 幸せをどのように定義しますか。　How do you _____ happiness?

---

(1) completed (2) recorded (3) united (4) isolated
(5) published (6) persuade (7) apply (8) transmit
(9) fulfill (10) define

UNIT 46

動詞2-14

単語を見てみよう！

- □ ① **warn** 警告する
  [wɔ́ːrn]
- □ ② **assist** 手助けする
  [əsíst]
- □ ③ **entertain** 楽しませる
  [èntərtéin]
- □ ④ **organize** 組織する
  [ɔ́ːrɡənàiz]
- □ ⑤ **reserve** 予約（保有）する
  [rizə́ːrv]
- □ ⑥ **defend** 守る
  [difénd]
- □ ⑦ **elect** 選出する
  [ilékt]
- □ ⑧ **pray** 祈る
  [préi]
- □ ⑨ **absorb** 吸収する
  [æbzɔ́ːrb]
- □ ⑩ **predict** 予言する
  [pridíkt]

よく使われる表現も見ておこう！

① I'm warning you. あなたに警告しておきます。

② I can assist you if you'd like. よければ手伝いますよ。

⑤ I reserved a seat. 私は席を予約した。

⑦ I was elected captain. 私はキャプテンに選出された。

⑩ I can't predict the future. 私は未来を予言できない。

■派生語・関連語
② assístance 手助け　③ entertáinment 娯楽　④ organizátion 組織
⑤ reservátion 予約　⑥ defénse 守り　⑦ eléction 選挙
⑧ práyer 祈り　⑨ absórption 吸収　⑩ predíction 予言

NOTES：②アシスタント　③エンターテインメント　⑥ディフェンス

英語で話してみよう！　　　　　　　　　　　　　　　CD

(1) 私は席を予約した。　　　　　I _____ a seat.

(2) 彼女は自分の立場を守った。　She _____ her position.

(3) よければ手伝いますよ。　　　I can _____ you if you'd like.

(4) 彼は客を楽しませた。　　　　He _____ the guests.

(5) あなたに警告しておきます。　I'm _____ you.

(6) 彼らはチームを編成した。　　They _____ a team.

(7) 私は神に祈った。　　　　　　I _____ to God.

(8) それは水を吸収する。　　　　It _____ water.

(9) 私は未来を予言できない。　　I can't _____ the future.

(10) 私はキャプテンに選出された。　I was _____ captain.

高校レベル1

---

(1) reserved　(2) defended　(3) assist　(4) entertained
(5) warning　(6) organized　(7) prayed　(8) absorbs
(9) predict　(10) elected

UNIT 47

動詞2-15

単語を見てみよう！

- ① **ignore** [ignɔ́:r] 無視する
- ② **compose** [kəmpóuz] 構成する
- ③ **encounter** [inkáuntər] 出会う
- ④ **promote** [prəmóut] 促進する
- ⑤ **prove** [prú:v] 証明する
- ⑥ **obey** [oubéi] 従う
- ⑦ **earn** [ə́:rn] 稼ぐ
- ⑧ **resist** [rizíst] 抵抗する
- ⑨ **associate** [əsóuʃièit] 関係する
- ⑩ **polish** [páliʃ] 磨く

よく使われる表現も見ておこう！

① She ignored my advice. 彼女は私の助言を無視した。

③ I encountered him on the train. 私は列車で彼に出会った。

⑦ How much do you earn? どのくらい稼いでいるの？

⑧ I couldn't resist the temptation. その誘惑に抵抗できなかった。

⑩ I polished my shoes. 私は靴を磨いた。

■派生語・関連語
① ígnorance 無知 ② composítion 構成 ④ promótion 促進
⑤ próof 証拠 ⑥ obédience 従順 ⑧ resístance 抵抗
⑨ associátion 関わり

NOTES: ③カウンターパンチ ④プロモーションビデオ

英語で話してみよう！　　　　　　　　　　　　　　　　CD24

(1) それは様々な材料から成る。　　It is _____ of various materials.

(2) 彼らは彼の命令に従った。　　　They _____ his order.

(3) その誘惑に抵抗できなかった。　I couldn't _____ the temptation.

(4) 私は靴を磨いた。　　　　　　　I _____ my shoes.

(5) 君はそれを証明しなければならない。　You have to _____ it.

(6) どのくらい稼いでいるの？　　　How much do you _____?

(7) 彼女は私の助言を無視した。　　She _____ my advice.

(8) 彼らは販売促進をしている　　　They're _____ the sales.

(9) 私は多くの人々と関わっている。　I _____ with many people.

(10) 私は列車で彼に出会った。　　　I _____ him on the train.

---

(1) composed (2) obeyed (3) resist (4) polished (5) prove
(6) earn (7) ignored (8) promoting (9) associate
(10) encountered

UNIT 48

名詞2-1

単語を見てみよう！

- ① **attitude** [ǽtit(j)ùːd] 態度
- ② **tradition** [trədíʃən] 伝統
- ③ **individual** [ìndəvídʒuəl] 個人（の）
- ④ **result** [rizʌ́lt] 結果（になる）
- ⑤ **doubt** [dáut] 疑い（を持つ）
- ⑥ **effect** [ifékt] 効果・生む
- ⑦ **price** [práis] 価格
- ⑧ **religion** [rilídʒən] 宗教
- ⑨ **amount** [əmáunt] 量・達する
- ⑩ **progress** 進歩（する） 图[prágres] 動[prəgrés]

よく使われる表現も見ておこう！

① I can't stand his attitude. 彼の態度は我慢できない。

③ It is a matter of individuals. それは個人の問題だ。

⑤ There is no doubt about it. それについて疑いの余地はない。

⑦ Prices are rising. 物価が上がっている。

⑧ What is your religion? あなたの宗教は何ですか。

■派生語・関連語
② tradítional 伝統的な　③ individualístic 個人主義の
⑤ dóubtful 疑わしい　⑥ efféctive 効果的な　⑧ relígious 宗教の
⑩ progréssive 進歩的な

NOTES：②トラッドな服装　⑤トランプのダウト　⑦プライスダウン

英語で話してみよう！　　　　　　　　　　　　　　　　CD

(1) それは個人の問題だ。　　　　　It is a matter of _____.

(2) 私達はよい結果を得た。　　　　We achieved a good _____.

(3) 総量はいくらですか。　　　　　What's the total _____?

(4) あなたの宗教は何ですか。　　　What is your _____?

(5) それは急速な進歩を遂げた。　　It made rapid _____.

(6) それについて疑いの余地はない。　There is no _____ about it.

(7) 私達はその伝統を守らなければならない。　We must keep the _____.

(8) 物価が上がっている。　　　　　_____ are rising.

(9) 彼らは特殊効果を使った。　　　They used special _____.

(10) 彼の態度は我慢できない。　　　I can't stand his _____.

高校レベル1

---

(1) individuals　(2) result　(3) amount　(4) religion
(5) progress　(6) doubt　(7) tradition　(8) Prices　(9) effects
(10) attitude

UNIT 49

名詞2-2

単語を見てみよう！

- ① **human** [hjúːmən] 人間（の）
- ② **ancestor** [ǽnsəstər] 祖先
- ③ **customer** [kʌ́stəmər] （店の）客
- ④ **desire** [dizáiər] 欲求・望む
- ⑤ **industry** [índəstri] 産業・勤勉
- ⑥ **value** [vǽljuː] 価値・評価する
- ⑦ **community** [kəmjúːnəti] 地域
- ⑧ **environment** [invái(ə)rənmənt] 環境
- ⑨ **reason** [ríːzn] 理由・推論する
- ⑩ **disease** [dizíːz] 病気

よく使われる表現も見ておこう！

① Humans are born to learn. 人間は生まれつき学習するものだ。

③ It was full of customers. そこは客でいっぱいだった。

⑥ It has no value. それは何の価値もない。

⑦ She's working for the community. 彼女は地域のために働いている。

⑨ I have a good reason. 私にはきちんとした理由がある。

■派生語・関連語
② áncient 古代の　⑤ indústrial 産業の　indústrious 勤勉な
⑥ váluable 価値のある　⑧ environméntal 環境の
⑨ réasonable 理にかなった・手ごろな

NOTES：③カスタマーセンター　⑥ネームバリュー

英語で話してみよう！　　　　　　　　　　　　　　CD25

(1) 人間は生まれつき学習するものだ。　　_____ are born to learn.

(2) 彼はその病気から回復した。　　He recovered from the _____.

(3) 私達は祖先を敬う。　　We respect our _____.

(4) 彼女は地域のために働いている。　　She's working for the _____.

(5) それは環境に優しい。　　It is friendly to the _____.

(6) 彼には強い欲望があった。　　He had a strong _____.

(7) そこは客でいっぱいだった。　　It was full of _____.

(8) 彼女は音楽産業にいる。　　She is in the music _____.

(9) 私にはきちんとした理由がある。　　I have a good _____.

(10) それは何の価値もない。　　It has no _____.

---

(1) Humans　(2) disease　(3) ancestors　(4) community　(5) environment　(6) desire　(7) customers　(8) industry　(9) reason　(10) value

UNIT 50

名詞 2-3

単語を見てみよう！

- ① **ability** [əbíləti] 能力
- ② **shape** [ʃéip] 形（づくる）
- ③ **factor** [fǽktər] 要素
- ④ **economy** [ikánəmi] 経済
- ⑤ **material** [mətí(ə)riəl] 材料
- ⑥ **cause** [kɔ́:z] 原因・引き起こす
- ⑦ **effort** [éfərt] 努力
- ⑧ **concept** [kánsept] 概念
- ⑨ **blood** [blʌ́d] 血液
- ⑩ **pollution** [pəlú:ʃən] 汚染

よく使われる表現も見ておこう！

② I'm in good shape.	体調がよい。
③ It is an important factor.	それは重要な要素だ。
⑥ What's the cause of the accident?	その事故の原因は何ですか。
⑦ I made every effort.	私はあらゆる努力をした。
⑨ My blood type is A.	私の血液型はAです。

■派生語・関連語
① áble できる ④ económic 経済の económical 経済的な
⑤ materialístic 物質的な ⑧ concéptual 概念上の
⑨ blóody 血まみれの

NOTES：②シェイプアップ　⑧新しいコンセプト

英語で話してみよう！　　　　　　　　　　　　CD

(1) 私はあらゆる努力をした。　　I made every _____.

(2) 彼女は優れた運動能力を持つ。　She has great athletic _____.

(3) これが私の教材です。　　　　This is my teaching _____.

(4) 私の血液型はAです。　　　　My _____ type is A.

(5) それは重要な要素だ。　　　　It is an important _____.

(6) 彼らは大気汚染に苦しんでいる。　They suffer from air _____.

(7) 体調がよい。　　　　　　　　I'm in good _____.

(8) 彼らは違った考えを持っている。　They have a different _____.

(9) その事故の原因は何ですか。　What's the _____ of the accident?

(10) 彼らの経済は成長している。　Their _____ is growing.

---

(1) effort　(2) ability　(3) material　(4) blood　(5) factor
(6) pollution　(7) shape　(8) concept　(9) cause　(10) economy

UNIT 51

名詞 2-4

単語を見てみよう！

- ① **benefit** [bénəfit] 利益
- ② **risk** [rísk] 危険
- ③ **fear** [fíər] 恐怖・恐れる
- ④ **skill** [skíl] 技術
- ⑤ **event** [ivént] 出来事
- ⑥ **revolution** [rèvəlúːʃən] 革命
- ⑦ **crisis** [kráisis] 危機
- ⑧ **method** [méθəd] 方法
- ⑨ **basis** [béisis] 基礎
- ⑩ **opportunity** [àpərt(j)úːnəti] 機会

よく使われる表現も見ておこう！

② I will take a risk. 思い切ってやってみよう。

④ It requires great skill. それには高い技術が求められる。

⑤ It was a strange event. それは奇妙な出来事だった。

⑨ Your idea has no basis in reality. 君の考えには現実的な根拠がない。

⑩ This is a great opportunity. これは絶好の機会だ。

■派生語・関連語
① beneficial 有益な ② rísky 危険のある ③ féarful 恐ろしい
④ skíllful 上手な ⑥ revolútionary 革命的な ⑨ básic 基本的な

NOTES: ②リスクを覚悟する　⑤イベント　⑧画期的なメソッド

英語で話してみよう！　　　　　　　　　　　　　　　　　CD26

(1) これは絶好の機会だ。　　　　　This is a great _____.

(2) 君の考えには現実的な根拠がない。　　Your idea has no _____ in reality.

(3) 彼女は恐怖で震えていた。　　　She was shaking with _____.

(4) それには高い技術が求められる。　　It requires great _____.

(5) 私は経済的恩恵を受けている。　　I receive economic _____.

(6) 私達は情報革命の最中にいる。　　We are in the midst of an information _____.

(7) この方法は全く新しい。　　　　This _____ is totally new.

(8) 思い切ってやってみよう。　　　I will take a _____.

(9) それは奇妙な出来事だった。　　It was a strange _____.

(10) 彼らは石油危機を体験した。　　They experienced the oil _____.

---

(1) opportunity　(2) basis　(3) fear　(4) skill　(5) benefits
(6) revolution　(7) method　(8) risk　(9) event　(10) crisis

UNIT 52

名詞 2-5

単語を見てみよう！

- ① **character** [kǽriktər] 個性・人物
- ② **research** [risə́:rtʃ] 研究（する）
- ③ **emotion** [imóuʃən] 感情
- ④ **civilization** [sìvəlaizéiʃən] 文明
- ⑤ **mass** [mǽs] 大量・大衆
- ⑥ **evidence** [évədəns] 証拠
- ⑦ **process** [práses] 過程・処理する
- ⑧ **population** [pàpjuléiʃən] 人口
- ⑨ **crime** [kráim] 犯罪
- ⑩ **atmosphere** [ǽtməsfìər] 大気・雰囲気

よく使われる表現も見ておこう！

① She has a unique character. 彼女は独特の個性を持っている。

③ I controlled my emotion. 私は感情を抑えた。

⑥ There is no evidence. 証拠はない。

⑨ He committed a crime. 彼は犯罪を犯した。

⑩ We enjoyed the pleasant atmosphere. 私達は心地よい雰囲気を楽しんだ。

■派生語・関連語
③ emótional 感情的な ⑥ évident 明らかな ⑨ críminal 犯罪者
⑩ atmosphéric 大気の

NOTES：①キャラクター商品　⑦プロセスが大事

英語で話してみよう！　　　　　　　　　　　　　　　CD

(1) 私は感情を抑えた。　　　　　　I controlled my _____.

(2) それは多くの過程を経た。　　　It went through many _____.

(3) 私達は心地よい雰囲気を楽しんだ。　We enjoyed the pleasant _____.

(4) 私達は大量生産を行っている。　We use _____ production.

(5) 証拠はない。　　　　　　　　　There is no _____.

(6) 彼は犯罪を犯した。　　　　　　He committed a _____.

(7) 人口が減っている。　　　　　　The _____ is decreasing.

(8) 彼は研究助手です。　　　　　　He's a _____ assistant.

(9) 彼女は独特の個性を持っている。　She has a unique _____.

(10) 私は古代文明に興味がある。　　I'm interested in ancient _____.

---

(1) emotion　(2) processes　(3) atmosphere　(4) mass
(5) evidence　(6) crime　(7) population　(8) research
(9) character　(10) civilizations

UNIT 53

名詞 2-6

単語を見てみよう！

- ① **profit** [práfit] 利益
- ② **analysis** [ənǽləsis] 分析
- ③ **item** [áitəm] 項目・品物
- ④ **weight** [wéit] 重さ
- ⑤ **burden** [bə́ːrdn] 負担
- ⑥ **theory** [θíːəri] 理論
- ⑦ **violence** [váiələns] 暴力
- ⑧ **agriculture** [ǽgrikʌ̀ltʃər] 農業
- ⑨ **generation** [dʒènəréiʃən] 世代
- ⑩ **victim** [víktim] 犠牲

よく使われる表現も見ておこう！

① They made a large profit. 彼らは大きな利益を上げた。

④ I have to control my weight. 体重管理をしなければならない。

⑤ The burden is too much. その負担は重すぎる。

⑥ The theory didn't work. その理論はうまくいかなかった。

⑩ There were many victims. 多くの犠牲者が出た。

■派生語・関連語
① prófitable 利益の多い　② ánalyze 分析する　④ wéigh 重さがある
⑥ theorétical 理論的な　⑦ víolent 暴力的な　⑧ agricúltural 農業の

NOTES: ②経済アナリスト　④ウエイト管理　⑥セオリーに忠実

英語で話してみよう！ CD27

(1) 多くの犠牲者が出た。　　　　There were many _____.

(2) 私は慎重な分析をした。　　　I made a careful _____.

(3) 世代間の格差がある。　　　　There is a _____ gap.

(4) 私達は有機農業をしている。　We're doing organic _____.

(5) 彼らは大きな利益を上げた。　They made a large _____.

(6) すべての項目を調べた。　　　I checked every _____.

(7) その負担は重すぎる。　　　　The _____ is too much.

(8) 体重管理をしなければならない。　I have to control my _____.

(9) その理論はうまくいかなかった。　The _____ didn't work.

(10) 彼は決して暴力を使わない。　He never uses _____.

---

(1) victims　(2) analysis　(3) generation　(4) agriculture
(5) profit　(6) item　(7) burden　(8) weight　(9) theory
(10) violence

UNIT 54

名詞 2-7

単語を見てみよう！

- □ ① **duty** [d(j)úːti] 義務
- □ ② **income** [ínkʌm] 収入
- □ ③ **situation** [sìtʃuéiʃən] 状況
- □ ④ **rumor** [rúːmər] うわさ
- □ ⑤ **knowledge** [nálidʒ] 知識
- □ ⑥ **enemy** [énəmi] 敵
- □ ⑦ **exception** [iksépʃən] 例外
- □ ⑧ **advantage** [ædvǽntidʒ] 有利
- □ ⑨ **affair** [əféər] 出来事
- □ ⑩ **origin** [ɔ́ːrədʒin] 起源

よく使われる表現も見ておこう！

① It is a duty as a member. — それはメンバーとしての義務だ。

③ The situation hasn't changed at all. — その状況は全く変わっていない。

④ The rumor was true. — そのうわさは本当だった。

⑦ There are some exceptions. — いくらか例外もある。

⑧ I took full advantage of it. — 私はそれを十分活用した。

■派生語・関連語
⑤ knówledgeable 知識のある　⑦ excéptional 例外的な
⑧ advantágeous 有利な　⑩ oríginal 最初の

NOTES：⑧アドバンテージを得る　⑩オリジナルの作品

英語で話してみよう！　　　　　　　　　　　　　　　　CD

(1) その状況は全く変わっていない。　　　　The _____ hasn't changed at all.

(2) いくらか例外もある。　　　　There are some _____.

(3) それらは公務だ。　　　　They are public _____.

(4) それはメンバーとしての義務だ。　　　　It is a _____ as a member.

(5) 私達は限られた収入しかない。　　　　We have a limited _____.

(6) 私はそれを十分活用した。　　　　I took full _____ of it.

(7) 私は中国語の知識は全くない。　　　　I have no _____ of Chinese.

(8) 私達には共通の敵がいる。　　　　We have a common _____.

(9) そのうわさは本当だった。　　　　The _____ was true.

(10) 彼らは生命の起源を研究している。　　　　They're studying the _____ of life.

---

(1) situation　(2) exceptions　(3) affairs　(4) duty　(5) income
(6) advantage　(7) knowledge　(8) enemy　(9) rumor
(10) origin

UNIT 55

名詞 2-8

単語を見てみよう！

- ① **control** [kəntróul] 抑制（する）
- ② **harmony** [háːrməni] 調和
- ③ **sacrifice** [sǽkrəfàis] 犠牲（にする）
- ④ **wealth** [wélθ] 富
- ⑤ **climate** [kláimit] 気候
- ⑥ **universe** [júːnəvə̀ːrs] 宇宙・全世界
- ⑦ **detail** [ditéil] 詳細
- ⑧ **honor** [ánər] 名誉
- ⑨ **tax** [tǽks] 税金
- ⑩ **favor** [féivər] 好意

よく使われる表現も見ておこう！

① It was out of control.　　それは手がつけられなかった。

③ I made the sacrifice of time.　私は自分の時間を犠牲にした。

⑧ It is an honor to meet you.　お会いできて光栄です。

⑨ We pay income tax.　　私達は所得税を払っている。

⑩ Would you do me a favor?　頼みたいことがあるんだけど。

■派生語・関連語
② harmónious 調和のとれた　④ wéalthy 裕福な　⑥ univérsal 普遍的な
⑧ hónorable 名誉のある　⑩ fávorable 好ましい

NOTES: ①セルフコントロール ⑥ミスユニバース

英語で話してみよう！　　　　　　　　　　　　CD28

(1) 私は自分の時間を犠牲にした。　　I made the _____ of time.

(2) 私達は所得税を払っている。　　We pay income _____.

(3) 健康の方が富より大切だ。　　Health is more important than _____.

(4) 気候は穏やかだった。　　The _____ was mild.

(5) それは手がつけられなかった。　　It was out of _____.

(6) 彼女は詳しいことを私に話さなかった。　　She didn't tell me the _____.

(7) 頼みたいことがあるんだけど。　　Would you do me a _____?

(8) 調和とバランスが大切だ。　　_____ and balance are important.

(9) お会いできて光栄です。　　It is an _____ to meet you.

(10) 宇宙は膨張している。　　The _____ is expanding.

---

(1) sacrifice　(2) tax　(3) wealth　(4) climate　(5) control
(6) details　(7) favor　(8) Harmony　(9) honor　(10) universe

UNIT 56

名詞 2-9

単語を見てみよう！

- ① **rate** [réit] 割合
- ② **trade** [tréid] 貿易（する）
- ③ **decade** [dékeid] 10年
- ④ **concern** [kənsə́ːrn] 関心・関係（を持つ）
- ⑤ **exercise** [éksərsàiz] 運動（する）
- ⑥ **labor** [léibər] 労働
- ⑦ **scene** [síːn] 場面
- ⑧ **broadcast** [brɔ́ːdkæst] 放送（する）
- ⑨ **resource** [ríːsɔːrs] 資源
- ⑩ **sum** [sʌ́m] 合計

よく使われる表現も見ておこう！

④ Thank you for your concern.　心配してくれてありがとう。

⑤ You should do some exercise.　君は少し運動した方がよい。

⑦ It was an impressive scene.　それは印象的な場面だった。

⑧ This is a live broadcast.　これは生放送だ。

⑩ He has a large sum of money.　彼は大金を持っている。

■派生語・関連語
⑥ labórious 勤勉な　⑦ scénery 風景　⑨ resóurceful 資源豊かな

NOTES：①為替レート　②選手のトレード　⑤エクササイズをする

英語で話してみよう！　　　　　　　　　　　　　　　CD

(1) 彼らは豊かな資源を持っている。　　They have rich _____.

(2) 心配してくれてありがとう。　　Thank you for your _____.

(3) 彼らは自由貿易協定に反対している。　　They oppose the free _____ agreement.

(4) それは印象的な場面だった。　　It was an impressive _____.

(5) 私は手作業が好きだ。　　I like manual _____.

(6) それは過去10年で大きく変わった。　　It has changed greatly in the last _____.

(7) 君は少し運動した方がよい。　　You should do some _____.

(8) これは生放送だ。　　This is a live _____.

(9) 利子率は低い。　　Interest _____ are low.

(10) 彼は大金を持っている。　　He has a large _____ of money.

---

(1) resources　(2) concern　(3) trade　(4) scene　(5) labor
(6) decade　(7) exercise　(8) broadcast　(9) rates　(10) sum

UNIT 57

名詞 2-10

単語を見てみよう！

- ① **fuel** [fjúːəl] 燃料
- ② **access** [ǽkses] 接続方法
- ③ **period** [píːəriəd] 期間
- ④ **creature** [kríːtʃər] 生き物
- ⑤ **fare** [féər] 運賃
- ⑥ **author** [ɔ́ːθər] 著者
- ⑦ **role** [róul] 役割
- ⑧ **forecast** [fɔ́ːrkæst] 予報（する）
- ⑨ **novel** [nάvəl] 小説・新しい
- ⑩ **biology** [baiάlədʒi] 生物学

よく使われる表現も見ておこう！

① We have little fuel left. 　燃料がほとんど残っていない。

② I have no access to the Internet. 　私にはインターネットを利用する術がない。

⑤ How much is the bus fare? 　バス代はいくらですか。

⑧ What does the weather forecast say? 　天気予報はどう言っていますか。

⑨ I'm writing a novel. 　私は小説を書いている。

■派生語・関連語
③ periódical 定期的な　⑩ biológical 生物学的な

NOTES：②ネットにアクセスする　⑩バイオテクノロジー

英語で話してみよう！　　　　　　　　　　　　　　CD29

(1) バス代はいくらですか。　　　　How much is the bus _____?

(2) 彼女は重要な役割を果たしている。　　She plays an important _____.

(3) それは想像上の生き物だ。　　　It is an imaginary _____.

(4) 私にはインターネットを利用する術がない。　　I have no _____ to the Internet.

(5) 天気予報はどう言っていますか。　　What does the weather _____ say?

(6) 彼女は長期間ここで働いている。　　She has worked here for a long _____ of time.

(7) 燃料がほとんど残っていない。　　We have little _____ left.

(8) 私は生物学専攻です。　　　　　I'm majoring in _____.

(9) 私は小説を書いている。　　　　I'm writing a _____.

(10) 著者は何を言いたいのか。　　　What does the _____ want to say?

---

(1) fare　(2) role　(3) creature　(4) access　(5) forecast
(6) period　(7) fuel　(8) biology　(9) novel　(10) author

UNIT 58

名詞 2-11

単語を見てみよう!

- ① **genius** [dʒíːnjəs] 天才
- ② **motive** [móutiv] 動機
- ③ **volume** [váljuːm] 量
- ④ **phenomenon** [finámənàn] 現象
- ⑤ **lie** [lái] ウソ(をつく)・横たわる
- ⑥ **issue** [íʃuː] 問題・発行する
- ⑦ **attempt** [ətémpt] 試み(る)
- ⑧ **technology** [teknálədʒi] 科学技術
- ⑨ **occupation** [àkjupéiʃən] 職業
- ⑩ **race** [réis] 人種・レース

よく使われる表現も見ておこう!

④ It is a natural phenomenon. それは自然現象だ。

⑤ She told a lie. 彼女はウソをついた。

⑥ This is a big issue. これは大きな問題だ。

⑧ They developed a new technology. 彼らは新しい技術を開発した。

⑨ What is your occupation? あなたの職業は何ですか。

■派生語・関連語
② mótivate 動機を与える ④ (複数形) phenómena
⑤ láy (laid/laid) 横たえる ⑧ technológical 技術の
⑨ occupátional 職業の ⑩ rácial 人種の

NOTES：③ボリュームアップ　⑧先進のテクノロジー

英語で話してみよう！　　　　　　　　　　　　CD

(1) あなたの職業は何ですか。　　What is your _____?

(2) 彼女はウソをついた。　　　　She told a _____.

(3) 私は何度か試みた。　　　　　I made several _____.

(4) これは大きな問題だ。　　　　This is a big _____.

(5) 彼らは新しい技術を開発した。　They developed a new _____.

(6) その量は余るほどだった。　　The _____ was more than enough.

(7) 彼らは人種問題を抱えている。　They have a _____ problem.

(8) その少女は数学の天才だ。　　The girl is a math _____.

(9) その殺人の動機は何なのか。　What is the _____ of the murder?

(10) それは自然現象だ。　　　　　It is a natural _____.

高校レベル1

(1) occupation　(2) lie　(3) attempts　(4) issue　(5) technology
(6) volume　(7) race　(8) genius　(9) motive　(10) phenomenon

UNIT 59

名詞2-12

単語を見てみよう！

- ① **contrast** 対照
  [kάntræst]
- ② **enthusiasm** 熱意
  [inθú:ziæzm]
- ③ **means** 手段
  [mí:nz]
- ④ **disaster** 災害
  [dizǽstər]
- ⑤ **project** 計画・投影する
  名[prάdʒekt] 動[prədʒékt]
- ⑥ **function** 機能（する）
  [fʌ́ŋkʃən]
- ⑦ **crop** 作物
  [krάp]
- ⑧ **species** 種
  [spí:ʃi:z]
- ⑨ **brain** 脳
  [bréin]
- ⑩ **status** 地位
  [stéitəs]

よく使われる表現も見ておこう！

③ I used every possible means. 私は可能な限りの手段を使った。

④ It is a man-made disaster. それは人災だ。

⑦ They grow crops. 彼らは作物を育てている。

⑨ Use your brain. 頭を使いなさい。

⑩ He desires high status. 彼は高い地位を求めている。

■派生語・関連語
② enthusiástic 熱意のある　④ disástrous 悲惨な
⑥ fúnctional 機能の

NOTES：①色のコントラスト　⑤大型プロジェクト

英語で話してみよう！　　　　　　　　　　　　　　　CD30

(1) これは巨大な計画だ。　　　　　　This is a huge _____.

(2) その種は絶滅しそうだ。　　　　　The _____ is dying out.

(3) 彼らは作物を育てている。　　　　They grow _____.

(4) その装置には多くの機能がある。　The device has many _____.

(5) 彼は高い地位を求めている。　　　He desires high _____.

(6) 彼の言葉は彼の行動とは非常に対照的だ。　His words are in sharp _____ to his actions.

(7) それは人災だ。　　　　　　　　　It is a man-made _____.

(8) 私は可能な限りの手段を使った。　I used every possible _____.

(9) 私達は彼らを熱烈に歓迎した。　　We welcomed them with _____.

(10) 頭を使いなさい。　　　　　　　 Use your _____.

---

(1) project　(2) species　(3) crops　(4) functions　(5) status
(6) contrast　(7) disaster　(8) means　(9) enthusiasm　(10) brain

UNIT 60

形容詞 2-1

単語を見てみよう！

- ① **modern** [mádərn] 現代の
- ② **ancient** [éinʃənt] 古代の
- ③ **ordinary** [ɔ́:rd(ə)nèri] 通常の
- ④ **common** [kámən] 共通の・普通の
- ⑤ **serious** [sí(ə)riəs] まじめな・深刻な
- ⑥ **sudden** [sʌ́dn] 突然の
- ⑦ **certain** [sə́:rtn] 確かな・或る
- ⑧ **similar** [símələr] 類似した
- ⑨ **personal** [pə́:rs(ə)nl] 個人の
- ⑩ **terrible** [térəbl] ひどい

よく使われる表現も見ておこう！

③ We are ordinary people. 　私達は普通の人間です。

④ It is common knowledge. 　それはみんな知っている。

⑤ Are you serious? 　本気で言ってるんですか。

⑨ Can I ask a personal question? 　個人的な質問をしてもいいですか。

⑩ You look terrible. 　ひどく疲れた様子ですね。

■派生語・関連語
⑤ sériousness 深刻さ　⑦ cértainty 確かさ　⑧ similárity 類似性
⑨ personálity 個性　⑩ térror 恐怖　terrífic 素晴らしい

NOTES：①モダンなデザイン　⑤シリアスな状況　⑥サドンデス方式

英語で話してみよう！　　　　　　　　　　　　　　　　CD

(1) 本気で言ってるんですか。　　　Are you _____?

(2) それらは形が似ている。　　　　They are _____ in shape.

(3) それは突然の出来事だった。　　It was a _____ event.

(4) 私達は普通の人間です。　　　　We are _____ people.

(5) 個人的な質問をしてもいいですか。　Can I ask a _____ question?

(6) それはみんな知っている。　　　It is _____ knowledge.

(7) 彼はきっと選ばれる。　　　　　He is _____ to be chosen.

(8) 私は古代史を勉強している。　　I study _____ history.

(9) ひどく疲れた様子ですね。　　　You look _____.

(10) そのデザインはとても現代的だ。　The design is very _____.

高校レベル1

---

(1) serious　(2) similar　(3) sudden　(4) ordinary　(5) personal
(6) common　(7) certain　(8) ancient　(9) terrible　(10) modern

UNIT 61

形容詞2-2

単語を見てみよう！

- ① **worth** [wə́ːrθ] 価値のある
- ② **fit** [fít] 適した・合う
- ③ **obvious** [ɑ́bviəs] 明らかな
- ④ **anxious** [ǽŋ(k)ʃəs] 心配な・望んで
- ⑤ **likely** [láikli] ～しそう
- ⑥ **global** [glóubəl] 地球の
- ⑦ **curious** [kjú(ə)riəs] 好奇心の強い・奇妙な
- ⑧ **responsible** [rispɑ́nsəbl] 責任のある
- ⑨ **independent** [indipéndənt] 独立した
- ⑩ **tough** [tʌ́f] 難しい・丈夫な

よく使われる表現も見ておこう！

① It is worth trying. ／ それはやってみる価値がある。

⑤ It is likely to rain. ／ 雨が降りそうだ。

⑥ I'm concerned about global warming. ／ 地球の温暖化を懸念している。

⑦ I'm just curious. ／ ただ気になっているだけです。

⑩ This is a tough question. ／ これは手ごわい問題だ。

■派生語・関連語
② fítness 適合・健康　④ anxíety 心配　⑥ glóbe 地球
⑦ curiósity 好奇心　⑧ responsibílity 責任　⑨ indepéndence 独立
⑩ tóughness 頑丈さ

NOTES：②服がフィットする　⑥グローバル化　⑩タフな試合

英語で話してみよう！　　　　　　　　　　　　　　　CD31

(1) この結果は彼に責任があります。　　　　He is _____ for this result.

(2) それはやってみる価値がある。　　　　It is _____ trying.

(3) 彼は身体が健康だ。　　　　He is physically _____.

(4) これは手ごわい問題だ。　　　　This is a _____ question.

(5) 私は彼の将来が心配だ。　　　　I'm _____ about his future.

(6) 彼女は親から独立している。　　　　She is _____ of her parents.

(7) 雨が降りそうだ。　　　　It is _____ to rain.

(8) ただ気になっているだけです。　　　　I'm just _____.

(9) それはすぐにわかるウソだ。　　　　It is an _____ lie.

(10) 地球の温暖化を懸念している。　　　　I'm concerned about _____ warming.

----

(1) responsible　(2) worth　(3) fit　(4) tough　(5) anxious
(6) independent　(7) likely　(8) curious　(9) obvious　(10) global

UNIT 62

形容詞2-3

単語を見てみよう！

- ① **familiar** [fəmíljər] 親しい
- ② **rapid** [rǽpid] 速い
- ③ **daily** [déili] 日常の
- ④ **positive** [pázətiv] 肯定的な
- ⑤ **negative** [négətiv] 否定的な
- ⑥ **aware** [əwéər] 気づいている
- ⑦ **excellent** [éksələnt] 素晴らしい
- ⑧ **strict** [stríkt] 厳しい
- ⑨ **pure** [pjúər] 純粋な
- ⑩ **exact** [igzǽkt] 正確な

よく使われる表現も見ておこう！

① He is familiar with gardening. 　彼は園芸に詳しい。

③ I bought some daily necessities. 　私は日用品を買った。

④ Be more positive. 　もっと前向きになりなさい。

⑦ Your work is excellent. 　あなたの作品は素晴らしい。

⑩ Do you know the exact time? 　正確な時間がわかりますか。

■派生語・関連語
① familiárity 親しさ　⑥ awáreness 意識
⑦ excél 卓越する　éxcellence 卓越さ　⑨ púrity 純粋さ

NOTES：④ポジティブ思考　⑨ピュアな性格

英語で話してみよう！　　　　　　　　　　　　　　　　CD

(1) 空気が澄んでいる。　　　　　　The air is _____.

(2) もっと前向きになりなさい。　　Be more _____.

(3) 正確な時間がわかりますか。　　Do you know the _____ time?

(4) 彼はあらゆることに否定的だ。　He is _____ about everything.

(5) あなたの作品は素晴らしい。　　Your work is _____.

(6) 彼は園芸に詳しい。　　　　　　He is _____ with gardening.

(7) 私はその間違いに気づいていなかった。　　I wasn't _____ of the error.

(8) 私の父は厳しい。　　　　　　　My father is _____.

(9) 私は日用品を買った。　　　　　I bought some _____ necessities.

(10) その速い流れは彼を驚かせた。　The _____ current surprised him.

---

(1) pure　(2) positive　(3) exact　(4) negative　(5) excellent
(6) familiar　(7) aware　(8) strict　(9) daily　(10) rapid

UNIT 63

形容詞2-4

単語を見てみよう！

- ① **relative** [rélətiv] 相対的な・親戚
- ② **absolute** [ǽbsəlùːt] 絶対的な
- ③ **mild** [máild] 穏やかな
- ④ **flexible** [fléksəbl] 柔軟な
- ⑤ **public** [pʌ́blik] 公共の
- ⑥ **fundamental** [fʌ̀ndəméntl] 基本的な
- ⑦ **nuclear** [n(j)úːkliər] 核の
- ⑧ **conscious** [kɑ́nʃəs] 意識的な
- ⑨ **various** [vé(ə)riəs] 様々な
- ⑩ **practical** [prǽktikəl] 実用的な

よく使われる表現も見ておこう！

③ The climate is mild. 気候は穏やかです。

④ She is flexible in thinking. 彼女は考え方が柔軟だ。

⑦ We are a nuclear family. 私達は核家族です。

⑧ I'm conscious of my health. 私は自分の健康を意識している。

⑩ This is not a practical way. これは実用的な方法ではない。

■派生語・関連語
① relatívity 相対性　④ flexibílity 柔軟性　⑥ foundátion 基礎
⑧ cónsciousness 意識　⑨ váry 変わる　varíety 種類

NOTES：③マイルドな味　⑥ファンデーション　⑨バラエティ番組

英語で話してみよう！　　　　　　　　　　　　　　　　CD32

(1) 私は様々な人に会った。　　　　I met _____ people.

(2) これは実用的な方法ではない。　　This is not a _____ way.

(3) 彼は絶対的な権力を持っている。　He has _____ power.

(4) 成功は比較的楽に訪れた。　　　Success came with _____ ease.

(5) 私は公共交通機関を使う。　　　I use _____ transportation.

(6) 私は自分の健康を意識している。　I'm _____ of my health.

(7) 私達は核家族です。　　　　　　We are a _____ family.

(8) これは基本的なルールだ。　　　This is a _____ rule.

(9) 彼女は考え方が柔軟だ。　　　　She is _____ in thinking.

(10) 気候は穏やかです。　　　　　　The climate is _____.

(1) various　(2) practical　(3) absolute　(4) relative　(5) public
(6) conscious　(7) nuclear　(8) fundamental　(9) flexible　(10) mild

UNIT 64　　　　　　　　　形容詞2-5

単語を見てみよう！

- ① **slight** [sláit] わずかな
- ② **previous** [prí:viəs] 以前の
- ③ **available** [əvéiləbl] 利用できる
- ④ **gentle** [dʒéntl] 優しい
- ⑤ **official** [əfíʃəl] 公式の
- ⑥ **actual** [ǽktʃuəl] 実際の
- ⑦ **local** [lóukəl] 地方の
- ⑧ **patient** [péiʃənt] 忍耐のある・患者
- ⑨ **calm** [kɑ́:m] 冷静な
- ⑩ **false** [fɔ́:ls] 偽りの

よく使われる表現も見ておこう！

① There was a slight difference.　　わずかな違いがあった。

③ I'm available on Sunday.　　日曜なら都合がつきます。

⑤ This is an official record.　　これは公式記録です。

⑧ Thanks for being patient.　　根気よくやってくれて、ありがとう。

⑨ She is always calm.　　彼女はいつも冷静だ。

■派生語・関連語
③ availability 有用性　④ géntleness 優しさ
⑧ pátience 忍耐　impátient 短気な

NOTES：④ジェントルマン　⑦ローカル線

英語で話してみよう！　　　　　　　　　　　　　　　　　CD

(1) これは公式記録です。　　　　　This is an _____ record.

(2) 私達には実際の数はわからない。　We don't know the _____ number.

(3) これは地ビールだ。　　　　　　This is a _____ beer.

(4) 彼女はいつも冷静だ。　　　　　She is always _____.

(5) 日曜なら都合がつきます。　　　I'm _____ on Sunday.

(6) 私はその前日に彼と会った。　　I met him on the _____ day.

(7) わずかな違いがあった。　　　　There was a _____ difference.

(8) 彼は偽名を使った。　　　　　　He used a _____ name.

(9) 根気よくやってくれて、ありがとう。　Thanks for being _____.

(10) 彼女は優しい声をしている。　　She has a _____ voice.

---

(1) official　(2) actual　(3) local　(4) calm　(5) available
(6) previous　(7) slight　(8) false　(9) patient　(10) gentle

UNIT 65

形容詞 2-6

単語を見てみよう！

- ① **evident** [évədənt] 明らかな
- ② **proper** [prápər] 適切な
- ③ **recent** [ríːsnt] 最近の
- ④ **specific** [spisífik] 特定の
- ⑤ **entire** [intáiər] 全体の
- ⑥ **physical** [fízikəl] 身体（物理）的な
- ⑦ **mental** [méntl] 精神的な
- ⑧ **accurate** [ǽkjurət] 正確な
- ⑨ **broad** [brɔ́ːd] 幅広い
- ⑩ **capable** [kéipəbl] 能力のある

よく使われる表現も見ておこう！

② It's not a proper expression. それは適切な表現ではない。

③ This is a recent trend. これが最近の傾向です。

④ Would you be more specific? もっと具体的に言ってもらえますか。

⑥ I had a physical check-up. 私は健康診断を受けた。

⑧ The calculation was accurate. その計算は正確だった。

■派生語・関連語
① évidence 証拠 ③ récently 最近 ④ specificátion 仕様
⑦ mentálity 知性 ⑧ áccuracy 正確さ ⑨ bréadth 幅
⑩ capabílity 能力

NOTES：⑥フィジカル面　⑦メンタルトレーニング　⑨ブロードバンド

英語で話してみよう！　　　　　　　　　　　　　　　　CD33

(1) 暗算を使う方が速い。	It's faster to use _____ calculation.
(2) 彼女は能力のある指導者だ。	She is a _____ leader.
(3) 私は健康診断を受けた。	I had a _____ check-up.
(4) 彼の無実は明らかだ。	His innocence is _____.
(5) もっと具体的に言ってもらえますか。	Would you be more _____?
(6) これが最近の傾向です。	This is a _____ trend.
(7) その計算は正確だった。	The calculation was _____.
(8) 彼は幅広い知識を持っている。	He has a _____ knowledge.
(9) それは国全体に影響する。	It influences the _____ nation.
(10) それは適切な表現ではない。	It's not a _____ expression.

(1) mental　(2) capable　(3) physical　(4) evident　(5) specific
(6) recent　(7) accurate　(8) broad　(9) entire　(10) proper

UNIT 66

形容詞 2-7

単語を見てみよう！

- ① **adequate** [ǽdikwət] 十分な・適切な
- ② **ideal** [aidí:(ə)l] 理想的な
- ③ **apparent** [əpǽrənt] 明らかな・見かけの
- ④ **noble** [nóubl] 高貴な
- ⑤ **considerable** [kənsídərəbl] かなりの
- ⑥ **regular** [régjulər] 規則正しい
- ⑦ **keen** [kí:n] 鋭い
- ⑧ **significant** [signífikənt] 重要な
- ⑨ **essential** [isénʃəl] 本質的な・不可欠の
- ⑩ **accustomed** [əkÁstəmd] 慣れた

よく使われる表現も見ておこう！

② You live an ideal life. 君は理想的な生活を送っている。

⑤ I paid a considerable amount of money. 私はかなりの金額を払った。

⑥ You need regular exercise. 君には定期的な運動が必要だ。

⑨ It is an essential part of life. それが生活の本質的な部分だ。

⑩ I'm accustomed to the heat. 私はその暑さに慣れている。

■派生語・関連語
③ appéar 現れる　⑥ regulárity 規則性　irrégular 不規則な
⑤ consíderate 思いやりのある　⑧ signíficance 重要性
⑨ éssence 本質

NOTES：⑥レギュラー選手　⑨問題のエッセンス

英語で話してみよう！　　　　　　　　　　　　　　　CD

(1) 君には定期的な運動が必要だ。　　You need _____ exercise.

(2) それが生活の本質的な部分だ。　　It is an _____ part of life.

(3) 私達は十分な収入がある。　　We have an _____ income.

(4) 重大な変更はありません。　　There is no _____ change.

(5) 私はその暑さに慣れている。　　I'm _____ to the heat.

(6) 私はかなりの金額を払った。　　I paid a _____ amount of money.

(7) 彼女は高貴な生まれだ。　　She is of _____ birth.

(8) 君は理想的な生活を送っている。　　You live an _____ life.

(9) 我々の失敗は明らかだった。　　Our failure was _____.

(10) 彼は鋭い美的感覚を持っている。　　He has a _____ sense of beauty.

---

(1) regular　(2) essential　(3) adequate　(4) significant
(5) accustomed　(6) considerable　(7) noble　(8) ideal
(9) apparent　(10) keen

高校レベル1

UNIT 67

形容詞2-8

単語を見てみよう！

- ① **extra** [ékstrə] 余分の
- ② **steady** [stédi] 安定した
- ③ **ashamed** [əʃéimd] 恥じている
- ④ **major** [méidʒər] 大きな・専攻
- ⑤ **minor** [máinər] 小さな
- ⑥ **elementary** [èləmént(ə)ri] 基本的な
- ⑦ **intellectual** [ìntəléktʃuəl] 知的な
- ⑧ **current** [kə́rənt] 現在の・流れ
- ⑨ **reasonable** [ríːz(ə)nəbl] 手ごろな・理にかなった
- ⑩ **tropical** [trápikəl] 熱帯の

よく使われる表現も見ておこう！

① There is no extra time. 余分な時間はない。

② He has a steady job. 彼は安定した職に就いている。

③ I'm ashamed of myself. 私は自分が恥ずかしい。

⑥ She goes to elementary school. 彼女は小学校に通っている。

⑨ It was a reasonable price. それは手ごろな価格だった。

■派生語・関連語
③ sháme 恥 ④ majórity 多数派 ⑤ minórity 少数派 ⑥ élement 要素
⑦ íntellect 知性 ⑧ cúrrency 通貨 ⑨ réason 理由

NOTES：①映画のエキストラ　④メジャーになる　⑤マイナーな存在

英語で話してみよう！　　　　　　　　　　　　　CD34

(1) チェスは知的なゲームだ。　　　　Chess is an _____ game.

(2) 彼は安定した職に就いている。　　He has a _____ job.

(3) 私は熱帯魚を飼っている。　　　　I keep _____ fish.

(4) 彼女は小学校に通っている。　　　She goes to _____ school.

(5) 多少の不便はあった。　　　　　　There was a _____ inconvenience.

(6) 余分な時間はない。　　　　　　　There is no _____ time.

(7) 彼が現職の市長です。　　　　　　He is the _____ mayor.

(8) 私は自分が恥ずかしい。　　　　　I'm _____ of myself.

(9) それは手ごろな価格だった。　　　It was a _____ price.

(10) 私は大リーグのファンです。　　　I'm a fan of _____ League Baseball.

高校レベル1

(1) intellectual　(2) steady　(3) tropical　(4) elementary
(5) minor　(6) extra　(7) current　(8) ashamed　(9) reasonable
(10) Major

かなり英語に時間を費やしながらも、高校 1 年の時と高校 3 年の時で「意味を知っている単語」の数が変わらないというのは珍しいことではありません。これは、「見覚えのある単語」ばかりがどんどん増えている状況です。これを防ぐには、やはりそれらの単語を使う練習が必要です。特にこの Group 2 は本書のメインとも言えるセクションです。ここを押さえて、しっかりとした Vocabulary の基礎を築きましょう。

Group 2 の不規則動詞

11 feed/fed/fed
12 deal/dealt/dealt
　 spread/spread/spread
(名詞 11) lie (横たわる)/lay/lain

※発音記号の苦手な人も、これさえわかればあとはローマ字感覚で大丈夫！

[ʌ] cut　　　[æ] cat　　　[ɑ] hot　　　[əː] work
[ɔː] ball　　　[θ] three　　[ð] this　　　[ʃ] ship
[ʒ] usually　[tʃ] much　　[dʒ] jam　　 [j] yes

Group3(UNIT 68-102)
(高校レベル2)

UNIT 68

動詞 3-1

単語を見てみよう！

- □ ① **separate** 分ける
  [sépərèit]
- □ ② **consume** 消費する
  [kənsú:m]
- □ ③ **advance** 進む・前進
  [ædvǽns]
- □ ④ **refer** 言及する・参照する
  [rifə́:r]
- □ ⑤ **endure** 耐える
  [ind(j)úər]
- □ ⑥ **pour** 注ぐ
  [pɔ́:r]
- □ ⑦ **greet** 挨拶する
  [grí:t]
- □ ⑧ **identify** 明らかにする・同一視する
  [aidéntəfài]
- □ ⑨ **attract** 引きつける
  [ətrǽkt]
- □ ⑩ **involve** 巻き込む
  [inválv]

よく使われる表現も見ておこう！

④ Are you referring to me? 　私のことを言っているんですか。

⑤ We endured the cold. 　私達は寒さに耐えた。

⑥ I poured some water. 　私はいくらか水を注いだ。

⑨ It attracted our attention. 　それは我々の注意を引いた。

⑩ She was involved in trouble. 　彼女はトラブルに巻き込まれた。

■派生語・関連語
① separátion 分離　② consúmption 消費　④ réference 言及・参照
⑤ endúrance 忍耐　⑧ identificátion 身元確認　⑨ attráction 魅力
⑩ invólvement 関わり

NOTES：①セパレートタイプ　⑦グリーティングカード

英語で話してみよう！　　　　　　　　　　　　　　　　　CD35

(1) 私達は莫大な量のエネルギーを消費している。　　We _____ a huge amount of energy.

(2) それは我々の注意を引いた。　　It _____ our attention.

(3) 私達は寒さに耐えた。　　We _____ the cold.

(4) 彼らは2つのグループに分けられた。　　They were _____ into two groups.

(5) 彼女はトラブルに巻き込まれた。　　She was _____ in trouble.

(6) 私は彼に英語で挨拶した。　　I _____ him in English.

(7) 私のことを言っているんですか。　　Are you _____ to me?

(8) 私は上級コースを選んだ。　　I took the _____ course.

(9) 私は身元を明らかにした。　　I _____ myself.

(10) 私はいくらか水を注いだ。　　I _____ some water.

---

(1) consume　(2) attracted　(3) endured　(4) separated
(5) involved　(6) greeted　(7) referring　(8) advanced
(9) identified　(10) poured

高校レベル2

UNIT 69

動詞 3-2

単語を見てみよう！

- ① **possess** [pəzés] 所有する
- ② **appreciate** [əprí:ʃièit] 評価する
- ③ **establish** [istǽbliʃ] 設立する
- ④ **vary** [vé(ə)ri] 変わる
- ⑤ **connect** [kənékt] 接続する
- ⑥ **rescue** [réskju:] 救助（する）
- ⑦ **adapt** [ədǽpt] 適応する
- ⑧ **transform** [trænsfɔ́:rm] 変形する
- ⑨ **perceive** [pərsí:v] 知覚する
- ⑩ **complicate** [kámpləkèit] 複雑にする

よく使われる表現も見ておこう！

② I appreciate your kindness. ご親切に感謝します。

③ They established a company. 彼らは会社を設立した。

④ Tastes vary. 好みは様々だ。

⑦ She adapted to the new surroundings. 彼女は新しい環境に適応した。

⑩ Things are complicated. 物事が複雑になっている。

■派生語・関連語
① posséssion 所有 ② appreciátion 評価 ③ estáblishment 設立
④ variátion 変化 ⑤ connéction 接続 ⑦ adaptátion 適応
⑧ transformátion 変形 ⑨ percéption 知覚 ⑩ complicátion 複雑化

NOTES: ⑤コネがある　⑥レスキュー隊　⑦アダプター

英語で話してみよう！　　　　　　　　　　　　　　　　　CD

(1) 物事が複雑になっている。　　Things are _____.

(2) 私は彼の意図を感じ取った。　　I _____ his intentions.

(3) 彼女は新しい環境に適応した。　　She _____ to the new surroundings.

(4) 彼らは溺れている少年を救助した。　　They _____ a drowning boy.

(5) 彼はたくさんの財産を持っている。　　He _____ a lot of property.

(6) それはレストランに改築された。　　It was _____ into a restaurant.

(7) 彼らは会社を設立した。　　They _____ a company.

(8) ご親切に感謝します。　　I _____ your kindness.

(9) それらはお互いつながっている。　　They are _____ with one another.

(10) 好みは様々だ。　　Tastes _____.

---

(1) complicated　(2) perceived　(3) adapted　(4) rescued
(5) possesses　(6) transformed　(7) established　(8) appreciate
(9) connected　(10) vary

UNIT 70

動詞3-3

単語を見てみよう！

- ① **stimulate** 刺激する
  [stímjulèit]
- ② **protest** 抗議（する）
  動 [prətést] 名 [próutest]
- ③ **imply** 暗示する
  [implái]
- ④ **arrange** 整える
  [əréindʒ]
- ⑤ **suspect** 疑う・容疑者
  動 [səspékt] 名 [sʌ́spekt]
- ⑥ **hurt** 傷つける
  [hə́:rt]
- ⑦ **cope** 対処する
  [kóup]
- ⑧ **melt** 溶ける
  [mélt]
- ⑨ **celebrate** 祝う
  [séləbrèit]
- ⑩ **manufacture** 製造する
  [mæ̀njufǽktʃər]

よく使われる表現も見ておこう！

① It stimulates my appetite. それは私の食欲を刺激する。

⑤ I suspect she took it. 私は彼女がそれを取ったと疑っている。

⑥ His remarks hurt me deeply. 彼の発言が深く私を傷つけた。

⑦ He coped with the problem. 彼がその問題に対処した。

⑧ The snow melted. 雪が溶けた。

■派生語・関連語
① stimulátion 刺激　③ implicátion 暗示　④ arrángement 配置
⑨ celebrátion 祝い　celébrity 名士

NOTES：②プロテスタント　④曲のアレンジ　⑨セレブ

英語で話してみよう！　　　　　　　　　　　　　　　　　　CD36

(1) 私達はイスを並べた。　　　　　　We _____ the chairs.

(2) それは私の食欲を刺激する。　　　It _____ my appetite.

(3) それは彼の同意を暗示している。　It _____ his agreement.

(4) 雪が溶けた。　　　　　　　　　　The snow _____.

(5) 私達は彼が無事戻ったことを祝った。　We _____ his safe return.

(6) 私は彼女がそれを取ったと疑っている。　I _____ she took it.

(7) その会社は携帯電話を製造している。　The company _____ cell phones.

(8) 彼がその問題に対処した。　　　　He _____ with the problem.

(9) 彼らは警察に抗議した。　　　　　They _____ against the police.

(10) 彼の発言が深く私を傷つけた。　　His remarks _____ me deeply.

---

(1) arranged　(2) stimulates　(3) implies　(4) melted
(5) celebrated　(6) suspect　(7) manufactures　(8) coped
(9) protested　(10) hurt

UNIT 71

動詞 3-4

単語を見てみよう！

- ① **purchase** [pə́ːrtʃəs] 購入（する）
- ② **attain** [ətéin] 達成する
- ③ **contact** [kάntækt] 接触（する）
- ④ **resemble** [rizémbl] 似る
- ⑤ **guarantee** [gæ̀rəntíː] 保証（する）
- ⑥ **emphasize** [émfəsàiz] 強調する
- ⑦ **investigate** [invéstəgèit] 調査する
- ⑧ **owe** [óu] 借りがある
- ⑨ **expand** [ikspǽnd] 拡大する
- ⑩ **disturb** [distə́ːrb] 邪魔をする

よく使われる表現も見ておこう！

③ Please contact me. 私に連絡してください。

⑥ He emphasized the need. 彼はその必要性を強調した。

⑦ They investigated the case. 彼らはその事件を調査した。

⑨ We expanded the kitchen. 我が家の台所を大きくした。

⑩ Don't disturb me. 私の邪魔をしないで。

■派生語・関連語
② attáinment 達成　④ resémblance 類似　⑥ émphasis 強調
⑦ investigátion 調査　⑨ expánsion 拡大　⑩ distúrbance 邪魔

NOTES：⑦ FBI（Federal Bureau of Investigation：連邦調査局）

英語で話してみよう！　　　　　　　　　　　　　CD

(1) 私の邪魔をしないで。　　　　　Don't _____ me.

(2) 彼はその必要性を強調した。　　He _____ the need.

(3) 私は目標を達成した。　　　　　I _____ my goal.

(4) 我が家の台所を大きくした。　　We _____ the kitchen.

(5) 彼女は彼女の姉によく似ている。　She _____ her sister.

(6) 彼らはその事件を調査した。　　They _____ the case.

(7) あなたの満足をお約束します。　We _____ your satisfaction.

(8) 私は古い家を購入した。　　　　I _____ an old house.

(9) あなたにたくさん借りがある。　I _____ you a lot.

(10) 私に連絡してください。　　　　Please _____ me.

---

(1) disturb　(2) emphasized　(3) attained　(4) expanded
(5) resembles　(6) investigated　(7) guarantee　(8) purchased
(9) owe　(10) contact

UNIT 72

動詞3-5

単語を見てみよう！

- ① **scold** [skóuld] 叱る
- ② **conduct** 行動(する)・導く 動 [kəndʌ́kt] 名 [kándʌkt]
- ③ **interrupt** [ìntərʌ́pt] 中断させる
- ④ **acknowledge** [æknálidʒ] 認める
- ⑤ **pronounce** [prənáuns] 発音する
- ⑥ **adopt** [ədápt] 採用(養子に)する
- ⑦ **determine** [ditə́ːrmin] 決定する
- ⑧ **accomplish** [əkámpliʃ] 成し遂げる
- ⑨ **instruct** [instrʌ́kt] 指導する
- ⑩ **pursue** [pərsúː] 追求する

よく使われる表現も見ておこう！

① I was scolded by my mother. 　母に叱られた。

③ Sorry to interrupt you. 　お話し中のところすみません。

⑤ How do you pronounce this word? 　この単語はどう発音しますか。

⑧ We accomplished nothing. 　私達は何も達成できなかった。

⑩ Pursue your dreams. 　夢を追い求めなさい。

■派生語・関連語
③ interrúption 邪魔　④ acknówledgement 認識
⑤ pronunciátion 発音　⑥ adóption 採用　⑦ determinátion 決意
⑧ accómplishment 達成　⑨ instrúction 指導　⑩ pursúit 追求

NOTES：⑨水泳のインストラクター

英語で話してみよう！　　　　　　　　　　　　　　　　CD37

(1) この単語はどう発音しますか。　　　How do you _____ this word?

(2) 君の努力は認めています。　　　I _____ your efforts.

(3) お話し中のところすみません。　　　Sorry to _____ you.

(4) 母に叱られた。　　　I was _____ by my mother.

(5) 教えられたとおりにしなさい。　　　Do as _____.

(6) 私の考えが採用された。　　　My idea was _____.

(7) 私達は何も達成できなかった。　　　We _____ nothing.

(8) 夢を追い求めなさい。　　　_____ your dreams.

(9) 私達は応募者と面接を行います。　　　We will _____ interviews with applicants.

(10) 価格は市場によって決定される。　　　The prices are _____ by the market.

---

(1) pronounce　(2) acknowledge　(3) interrupt　(4) scolded
(5) instructed　(6) adopted　(7) accomplished　(8) Pursue
(9) conduct　(10) determined

UNIT 73

動詞 3-6

単語を見てみよう！

- ① **extend** [iksténd] のばす
- ② **contribute** [kəntríbju:t] 貢献する
- ③ **review** [rivjú:] 見直し（をする）
- ④ **imitate** [ímətèit] まねる
- ⑤ **whisper** [(h)wíspər] ささやく
- ⑥ **bother** [báðər] 悩ます
- ⑦ **display** [displéi] 表示（する）
- ⑧ **grasp** [grǽsp] 把握する
- ⑨ **evaluate** [ivǽljuèit] 評価する
- ⑩ **assume** [əsú:m] 想定する・とる

よく使われる表現も見ておこう！

② He contributes to the community. 　彼は地域に貢献している。

④ I imitated her method. 　私は彼女のやり方をまねた。

⑥ What's bothering you? 　何を悩んでいるの？

⑧ You don't grasp the situation. 　君は状況を把握していない。

⑨ It's highly evaluated. 　それは高く評価されている。

■派生語・関連語
① exténsion 延長　② contribútion 貢献　④ imitátion 模倣
⑨ evaluátion 評価　⑩ assúmption 想定

NOTES：④宝石のイミテーション　⑦店のディスプレー

英語で話してみよう！　　　　　　　　　　　　　　　　　CD

(1) 彼は地域に貢献している。　　　He _____ to the community.

(2) 彼は幸せにしていると思う。　　I _____ he is happy.

(3) 私は自分のメモを見直した。　　I _____ my notes.

(4) 私は彼女のやり方をまねた。　　I _____ her method.

(5) 締め切りはのばせますか。　　　Could you _____ the deadline?

(6) 彼女は小声でささやいた。　　　She _____ in a low voice.

(7) 何を悩んでいるの？　　　　　　What's _____ you?

(8) 彼は素晴らしい才能を示した。　He _____ great talent.

(9) それは高く評価されている。　　It's highly _____.

(10) 君は状況を把握していない。　　You don't _____ the situation.

高校レベル2

---

(1) contributes　(2) assume　(3) reviewed　(4) imitated
(5) extend　(6) whispered　(7) bothering　(8) displayed
(9) evaluated　(10) grasp

UNIT 74

動詞 3-7

単語を見てみよう！

- ① **describe** [diskráib] 描写する
- ② **engage** [ingéidʒ] 従事させる
- ③ **stand** [stænd] 耐える・立つ
- ④ **amaze** [əméiz] 驚かす
- ⑤ **punish** [pʌ́niʃ] 罰する
- ⑥ **envy** [énvi] うらやむ
- ⑦ **neglect** [niglékt] 怠る
- ⑧ **confront** [kənfrʌ́nt] 立ち向かう
- ⑨ **regulate** [régjulèit] 規制する
- ⑩ **claim** [kléim] 主張（する）

よく使われる表現も見ておこう！

③ I can't stand his attitude. 彼の態度は我慢できない。

⑥ I envy you. 私はあなたがうらやましい。

⑦ She neglected her duties. 彼女は義務を怠った。

⑧ They confronted the crisis. 彼らは危機に立ち向かった。

⑩ I claimed my rights. 私は自分の権利を主張した。

■派生語・関連語
① descríption 描写 ② engágement 関与・婚約 ③ stándard 標準
④ amázement 驚き ⑤ púnishment 罰 ⑧ confrontátion 対立
⑨ regulátion 規制

NOTES：②エンゲージリング　⑩クレームをつける

英語で話してみよう！　　　　　　　　　　　　　　　CD38

(1) 私は自分の権利を主張した。　　I _____ my rights.

(2) 彼の態度は我慢できない。　　　I can't _____ his attitude.

(3) 彼らは厳しく罰せられるべきだ。　They should be _____ severely.

(4) 彼女は義務を怠った。　　　　　She _____ her duties.

(5) 彼の演奏は見事だった。　　　　His performance was _____.

(6) 私はそれが起こった様子を説明した。　I _____ how it happened.

(7) その産業は非常に規制を受けている。　That industry is highly _____.

(8) 私はあなたがうらやましい。　　I _____ you.

(9) 彼らは危機に立ち向かった。　　They _____ the crisis.

(10) 彼女はネットビジネスに従事している。　She is _____ in a web-based business.

---

(1) claimed　(2) stand　(3) punished　(4) neglected
(5) amazing　(6) described　(7) regulated　(8) envy
(9) confronted　(10) engaged

UNIT 75

動詞 3-8

単語を見てみよう！

- ① **destroy** 破壊する
  [distrɔ́i]
- ② **insult** 侮辱（する）
  動 [insʌ́lt] 名 [ínsʌlt]
- ③ **abandon** 捨てる
  [əbǽndən]
- ④ **distinguish** 区別する
  [distíŋgwiʃ]
- ⑤ **overcome** 克服する
  [òuvəkʌ́m]
- ⑥ **invest** 投資する
  [invést]
- ⑦ **recall** 思い出す
  [rikɔ́:l]
- ⑧ **delight** 喜ばす・喜び
  [diláit]
- ⑨ **accuse** 非難する
  [əkjúːz]
- ⑩ **rob** 奪う
  [rɑ́b]

よく使われる表現も見ておこう！

① Nature is being destroyed. 自然が破壊されている。

② You're insulting me. あなたは私を侮辱している。

⑤ She overcame her fear. 彼女は恐怖心を克服した。

⑥ I invested all the money. 私はすべてのお金を投資した。

⑦ I can't recall his name. 彼の名前が思い出せない。

■派生語・関連語
① destrúction 破壊 ⑥ invéstment 投資 ⑨ accusátion 非難
⑩ róbbery 強盗

NOTES：⑥インベストメントバンク（投資銀行）

英語で話してみよう！ CD

(1) 彼の名前が思い出せない。　　I can't _____ his name.

(2) 自然が破壊されている。　　Nature is being _____.

(3) どうしたら、それらを区別できるのか。　　How can you _____ them?

(4) 私はすべてのお金を投資した。　　I _____ all the money.

(5) 彼女は恐怖心を克服した。　　She _____ her fear.

(6) あなたと知り合えてうれしい。　　I'm _____ to know you.

(7) あなたは私を侮辱している。　　You're _____ me.

(8) 男が私から金を奪った。　　A man _____ me of my money.

(9) 私は彼女がウソをついたことを非難した。　　I _____ her of lying.

(10) 彼女は希望を捨てた。　　She _____ her hope.

---

(1) recall　(2) destroyed　(3) distinguish　(4) invested
(5) overcame　(6) delighted　(7) insulting　(8) robbed
(9) accused　(10) abandoned

高校レベル2

UNIT 76

動詞 3 - 9

単語を見てみよう！

- ① **inspect** [inspékt] 検査する
- ② **irritate** [írətèit] イライラさせる
- ③ **wipe** [wáip] ふき取る
- ④ **convince** [kənvíns] 確信させる
- ⑤ **comprehend** [kàmprihénd] 理解する
- ⑥ **edit** [édit] 編集する
- ⑦ **confirm** [kənfə́ːrm] 確認する
- ⑧ **mend** [ménd] 直す
- ⑨ **hesitate** [hézətèit] ためらう
- ⑩ **advertise** [ǽdvərtàiz] 宣伝する

よく使われる表現も見ておこう！

① I had my car inspected. 車を検査してもらった。

② He looks irritated. 彼はイライラしている様子だ。

④ I'm convinced of your success. 君の成功を確信している。

⑦ I confirmed my reservation. 私は予約の確認をした。

⑨ She hesitated before saying it. 彼女はそれを言う前にためらった。

■派生語・関連語
① inspéction 検査　② irritátion イライラ　④ convíction 確信
⑤ comprehénsion 理解　⑦ confirmátion 確認
⑨ hesitátion ためらい　⑩ advertísement 宣伝

NOTES：③車のワイパー　⑩アドバルーン

英語で話してみよう！　　　　　　　　　　　　　　　　　　　CD39

(1) 彼らは新製品を宣伝している。　　They _____ new products.

(2) 彼女はそれを言う前にためらった。　　She _____ before saying it.

(3) 私は予約の確認をした。　　I _____ my reservation.

(4) 彼女は雑誌の編集をしている。　　She is _____ a magazine.

(5) 彼はイライラしている様子だ。　　He looks _____.

(6) その意味が理解できなかった。　　I couldn't _____ the meaning.

(7) 私は服を繕った。　　I _____ the clothes.

(8) 車を検査してもらった。　　I had my car _____.

(9) 私はテーブルをきれいにふいた。　　I _____ the table clean.

(10) 君の成功を確信している。　　I'm _____ of your success.

---

(1) advertise (2) hesitated (3) confirmed (4) editing
(5) irritated (6) comprehend (7) mended (8) inspected
(9) wiped (10) convinced

UNIT 77

動詞 3-10

単語を見てみよう！

- ① **disappoint** 失望させる
  [dìsəpóint]
- ② **seek** さがし求める
  [síːk]
- ③ **settle** 解決（定住）する
  [sétl]
- ④ **select** 選ぶ
  [səlékt]
- ⑤ **prosper** 繁栄する
  [práspər]
- ⑥ **alter** 変える
  [ɔ́ːltər]
- ⑦ **detect** 検出する
  [ditékt]
- ⑧ **last** 続く・最後の
  [lǽst]
- ⑨ **reveal** 明らかにする
  [rivíːl]
- ⑩ **convey** 伝える
  [kənvéi]

よく使われる表現も見ておこう！

① I was disappointed by the result.　私はその結果に失望した。

③ That settles it.　それで決まりだ。

⑥ His speech altered her opinion.　彼の話が彼女の意見を変えた。

⑧ It won't last long.　それは長くは続かないだろう。

⑨ She revealed the secret.　彼女は秘密を明かした。

■派生語・関連語
① disappóintment 失望　③ séttlement 解決・定住　④ seléction 選択
⑤ prospérity 繁栄　⑥ alterátion 変化　⑨ revelátion 暴露

NOTES：⑩ベルトコンベヤー　⑨ベール（veil）を取る

英語で話してみよう！　　　　　　　　　　　　　　　　　CD

(1) 私はその結果に失望した。　　　　I was _____ by the result.

(2) それは放射能を検出できる。　　　It can _____ radiation.

(3) それで決まりだ。　　　　　　　　That _____ it.

(4) その町は港として栄えていた。　　The city _____ as a harbor.

(5) それは長くは続かないだろう。　　It won't _____ long.

(6) そのメッセージは伝えられた。　　The message was _____.

(7) 彼の話が彼女の意見を変えた。　　His speech _____ her opinion.

(8) 私は新たな機会を探している。　　I'm _____ a new opportunity.

(9) 彼は一番見た目のいい物を選んだ。　He _____ the best looking one.

(10) 彼女は秘密を明かした。　　　　　She _____ the secret.

---

(1) disappointed　(2) detect　(3) settles　(4) prospered
(5) last　(6) conveyed　(7) altered　(8) seeking　(9) selected
(10) revealed

UNIT 78

動詞 3-11

単語を見てみよう！

- ① **found** [fáund] 創設する
- ② **preserve** [prizə́:rv] 保存する
- ③ **beg** [bég] 請う
- ④ **rely** [rilái] 頼る
- ⑤ **drown** [dráun] 溺れる
- ⑥ **interpret** [intə́:rprit] 解釈（通訳）する
- ⑦ **accompany** [əkʌ́mp(ə)ni] 伴う
- ⑧ **persist** [pərsíst] 固執する
- ⑨ **revise** [riváiz] 改める
- ⑩ **reflect** [riflékt] 反映（熟考）する

よく使われる表現も見ておこう！

① This organization was founded in 2000. — この組織は2000年に創設された。

③ I'm begging you. — お願いだから。

④ You can rely on me. — 私を頼りにしてもいい。

⑥ I interpreted it as a threat. — 私はそれを脅しと解釈した。

⑩ It reflects his character. — それは彼の性格を反映している。

■派生語・関連語
① fúnd 基金　② preservátion 保存　④ relíance 依存
⑥ interpretátion 解釈・通訳　⑧ persístence しつこさ
⑨ revísion 改正　⑩ refléction 反映・熟考

NOTES: ⑩自転車のリフレクター（反射板）

英語で話してみよう！　　　　　　　　　　　　　　　　CD40

(1) これは改訂版です。　　　　　　This is the _____ edition.

(2) それは彼の性格を反映している。　It _____ his character.

(3) この組織は2000年に創設された。　This organization was _____ in 2000.

(4) 食料は凍らせて保存している。　I _____ food by freezing it.

(5) 私はそれを脅しと解釈した。　　I _____ it as a threat.

(6) もう少しで溺れるところだった。　I almost _____.

(7) ご一緒してもいいですか。　　　Can I _____ you?

(8) お願いだから。　　　　　　　　I'm _____ you.

(9) 彼女は私に尋ね続けた。　　　　She _____ in asking me.

(10) 私を頼りにしてもいい。　　　　You can _____ on me.

---

(1) revised　(2) reflects　(3) founded　(4) preserve
(5) interpreted　(6) drowned　(7) accompany　(8) begging
(9) persisted　(10) rely

UNIT 79

動詞3-12

単語を見てみよう！

- ① **nominate** [námənèit] 指名する
- ② **release** [rilíːs] 放す
- ③ **count** [káunt] 価値を持つ・数える
- ④ **aim** [éim] ねらう
- ⑤ **quarrel** [kwɔ́ːrəl] 口論（する）
- ⑥ **embarrass** [imbǽrəs] 当惑させる
- ⑦ **bury** [béri] 埋める
- ⑧ **spare** [spéər] 余分にとる
- ⑨ **bend** [bénd] 曲げる
- ⑩ **pose** [póuz] 提示する・姿勢

よく使われる表現も見ておこう！

④ What are you aiming at?　君は何をねらっているのか。

⑤ They quarreled loudly.　彼らは大声で口論した。

⑥ I felt embarrassed.　私は恥ずかしい思いをした。

⑧ I have no time to spare.　余分な時間はない。

⑨ Bend your knees.　ひざを曲げなさい。

■派生語・関連語
① nominátion 指名　⑥ embárrassment 当惑　⑦ búrial 埋葬

NOTES：①ノミネートされた　②ＣＤをリリース　⑧スペアキー

英語で話してみよう！　　　　　　　　　　　　　　　　　　CD

(1) 余分な時間はない。　　　　　　I have no time to ＿＿＿＿＿.

(2) 彼女は候補者に指名された。　　She was ＿＿＿＿＿ as a candidate.

(3) それは役に立たない。　　　　　It ＿＿＿＿＿ for nothing.

(4) 彼らは大声で口論した。　　　　They ＿＿＿＿＿ loudly.

(5) 私は犬を放した。　　　　　　　I ＿＿＿＿＿ the dog.

(6) 私は恥ずかしい思いをした。　　I felt ＿＿＿＿＿.

(7) 彼はその銃を埋めた。　　　　　He ＿＿＿＿＿ the gun.

(8) 君は何をねらっているのか。　　What are you ＿＿＿＿＿ at?

(9) ひざを曲げなさい。　　　　　　＿＿＿＿＿ your knees.

(10) 私は問題を提起した。　　　　　I ＿＿＿＿＿ a problem.

高校レベル２

---

(1) spare　(2) nominated　(3) counts　(4) quarreled
(5) released　(6) embarrassed　(7) buried　(8) aiming
(9) Bend　(10) posed

UNIT 80

動詞3-13

単語を見てみよう！

- ① **stretch** [strétʃ] 伸ばす
- ② **admire** [ædmáiər] 賞賛する
- ③ **operate** [ápərèit] 操作する
- ④ **resolve** [rizálv] 解決（決意）する
- ⑤ **commit** [kəmít] 犯す・委ねる
- ⑥ **upset** [ʌpsét] くつがえす
- ⑦ **handle** [hǽndl] 扱う
- ⑧ **relieve** [rilíːv] 和らげる
- ⑨ **seize** [síːz] つかむ
- ⑩ **submit** [səbmít] 提出する・服従させる

よく使われる表現も見ておこう！

① I stretched my body. 　私は体を伸ばした。

② We admired his courage. 　私達は彼の勇気を賞賛した。

⑤ He committed a crime. 　彼は犯罪を犯した。

⑥ She is upset to hear the news. 　彼女はその知らせを聞いて動揺している。

⑦ Please handle this carefully. 　これは丁寧に扱ってください。

■派生語
② admirátion 賞賛　ádmirable 立派な　③ operátion 操作・手術
④ resolútion 決意　⑧ relíef 救済　⑨ séizure 差し押さえ
⑩ submíssion 提出・服従

NOTES：①体のストレッチ　③電話のオペレーター

英語で話してみよう！　　　　　　　　　　　　　　　　CD41

(1) これは丁寧に扱ってください。　　　　Pleasc _____ this carefully.

(2) 私は彼女を見て安心した。　　　　I was _____ to see her.

(3) 私は体を伸ばした。　　　　I _____ my body.

(4) まだこの問題が解決できない。　　　　I still can't _____ this problem.

(5) 報告を金曜までに出しなさい。　　　　_____ your report by Friday.

(6) 彼女はその知らせを聞いて動揺している。　　　　She is _____ to hear the news.

(7) 私達は彼の勇気を賞賛した。　　　　We _____ his courage.

(8) 彼女はそれをうまく操作した。　　　　She _____ it skillfully.

(9) 彼は犯罪を犯した。　　　　He _____ a crime.

(10) 彼は私の手をつかんだ。　　　　He _____ my hand.

---

(1) handle　(2) relieved　(3) stretched　(4) resolve　(5) Submit　(6) upset　(7) admired　(8) operated　(9) committed　(10) seized

UNIT 81

動詞3-14

単語を見てみよう！

- ① **recommend** [rèkəménd] 推薦する
- ② **abuse** [əbjúːz] 乱用（する）
- ③ **calculate** [kǽlkjulèit] 計算する
- ④ **capture** [kǽptʃər] とらえる
- ⑤ **starve** [stáːrv] 飢える
- ⑥ **afford** [əfɔ́ːrd] 余裕がある
- ⑦ **correspond** [kɔ̀ːrəspánd] 通信する・一致する
- ⑧ **postpone** [pous(t)póun] 延期する
- ⑨ **escape** [iskéip] 逃れる
- ⑩ **dig** [díg] 掘る

よく使われる表現も見ておこう！

① I strongly recommend her. 　私は強く彼女を推します。

③ I calculated wrong. 　私は計算間違いをした。

⑤ I'm starving to death. 　おなかがすいて死にそうだ。

⑥ I can't afford to buy a new car. 　新車を買う余裕はない。

⑦ We correspond by e-mail. 　私達はEメールで連絡をとっている。

■派生語・関連語
① recommendátion 推薦　③ calculátion 計算　⑤ starvátion 飢餓
⑦ correspóndence 通信

NOTES：⑨授業をエスケープする

英語で話してみよう！　　　　　　　　　　　　　　　　CD

(1) その画像を取り込んだ。　　　　I _____ the image.

(2) おなかがすいて死にそうだ。　　I'm _____ to death.

(3) 私は強く彼女を推します。　　　I strongly _____ her.

(4) 私は計算間違いをした。　　　　I _____ wrong.

(5) 彼女は権力を乱用している。　　She _____ her power.

(6) 新車を買う余裕はない。　　　　I can't _____ to buy a new car.

(7) 彼らは試合を延長することに決めた。　They decided to _____ the game.

(8) 私達はEメールで連絡をとっている。　We _____ by e-mail.

(9) 彼らは火事から逃れた。　　　　They _____ from the fire.

(10) うちの犬が穴を掘っていた。　　Our dog was _____ a hole.

---

(1) captured　(2) starving　(3) recommend　(4) calculated
(5) abuses　(6) afford　(7) postpone　(8) correspond
(9) escaped　(10) digging

UNIT 82

名詞 3-1

単語を見てみよう！

- ① **field** [fíːld] 分野・野原
- ② **tension** [ténʃən] 緊張
- ③ **rest** [rést] 休み・残り
- ④ **muscle** [mʌ́sl] 筋肉
- ⑤ **article** [áːrtikl] 記事・品物
- ⑥ **aspect** [ǽspekt] 局面
- ⑦ **luxury** [lʌ́kʃəri] ぜいたく
- ⑧ **harm** [háːrm] 害（する）
- ⑨ **aid** [éid] 援助（する）
- ⑩ **device** [diváis] 装置

よく使われる表現も見ておこう！

① This is my favorite field.　これは私の好きな分野だ。

③ Why don't you take a rest?　少し休んだらどうですか。

④ My muscle aches.　筋肉が痛い。

⑦ They live a life of luxury.　彼らはぜいたくな生活を送っている。

⑧ It won't do you any harm.　それは君の害にはならない。

■派生語・関連語
② ténse 緊張した　④ múscular 筋肉の　⑦ luxúrious ぜいたくな
⑧ hármful 有害な　⑩ devíse 工夫する

NOTES：①自分のフィールド　②テンションを高める　⑦デラックス

英語で話してみよう！　　　　　　　　　　　　　　　　CD42

(1) 筋肉が痛い。　　　　　　　　My _____ aches.

(2) この記事を読みましたか。　　Did you read this _____?

(3) 彼の言葉が緊張を和らげた。　His words eased the _____.

(4) 少し休んだらどうですか。　　Why don't you take a _____?

(5) 私は彼に応急手当をした。　　I gave first _____ to him.

(6) これは私の好きな分野だ。　　This is my favorite _____.

(7) 彼らはぜいたくな生活を送っている。　They live a life of _____.

(8) その案のどういった面に反対なのですか。　What _____ of the plan do you oppose?

(9) 私は新しい装置を考案した。　I came up with a new _____.

(10) それは君の害にはならない。　It won't do you any _____.

---

(1) muscle　(2) article　(3) tension　(4) rest　(5) aid
(6) field　(7) luxury　(8) aspects　(9) device　(10) harm

UNIT 83

名詞3-2

単語を見てみよう！

- ① **extent** [ikstént] 程度
- ② **wage** [wéidʒ] 賃金・行う
- ③ **geography** [dʒiágrəfi] 地理
- ④ **shame** [ʃéim] 恥・残念
- ⑤ **affection** [əfékʃən] 愛情
- ⑥ **task** [tǽsk] 仕事
- ⑦ **philosophy** [filásəfi] 哲学
- ⑧ **characteristic** [kæriktərístik] 特徴(的な)
- ⑨ **outcome** [áutkʌm] 結果
- ⑩ **range** [réindʒ] 範囲

よく使われる表現も見ておこう！

① I can understand it to some extent. — それはある程度理解できる。

② How much is the hourly wage? — 時給はいくらですか。

④ Shame on you. — 恥を知れ。

⑥ This is not an easy task. — これは簡単な仕事ではない。

⑦ I have my own philosophy. — 私には私なりの哲学がある。

■派生語・関連語
③ geográphical 地理的な ④ shámeful 恥ずべき
⑤ afféctionate 愛情のある ⑦ philosóphical 哲学的な

NOTES：⑩ワイドレンジ

英語で話してみよう！　　　　　　　　　　　　　　CD

(1) これは簡単な仕事ではない。　　This is not an easy _____.

(2) それは広範囲をカバーしている。　　It covers a wide _____.

(3) 私には私なりの哲学がある。　　I have my own _____.

(4) 選挙結果はどうだった？　　What was the _____ of the election?

(5) それは若者の特徴だ。　　It is a _____ of young people.

(6) 時給はいくらですか。　　How much is the hourly _____?

(7) 彼は家族に大きな愛情を持っている。　　He has great _____ for his family.

(8) それはある程度理解できる。　　I can understand it to some _____.

(9) この地域の地理はわからない。　　I don't know the _____ of this area.

(10) 恥を知れ。　　_____ on you.

---

(1) task　(2) range　(3) philosophy　(4) outcome
(5) characteristic　(6) wage　(7) affection　(8) extent
(9) geography　(10) Shame

UNIT 84

名詞 3-3

単語を見てみよう！

- ① **average** [ǽv(ə)ridʒ] 平均
- ② **citizen** [sítəz(ə)n] 市民
- ③ **debt** [dét] 借金
- ④ **grief** [grí:f] 悲しみ
- ⑤ **insight** [ínsàit] 洞察
- ⑥ **feature** [fí:tʃər] 特徴
- ⑦ **force** [fɔ́:rs] 力・強いる
- ⑧ **prospect** [práspekt] 見通し
- ⑨ **conversation** [kànvərséiʃən] 会話
- ⑩ **instinct** [ínstiŋkt] 本能

よく使われる表現も見ておこう！

① On an average I sleep 6 hours. 私は平均6時間睡眠です。

② It is a duty as a citizen. それは市民としての義務だ。

④ We were filled with grief. 私達は悲しみでいっぱいだった。

⑦ They increased the force. 彼らは戦力を増強した。

⑧ There is little prospect of improvement. 改善の見通しはほとんど立たない。

■派生語・関連語
② cítizenship 市民権　④ gríeve 悲しむ　⑦ fórceful 力強い
⑨ conversátional 会話の　⑩ instínctive 本能の

NOTES：①アベレージを上げる　⑥ギタリストをフィーチャーする

英語で話してみよう！　　　　　　　　　　　　　　CD43

(1) いくつかの独特の特徴がある。　　　　There are some unique _____.

(2) それは市民としての義務だ。　　　　It is a duty as a _____.

(3) 彼は多くの借金がある。　　　　He is in deep _____.

(4) 私達は悲しみでいっぱいだった。　　　　We were filled with _____.

(5) 私は平均6時間睡眠です。　　　　On an _____ I sleep 6 hours.

(6) 私達は会話を楽しんだ。　　　　We enjoyed a _____.

(7) 彼らは戦力を増強した。　　　　They increased the _____.

(8) 私は自分の本能に従った。　　　　I followed my _____.

(9) 彼女の洞察力はするどい。　　　　Her _____ is keen.

(10) 改善の見通しはほとんど立たない。　　　　There is little _____ of improvement.

---

(1) features　(2) citizen　(3) debt　(4) grief　(5) average
(6) conversation　(7) force　(8) instinct　(9) insight
(10) prospect

UNIT 85

名詞 3-4

単語を見てみよう！

- ① **figure** [fígiər] 姿・人物・数字
- ② **term** [tə́:rm] 期間・用語・条件（〜s）
- ③ **confidence** [kánfədəns] 自信・信頼
- ④ **lecture** [léktʃər] 講義
- ⑤ **male** [méil] 男性（の）
- ⑥ **female** [fí:meil] 女性（の）
- ⑦ **incident** [ínsəd(ə)nt] 出来事
- ⑧ **ceremony** [sérəmòuni] 式典
- ⑨ **soul** [sóul] 魂
- ⑩ **appetite** [ǽpətàit] 食欲

よく使われる表現も見ておこう！

① I saw a dark figure. 私は黒い人影を見た。

③ He showed his confidence. 彼は自信を見せた。

⑦ It was an unexpected incident. それは予期せぬ出来事だった。

⑧ I attended a wedding ceremony. 私は結婚式に参列した。

⑩ I have no appetite. 私は食欲がない。

■派生語・関連語
③ cónfident 自信のある　confidéntial 内密の　⑦ íncidence 発生
⑧ ceremónial 儀式の

NOTES：①フィギアを集める　⑧セレモニーを開く

英語で話してみよう！　　　　　　　　　　　　　　　CD

(1) 私の魂が癒された。　　　　　　My _____ was healed.

(2) 私は食欲がない。　　　　　　　I have no _____.

(3) それは予期せぬ出来事だった。　　It was an unexpected _____.

(4) 彼は自信を見せた。　　　　　　He showed his _____.

(5) 私は結婚式に参列した。　　　　I attended a wedding _____.

(6) 半数以上が女性だった。　　　　More than half were _____.

(7) 私は黒い人影を見た。　　　　　I saw a dark _____.

(8) 彼女の講義は多くの学生を引きつけた。　　Her _____ attracted many students.

(9) これは男性専用です。　　　　　This is for _____ only.

(10) 大統領は4年の任期を務める。　　The President serves a four year _____.

---

(1) soul　(2) appetite　(3) incident　(4) confidence　(5) ceremony
(6) females　(7) figure　(8) lecture　(9) males　(10) term

UNIT 86

名詞 3-5

単語を見てみよう！

- ① **distance** [dístəns] 距離
- ② **gratitude** [grǽtət(j)ùːd] 感謝
- ③ **poison** [pɔ́izn] 毒
- ④ **consequence** [kánsəkwèns] 結果
- ⑤ **architecture** [ɑ́rkətèktʃər] 建築
- ⑥ **routine** [ruːtíːn] 決まった仕事
- ⑦ **laboratory** [lǽb(ə)rətɔ̀ːri] 実験室
- ⑧ **source** [sɔ́ːrs] 源
- ⑨ **appointment** [əpɔ́intmənt] (会う)約束・任命
- ⑩ **courtesy** [kə́rtəsi] 好意・礼儀

よく使われる表現も見ておこう！

② I expressed my gratitude. 　私は感謝の意を表した。

⑥ He repeats the routine daily. 　彼は日々決まった仕事を繰り返している。

⑧ This is the source of his vitality. 　これが彼の活力の源だ。

⑨ I have an appointment at one. 　1時に人と会う約束がある。

⑩ I did it out of courtesy. 　私は好意でそうした。

■派生語・関連語
① dístant 遠い　③ póisonous 有毒の　⑤ árchitect 建築家
⑨ appóint 任命する　⑩ cóurteous 礼儀正しい　cóurt 法廷・宮廷

NOTES: ⑧ニュースソース

英語で話してみよう！　　　　　　　　　　　　CD44

(1) 遠くに明かりが見えた。　　　　I saw a light in the _____.

(2) 私は感謝の意を表した。　　　　I expressed my _____.

(3) 彼女は実験助手だ。　　　　　　She is a _____ assistant.

(4) これが彼の活力の源だ。　　　　This is the _____ of his vitality.

(5) これは現代建築の一例だ。　　　This is an example of modern _____.

(6) 私は好意でそうした。　　　　　I did it out of _____.

(7) それは深刻な結果を招いた。　　It had a serious _____.

(8) 1時に人と会う約束がある。　　 I have an _____ at one.

(9) 彼は日々決まった仕事を繰り返している。　He repeats the _____ daily.

(10) フグの毒は大変危険だ。　　　 Blowfish _____ is very dangerous.

---

(1) distance (2) gratitude (3) laboratory (4) source
(5) architecture (6) courtesy (7) consequence (8) appointment
(9) routine (10) poison

UNIT 87

名詞 3-6

単語を見てみよう！

- ① **fate** [féit] 運命
- ② **surface** [sə́:rfis] 表面
- ③ **acquaintance** [əkwéint(ə)ns] 知り合い
- ④ **slave** [sléiv] 奴隷
- ⑤ **reputation** [rèpjutéiʃən] 評判
- ⑥ **content** 图[kántent] 形[kəntént] 内容・満足して
- ⑦ **notion** [nóuʃən] 概念
- ⑧ **sentiment** [séntəmənt] 心情
- ⑨ **logic** [ládʒik] 論理
- ⑩ **element** [éləmənt] 要素

よく使われる表現も見ておこう！

② The surface is smooth. 表面が滑らかだ。

③ He is just an acquaintance. 彼はただの知り合いです。

⑤ The shop has a good reputation. その店は評判がいい。

⑥ What are the contents of the box? その箱の中身は何ですか。

⑨ The story has no logic. その話は筋が通っていない。

■派生語・関連語
① fátal 致死的な ③ acquáint 知らせる ④ slávery 奴隷制
⑥ contáin 含む ⑧ sentiméntal 心情的な ⑨ lógical 論理的な

NOTES：⑥良質のコンテンツ　⑧センチメンタルになる

英語で話してみよう！　　　　　　　　　　　CD

(1) 表面が滑らかだ。　　　　　　　The _____ is smooth.

(2) それは心情的な問題です。　　　It is a matter of _____.

(3) その話は筋が通っていない。　　The story has no _____.

(4) それについて明確な考えを持っている。　　I have a clear _____ of it.

(5) その店は評判がいい。　　　　　The shop has a good _____.

(6) 私は奴隷のように働いた。　　　I worked like a _____.

(7) その箱の中身は何ですか。　　　What are the _____ of the box?

(8) 彼はただの知り合いです。　　　He is just an _____.

(9) 彼女は自分の運命を受け入れた。　　She accepted her _____.

(10) 私達は様々な要素を組み合わせた。　　We combined various _____.

高校レベル2

(1) surface　(2) sentiment　(3) logic　(4) notion　(5) reputation
(6) slave　(7) contents　(8) acquaintance　(9) fate　(10) elements

UNIT 88

名詞 3-7

単語を見てみよう！

- ① **occasion** [əkéiʒən] 機会
- ② **expense** [ikspéns] 費用
- ③ **height** [háit] 高さ
- ④ **tragedy** [trǽdʒədi] 悲劇
- ⑤ **astronomy** [əstránəmi] 天文学
- ⑥ **horizon** [həráizn] 地(水)平線
- ⑦ **structure** [stráktʃər] 構造
- ⑧ **infant** [ínfənt] 幼児
- ⑨ **harvest** [háːrvist] 収穫
- ⑩ **coast** [kóust] 海岸

よく使われる表現も見ておこう！

① I see him on occasion. — 時折彼を見かけます。

③ What is its height? — それの高さはいくらですか。

④ A tragedy was waiting for them. — 悲劇が彼らを待っていた。

⑦ The structure is simple. — その構造は単純です。

⑨ It's time for the harvest. — 収穫の時期だ。

■ 派生語・関連語
① occásional 時折の ② expénsive 高価な ④ trágic 悲劇的な
⑤ astronómical 天文学的な ⑥ horizóntal 水平の ⑦ strúctural 構造の

NOTES: ⑩ウェストコースト

英語で話してみよう！　　　　　　　　　　　　　　CD45

(1) 悲劇が彼らを待っていた。　　　　A _____ was waiting for them.

(2) 収穫の時期だ。　　　　　　　　　It's time for the _____.

(3) その幼児はアレルギーがある。　　The _____ has an allergy.

(4) それで費用をまかなえる。　　　　It will cover the _____.

(5) 時折彼を見かけます。　　　　　　I see him on _____.

(6) それは太平洋岸にあります。　　　It's on the Pacific _____.

(7) それの高さはいくらですか。　　　What is its _____?

(8) 彼女は天文ファンです。　　　　　She is a fan of _____.

(9) その構造は単純です。　　　　　　The _____ is simple.

(10) 太陽が地平線の下に沈んだ。　　　The sun set below the _____.

高校レベル2

....

(1) tragedy　(2) harvest　(3) infant　(4) expense　(5) occasion
(6) coast　(7) height　(8) astronomy　(9) structure
(10) horizon

UNIT 89

名詞3-8

単語を見てみよう！

- ① **region** [ríːdʒən] 地域
- ② **thief** [θiːf] 泥棒
- ③ **medium** [míːdiəm] 媒体・中間の
- ④ **headache** [hédeik] 頭痛
- ⑤ **ambition** [æmbíʃən] 野心
- ⑥ **reward** [riwɔ́ːrd] 報酬・報いる
- ⑦ **era** [í(ə)rə] 時代
- ⑧ **justice** [dʒʌ́stis] 正義・裁判
- ⑨ **stuff** [stʌ́f] 物・詰める
- ⑩ **weapon** [wépən] 武器

よく使われる表現も見ておこう！

② We ran after the thief.　私達はその泥棒を追いかけた。

④ I have a headache.　私は頭が痛い。

⑤ He has a big ambition.　彼には大きな野心がある。

⑧ We want justice.　我々は正義を求めている。

⑩ They have nuclear weapons.　彼らは核兵器を持っている。

■派生語・関連語
① régional 地域の　③（複数形）média　⑤ ambítious 野心的な
⑧ júst 正しい

NOTES：③サイズのM

英語で話してみよう！　　　　　　　　　　　　　　　　CD

(1) 私は頭が痛い。　　　　　　　I have a _____.

(2) その仕事は報われなかった。　 I got no _____ for the work.

(3) 台風がその地域を襲った。　　 A typhoon hit the _____.

(4) 彼らは核兵器を持っている。　 They have nuclear _____.

(5) 我々は正義を求めている。　　 We want _____.

(6) 新しい時代が始まった。　　　 A new _____ has started.

(7) 彼には大きな野心がある。　　 He has a big _____.

(8) 私達はその泥棒を追いかけた。 We ran after the _____.

(9) そのようなものが必要です。　 I need _____ like that.

(10) それは強力な広告媒体だ。　　It's a strong advertising _____.

---

(1) headache　(2) reward　(3) region　(4) weapons　(5) justice
(6) era　(7) ambition　(8) thief　(9) stuff　(10) medium

UNIT 90

名詞 3-9

単語を見てみよう！

- ① **liberty** [líbərti] 自由
- ② **shortage** [ʃɔ́:rtidʒ] 不足
- ③ **bomb** [bám] 爆弾
- ④ **sign** [sáin] しるし・署名する
- ⑤ **anniversary** [æ̀nəvə́:rsəri] 記念日
- ⑥ **impact** [ímpækt] 衝撃
- ⑦ **trend** [trénd] 傾向
- ⑧ **perspective** [pərspéktiv] 展望
- ⑨ **controversy** [kántrəvə̀:rsi] 論争
- ⑩ **degree** [digrí:] 程度・学位

よく使われる表現も見ておこう！

② We have a shortage of water. 私達は水不足です。

⑤ Today is our wedding anniversary. 今日は私達の結婚記念日だ。

⑥ It made an impact on us. それは私達に衝撃を与えた。

⑦ They often follow the latest trend. 彼らはよく最新の流行を追いかけている。

⑩ It gets warmer by degrees. 徐々に暖かくなっている。

■派生語・関連語
① líberal 自由な ⑦ tréndy 流行の ⑨ controvérsial 論争の

NOTES：④サインを見逃す　⑥強いインパクト　⑦新たなトレンド

英語で話してみよう！　　　　　　　　　　　　　　　　CD46

(1) 徐々に暖かくなっている。　　　It gets warmer by _____.

(2) 回復のきざしが見えない。　　　There is no _____ of recovery.

(3) 彼らはよく最新の流行を追いかけている。　　They often follow the latest _____.

(4) 私達は水不足です。　　　　　　We have a _____ of water.

(5) 彼は広いものの見方をする。　　He has a wide _____.

(6) 今日は私達の結婚記念日だ。　　Today is our wedding _____.

(7) 彼らは爆弾を落とした。　　　　They dropped a _____.

(8) それは私達に衝撃を与えた。　　It made an _____ on us.

(9) それは彼らの間に論争を引き起こした。　　It started a _____ among them.

(10) 私達は自由を勝ち取った。　　　We won our _____.

---

(1) degrees　(2) sign　(3) trends　(4) shortage　(5) perspective
(6) anniversary　(7) bomb　(8) impact　(9) controversy
(10) liberty

UNIT 91

名詞 3-10

単語を見てみよう！

- ① **profession** [prəféʃən]　（専門的）職業
- ② **triumph** [tráiəmf]　大勝利（する）
- ③ **faith** [féiθ]　信仰・信頼
- ④ **charge** [tʃɑ́ːrdʒ]　料金・担当・請求する
- ⑤ **length** [léŋ(k)θ]　長さ
- ⑥ **outlook** [áutluk]　見通し
- ⑦ **expert** [ékspəːrt]　専門家
- ⑧ **arrow** [ǽrou]　矢
- ⑨ **soil** [sɔ́il]　土壌
- ⑩ **treasure** [tréʒər]　宝

よく使われる表現も見ておこう！

② Their triumph was unexpected.　彼らの大勝利は予期せぬものだった。

⑤ It is 5cm in length.　それは長さが5cmです。

⑥ The outlook is bright.　見通しは明るい。

⑧ The arrow points to the left.　矢印は左を指している。

⑩ This is a national treasure.　これは国宝だ。

■派生語・関連語
① proféssional 専門の　③ fáithful 忠実な　⑤ léngthy とても長い

NOTES：①プロ野球　④テーブルチャージ　⑦金融のエキスパート

英語で話してみよう！　　　　　　　　　　　　　　　　CD

(1) 彼らの大勝利は予期せぬものだった。　　　Their _____ was unexpected.

(2) 彼女は生態学の専門家だ。　　　She is an _____ in ecology.

(3) これは国宝だ。　　　This is a national _____.

(4) 彼らは神への絶対的な信仰心を持っている。　　　They have absolute _____ in God.

(5) それは豊かな土壌を有する。　　　It has a rich _____.

(6) 矢印は左を指している。　　　The _____ points to the left.

(7) それは長さが5cmです。　　　It is 5cm in _____.

(8) 彼の職業は翻訳です。　　　His _____ is translation.

(9) 見通しは明るい。　　　The _____ is bright.

(10) 彼らは5ドルに料金を設定した。　　　They set the _____ at 5 dollars.

高校レベル2

(1) triumph　(2) expert　(3) treasure　(4) faith　(5) soil
(6) arrow　(7) length　(8) profession　(9) outlook　(10) charge

UNIT 92

名詞 3-11

単語を見てみよう！

- ① **construction** 建設
  [kənstrʌ́kʃən]
- ② **sympathy** 同情
  [símpəθi]
- ③ **passenger** 乗客
  [pǽsəndʒər]
- ④ **atom** 原子
  [ǽtəm]
- ⑤ **fee** 料金・謝礼
  [fíː]
- ⑥ **capacity** 能力
  [kəpǽsəti]
- ⑦ **journey** 旅
  [dʒə́ːrni]
- ⑧ **contract** 契約
  [kɑ́ntrækt]
- ⑨ **maximum** 最大
  [mǽksəməm]
- ⑩ **minimum** 最小
  [mínəməm]

よく使われる表現も見ておこう！

① It is under construction. それは工事中だ。

② I feel sympathy for him. 私は彼に同情する。

⑤ I paid the fees in advance. 私は前もって料金を払った。

⑦ It was a long journey. それは長旅だった。

⑧ I signed a contract. 私は契約にサインをした。

■派生語・関連語
① constrúct 建設する ② sýmpathize 同情する ④ atómic 原子の

NOTES：②シンパシーを感じる　⑤グリーンフィー

英語で話してみよう！　　　　　　　　　　　　　　　CD47

(1) それは長旅だった。　　　　　It was a long _____.

(2) その記憶容量はいくらですか。　What's the storage _____?

(3) それは工事中だ。　　　　　　It is under _____.

(4) 私は契約にサインをした。　　I signed a _____.

(5) 私は前もって料金を払った。　I paid the _____ in advance.

(6) 最低賃金はいくらですか。　　What is the _____ wage?

(7) 乗客は私達以外にいなかった。　There were no _____ except us.

(8) それはすぐに最高速度に達した。　It soon reached the _____ speed.

(9) あらゆるものは原子でできている。　Everything is made up of _____.

(10) 私は彼に同情する。　　　　　I feel _____ for him.

---

(1) journey　(2) capacity　(3) construction　(4) contract
(5) fees　(6) minimum　(7) passengers　(8) maximum
(9) atoms　(10) sympathy

UNIT 93

名詞 3-12

単語を見てみよう！

- ① **physics** [fíziks] 物理
- ② **literature** [lít(ə)rətʃər] 文学
- ③ **proof** [prúːf] 証拠・証明
- ④ **beast** [bíːst] 獣
- ⑤ **grace** [gréis] 優雅
- ⑥ **democracy** [dimákrəsi] 民主主義
- ⑦ **conflict** [kánflikt] 争い
- ⑧ **plenty** [plénti] 豊富
- ⑨ **path** [pǽθ] 小道
- ⑩ **voyage** [vɔ́iidʒ] 航海

よく使われる表現も見ておこう！

② I like French literature. 　私はフランス文学が好きです。

③ There is no proof. 　証拠はない。

⑦ We settled the conflict. 　私達はその争いを解決した。

⑧ I have plenty of time. 　私は時間がたっぷりある。

⑨ I walked along a path. 　私は小道を歩いた。

■派生語・関連語
① phýsical 物理的な　② líterary 文学の　③ próve 証明する
⑤ gráceful 優雅な　⑧ pléntiful 豊富な

NOTES：⑥大正デモクラシー

英語で話してみよう！　　　　　　　　　　　CD

(1) 物理の知識は全くない。　　　　I have no knowledge of _____.

(2) 証拠はない。　　　　　　　　　There is no _____.

(3) 私は小道を歩いた。　　　　　　I walked along a _____.

(4) その獣はついに撃たれた。　　　The _____ was finally shot.

(5) 私はフランス文学が好きです。　I like French _____.

(6) 彼らは航海に出た。　　　　　　They set out on a _____.

(7) 私は時間がたっぷりある。　　　I have _____ of time.

(8) 私達は民主主義を勝ち取った。　We won _____.

(9) 私達はその争いを解決した。　　We settled the _____.

(10) 彼女は優雅に踊った。　　　　　She danced with _____.

高校レベル2

(1) physics　(2) proof　(3) path　(4) beast　(5) literature
(6) voyage　(7) plenty　(8) democracy　(9) conflict　(10) grace

UNIT 94

形容詞 3-1

単語を見てみよう！

- ① **willing** [wíliŋ] 喜んで
- ② **typical** [típikəl] 典型的な
- ③ **ignorant** [ígnərənt] 無知な
- ④ **direct** [dirékt] 直接の・指示する
- ⑤ **rural** [rú(ə)rəl] 田舎の
- ⑥ **urban** [ə́ːrbən] 都会の
- ⑦ **convenient** [kənvíːnjənt] 便利な
- ⑧ **formal** [fɔ́ːrməl] 形式的な
- ⑨ **jealous** [dʒéləs] ねたましい
- ⑩ **miserable** [míz(ə)rbl] みじめな

よく使われる表現も見ておこう！

① I am willing to help you. 　　喜んでお手伝いします。

② This is a typical Japanese home. 　　これは典型的な日本の家です。

⑦ When is the most convenient time? 　　いつが一番ご都合がいいですか？

⑧ Don't be so formal. 　　そんなに形式張らないで。

⑩ I feel miserable. 　　私はみじめな気持ちだ。

■派生語・関連語
① wíllingness 意欲　③ ígnorance 無知　④ diréction 方向・指導
⑨ jéalousy ねたみ　⑩ mísery　みじめさ

NOTES: ⑥アーバンライフ　⑦コンビニ　⑧フォーマルな服装

英語で話してみよう！　　　　　　　　　　　　　　　CD48

(1) いつが一番ご都合がいいですか？　　　When is the most _____ time?

(2) これはニューヨークへの直行便です。　　This is a _____ flight to New York.

(3) これは典型的な日本の家です。　　　　This is a _____ Japanese home.

(4) 彼女は都会の生活を楽しんでいる。　　She enjoys _____ life.

(5) 喜んでお手伝いします。　　　　　　　I am _____ to help you.

(6) 私は姉がねたましかった。　　　　　　I was _____ of my sister.

(7) そんなに形式張らないで。　　　　　　Don't be so _____.

(8) 彼らは田舎に暮らしている。　　　　　They live in a _____ area.

(9) 私はみじめな気持ちだ。　　　　　　　I feel _____ .

(10) 私はコンピューターについては無知です。　I'm _____ about computers.

---

(1) convenient　(2) direct　(3) typical　(4) urban　(5) willing
(6) jealous　(7) formal　(8) rural　(9) miserable　(10) ignorant

UNIT 95

形容詞 3 - 2

単語を見てみよう！

- ① **urgent** [ə́:rdʒənt] 緊急の
- ② **appropriate** [əpróupriət] 適切な
- ③ **intense** [inténs] 激しい
- ④ **aggressive** [əgrésiv] 攻撃的な
- ⑤ **extreme** [ikstrí:m] 極端な
- ⑥ **odd** [ád] 奇妙な
- ⑦ **royal** [rɔ́iəl] 王室の
- ⑧ **lazy** [léizi] 怠けた
- ⑨ **complex** [kəmpléks] 複雑な・複合体
- ⑩ **primitive** [prímətiv] 原始的な

よく使われる表現も見ておこう！

① We held an urgent meeting. 私達は緊急会議を開いた。

③ They are in intense competition. 彼らは激しい競争をしている。

④ He is an aggressive player. 彼は攻撃的な選手だ。

⑤ It is an extreme case. それは極端なケースだ。

⑧ You are so lazy. 君は本当に怠け者だ。

■派生語・関連語
① úrge 強いる ② apprópriateness 適切さ ③ inténsity 激しさ
⑧ láziness 怠け

NOTES: ④アグレッシブなプレー　⑦ロイヤルゼリー

英語で話してみよう！　　　　　　　　　　　　　　　　CD

(1) 彼らは激しい競争をしている。　　　They are in _____ competition.

(2) 彼は攻撃的な選手だ。　　　　　　　He is an _____ player.

(3) 君は本当に怠け者だ。　　　　　　　You are so _____.

(4) その過程はとても複雑だ。　　　　　The process is very _____.

(5) それは極端なケースだ。　　　　　　It is an _____ case.

(6) これは原始的なやり方だ。　　　　　This is a _____ way.

(7) 私達は緊急会議を開いた。　　　　　We held an _____ meeting.

(8) 彼女は王家の一員だ。　　　　　　　She is a member of the _____ Family.

(9) 私は奇妙な体験をした。　　　　　　I had an _____ experience.

(10) あなたの服は適切とは言えない。　　Your dress is not _____.

高校レベル2

---

(1) intense　(2) aggressive　(3) lazy　(4) complex　(5) extreme
(6) primitive　(7) urgent　(8) Royal　(9) odd　(10) appropriate

UNIT 96

形容詞 3-3

単語を見てみよう！

- ① **financial** [finǽnʃəl] 財政の・金銭の
- ② **civil** [sívəl] 市民の
- ③ **sufficient** [səfíʃənt] 十分な
- ④ **peculiar** [pikjú:ljər] 特有の
- ⑤ **definite** [défənit] 確かな
- ⑥ **tremendous** [triméndəs] 莫大な
- ⑦ **silly** [síli] ばかげた
- ⑧ **frequent** [frí:kwənt] 頻繁な
- ⑨ **prime** [práim] 主な
- ⑩ **precious** [préʃəs] 貴重な

よく使われる表現も見ておこう！

① I receive financial aid. 　私は学費の援助を受けている。

② She is a civil servant. 　彼女は公務員です。

⑦ It's a silly joke. 　それはばかな冗談だ。

⑨ He became the Prime Minister. 　彼が首相になった。

⑩ It was a precious moment. 　それは貴重な瞬間だった。

■派生語・関連語
① fínance 財政・金融　⑤ defíne 定義する　⑧ fréquency 頻度
⑩ préciousness 貴重さ

NOTES：①ファイナンス部門　⑨プライムレート

英語で話してみよう！　　　　　　　　　　　　　　　CD49

(1) それは日本特有である。　　　　It is _____ to Japan.

(2) それはばかな冗談だ。　　　　　It's a _____ joke.

(3) 私達は大変な被害を受けた。　　We had _____ damage.

(4) 彼が首相になった。　　　　　　He became the _____ Minister.

(5) それは貴重な瞬間だった。　　　It was a _____ moment.

(6) 彼女は公務員です。　　　　　　She is a _____ servant.

(7) 彼らは資金を十分に持っている。　They have _____ funds.

(8) 私は学費の援助を受けている。　I receive _____ aid.

(9) 私は頻繁に中国を訪れた。　　　I made _____ visits to China.

(10) 私は確かな答えが欲しかった。　I wanted a _____ answer.

---

(1) peculiar　(2) silly　(3) tremendous　(4) Prime　(5) precious
(6) civil　(7) sufficient　(8) financial　(9) frequent　(10) definite

UNIT 97

形容詞 3-4

単語を見てみよう！

- ① **severe** [səvíər] 厳しい
- ② **normal** [nɔ́ːrməl] 正常な
- ③ **military** [mílitèri] 軍隊（の）
- ④ **naked** [néikid] 裸の
- ⑤ **blind** [bláind] 盲目の
- ⑥ **permanent** [pə́ːrm(ə)nənt] 永遠の
- ⑦ **competent** [kámpət(ə)nt] 有能な
- ⑧ **raw** [rɔ́ː] 生の
- ⑨ **gigantic** [dʒaigǽntik] 巨大な
- ⑩ **stable** [stéibl] 安定した

よく使われる表現も見ておこう！

② We are back to normal life. 　私達はいつもの生活に戻った。

③ They took military actions. 　彼らは軍事行動をとった。

⑥ I want a permanent job. 　私は定職に就きたい。

⑧ I like raw fish. 　私は生魚が好きです。

⑩ Her condition is stable. 　彼女の容態は安定している。

■派生語・関連語
② abnórmal 異常な　⑤ blíndness 盲目　⑥ pérmanence 永久
⑦ cómpetence 能力　⑩ stabílity 安定

NOTES：①シビアな現実　②ノーマルタイプ　⑤窓のブラインド

英語で話してみよう！　　　　　　　　　　　　　　　　　CD

(1) 私は定職に就きたい。　　　　I want a _____ job.

(2) 彼女は厳しいコメントを加えた。　　She made _____ comments.

(3) 私達はいつもの生活に戻った。　　We are back to _____ life.

(4) 彼は有能な弁護士です。　　　　He is a _____ lawyer.

(5) 彼女の容態は安定している。　　Her condition is _____.

(6) 盲導犬は、目の見えない人の手助けをしている。　　Guide dogs help _____ people.

(7) 彼らは軍事行動をとった。　　　They took _____ actions.

(8) 私は生魚が好きです。　　　　　I like _____ fish.

(9) それは肉眼で見える。　　　　　You can see it with the _____ eye.

(10) 私は巨大な仏像を見た。　　　　I saw a _____ statue of Buddha.

---

(1) permanent　(2) severe　(3) normal　(4) competent　(5) stable　(6) blind　(7) military　(8) raw　(9) naked　(10) gigantic

UNIT 98

形容詞 3-5

単語を見てみよう！

- ① **loyal** [lɔ́iəl] 忠誠心のある
- ② **abstract** [ǽbstrækt] 抽象的な
- ③ **concrete** [kánkri:t] 具体的な
- ④ **immediate** [imí:diət] 即座の
- ⑤ **chief** [tʃí:f] 主な
- ⑥ **visible** [vízəbl] 目に見える
- ⑦ **bitter** [bítər] 苦い
- ⑧ **absurd** [æbsə́:rd] ばかげた
- ⑨ **decent** [dí:snt] きちんとした
- ⑩ **contrary** [kántreri] 逆の

よく使われる表現も見ておこう！

① He is loyal to his company. 彼は会社に忠誠を尽くしている。

③ Do you have any concrete plans? 何か具体的な計画がありますか。

⑥ It's not visible from outside. それは外から見えない。

⑦ It was a bitter experience. それは苦い経験だった。

⑨ I got a decent place to stay. まともな滞在場所が得られた。

■派生語・関連語
① lóyalty 忠誠心　② abstráction 抽象　⑥ invísible 目に見えない
⑦ bítterness 苦味　⑨ décency 上品さ

NOTES：③鉄筋コンクリート　⑤班のチーフ

英語で話してみよう！　　CD50

(1) それは苦い経験だった。　　It was a _____ experience.

(2) 彼は会社に忠誠を尽くしている。　　He is _____ to his company.

(3) 主たる原因は何ですか。　　What is the _____ cause?

(4) 彼女の説明はばかげている。　　Her explanation is _____.

(5) まともな滞在場所が得られた。　　I got a _____ place to stay.

(6) 何か具体的な計画がありますか。　　Do you have any _____ plans?

(7) 私は抽象画は好きではない。　　I don't like _____ paintings.

(8) 私は逆の意見を持っている。　　I have a _____ opinion.

(9) すぐに反応があった。　　There was an _____ response.

(10) それは外から見えない。　　It's not _____ from outside.

---

(1) bitter (2) loyal (3) chief (4) absurd (5) decent (6) concrete (7) abstract (8) contrary (9) immediate (10) visible

UNIT 99

形容詞 3 - 6

単語を見てみよう！

- ① **external** [ikstə́:rnl] 外的な
- ② **internal** [intə́:rnl] 内的な
- ③ **acute** [əkjú:t] 鋭い
- ④ **fluent** [flú:ənt] 流ちょうな
- ⑤ **suitable** [sú:təbl] 適した
- ⑥ **enormous** [inɔ́:rməs] 莫大な
- ⑦ **lively** [láivli] 活発な
- ⑧ **plain** [pléin] 簡素な
- ⑨ **tight** [táit] きつい
- ⑩ **loose** [lú:s] ゆるい

よく使われる表現も見ておこう！

② This is internal information. これは内部情報です。

④ He speaks fluent English. 彼は流ちょうな英語を話す。

⑤ It is suitable for daily use. それは日々の使用に適している。

⑧ It's written in plain English. それは簡単な英語で書かれている。

⑨ My schedule is tight. 私は予定が詰まっている。

■ 派生語・関連語
④ flúency 流ちょうさ　⑤ suitabílity 適合

NOTES：⑧プレーンな味　⑨タイトなライン　⑩ルーズな性格

英語で話してみよう！　　　　　　　　　　　　　　　　　CD

(1) 私は鋭い痛みを感じた。　　　　I felt _____ pain.

(2) 私は予定が詰まっている。　　　My schedule is _____.

(3) 彼らは活発な議論をした。　　　They had a _____ discussion.

(4) 彼は流ちょうな英語を話す。　　He speaks _____ English.

(5) それは簡単な英語で書かれて　　It's written in _____ English.
　　いる。

(6) 彼らは莫大な利益を上げた。　　They made _____ profits.

(7) これは内部情報です。　　　　　This is _____ information.

(8) ボタンがゆるくなっている。　　A button is _____.

(9) 彼は外傷を負った。　　　　　　He had an _____ injury.

(10) それは日々の使用に適して　　　It is _____ for daily use.
　　 いる。

---

(1) acute　(2) tight　(3) lively　(4) fluent　(5) plain
(6) enormous　(7) internal　(8) loose　(9) external　(10) suitable

UNIT 100

形容詞 3-7

単語を見てみよう！

- ① **precise** 精密な
  [prisáis]
- ② **drastic** 思い切った
  [drǽstik]
- ③ **scarce** 数少ない
  [skéərs]
- ④ **artificial** 人工の
  [à:rtəfíʃəl]
- ⑤ **eager** 熱心な
  [í:gər]
- ⑥ **outstanding** 目立った
  [àutstǽndiŋ]
- ⑦ **overall** 全体の
  [óuv(ə)rɔ:l]
- ⑧ **general** 一般的な
  [dʒén(ə)rəl]
- ⑨ **particular** 特別な
  [pərtíkjulər]
- ⑩ **annual** 毎年の
  [ǽnjuəl]

よく使われる表現も見ておこう！

② We need a drastic reform. 　　我々には思い切った変革が必要だ。

⑤ She is eager to learn. 　　彼女は熱心に学ぼうとしている。

⑦ I can't get an overall picture. 　　私は全体像がつかめない。

⑨ There is nothing particular to say. 　　特に言うことはない。

⑩ This is an annual event. 　　これは毎年の行事だ。

■派生語・関連語
① precísion 精密　⑤ éagerness 熱心さ

NOTES：②ドラスチックな対策

英語で話してみよう！　　　　　　　　　　　　　　CD51

(1) 特に言うことはない。　　　　There is nothing _____ to say.

(2) これは毎年の行事だ。　　　　This is an _____ event.

(3) 新入部員は少なかった。　　　New members were _____.

(4) 私は全体像がつかめない。　　I can't get an _____ picture.

(5) 我々には思い切った変革が必要だ。　　We need a _____ reform.

(6) 彼の才能はずば抜けている。　His talent is _____.

(7) 彼女は熱心に学ぼうとしている。　　She is _____ to learn.

(8) 精密な測定が求められる。　　_____ measurement is required.

(9) 一般的な法則はない。　　　　There is no _____ law.

(10) それは造花ですか。　　　　　Is it an _____ flower?

高校レベル2

....

(1) particular　(2) annual　(3) scarce　(4) overall　(5) drastic
(6) outstanding　(7) eager　(8) Precise　(9) general　(10) artificial

UNIT 101

形容詞 3-8

単語を見てみよう！

- ① **bold** [bóuld] 大胆な
- ② **sensitive** [sénsətiv] 敏感な
- ③ **sincere** [sinsíər] 誠実な
- ④ **dull** [dʌ́l] つまらない・鈍い
- ⑤ **genuine** [dʒénjuin] 本物の
- ⑥ **extraordinary** [ikstrɔ́:rdənèri] 並外れた
- ⑦ **domestic** [dəméstik] 家庭の・国内の
- ⑧ **vivid** [vívid] 生き生きとした
- ⑨ **numerous** [n(j)ú:m(ə)rəs] 数多くの
- ⑩ **awkward** [ɔ́:kwərd] ぎこちない

よく使われる表現も見ておこう！

① They took a bold step.	彼らは大胆な手段をとった。
④ It was a dull party.	それはつまらないパーティーだった。
⑥ What an extraordinary idea!	なんて素晴らしい考えなんだ！
⑦ I do domestic chores.	私は家の雑用をしています。
⑨ There are numerous chances.	数多くのチャンスがある。

■派生語・関連語
① bóldness 大胆さ ② sensitívity 敏感さ ③ sincérity 誠実さ

NOTES: ⑦ 東京ドーム（dome）　⑧ ビビッドな色

英語で話してみよう！　　　　　　　　　　　　　　　　　　CD

(1) 彼らは大胆な手段をとった。　　They took a _____ step.

(2) 私は家の雑用をしています。　　I do _____ chores.

(3) それは鮮やかな色を見せている。　It shows _____ colors.

(4) 数多くのチャンスがある。　　　There are _____ chances.

(5) これは本物のダイヤです。　　　This is a _____ diamond.

(6) 彼は心からの謝罪をした。　　　He made a _____ apology.

(7) なんて素晴らしい考えなんだ！　What an _____ idea!

(8) ぎこちない沈黙があった。　　　There was an _____ silence.

(9) 彼女は寒さに敏感だ。　　　　　She is _____ to the cold.

(10) それはつまらないパーティーだった。　It was a _____ party.

高校レベル2

---

(1) bold　(2) domestic　(3) vivid　(4) numerous　(5) genuine
(6) sincere　(7) extraordinary　(8) awkward　(9) sensitive
(10) dull

UNIT 102

副詞 3-1

単語を見てみよう！

- ① **hardly** [háːrdli] ほとんど～ない
- ② **probably** [prάbəbli] たぶん
- ③ **nevertheless** [nèvərðəlés] それでもなお
- ④ **somehow** [sʌ́mhau] 何となく
- ⑤ **somewhat** [sʌ́m(h)wʌ̀t] 多少
- ⑥ **frankly** [frǽŋkli] 率直に
- ⑦ **necessarily** [nèsəsérəli] 必ずしも
- ⑧ **barely** [béərli] 何とか
- ⑨ **seldom** [séldəm] めったに～ない
- ⑩ **merely** [míərli] 単に

よく使われる表現も見ておこう！

① I can hardly hear you. 　　君の声がほとんど聞えない。

② Probably she will be late. 　　たぶん彼女は遅れるでしょう。

⑦ It is not necessarily right. 　　それが必ずしも正しいわけではない。

⑧ I could barely catch the last train. 　　何とか終電に間に合った。

⑨ I seldom visit her. 　　彼女を訪ねることはめったにない。

■派生語・関連語
① scárcely ほとんど～ない　② perháps ひょっとして
③ nonethelées それでもやはり　⑨ rárely めったに～ない
⑩ mére 単なる

NOTES：⑥フランクに話した

英語で話してみよう！　　　　　　　　　　CD52

(1) 何とか終電に間に合った。　　I could _____ catch the last train.

(2) それでもやはり彼は人気がある。　　_____, he is popular.

(3) それは多少難しい。　　It is _____ difficult.

(4) 何となく眠れなかった。　　_____ I couldn't sleep.

(5) 君の声がほとんど聞えない。　　I can _____ hear you.

(6) 単に疲れているだけだ。　　I am _____ tired.

(7) 彼女を訪ねることはめったにない。　　I _____ visit her.

(8) たぶん彼女は遅れるでしょう。　　_____ she will be late.

(9) 率直に言って、それはよくない。　　_____, it's not good.

(10) それが必ずしも正しいわけではない。　　It is not _____ right.

---

(1) barely　(2) Nevertheless　(3) somewhat　(4) Somehow
(5) hardly　(6) merely　(7) seldom　(8) Probably
(9) Frankly　(10) necessarily

Group 3 で高校英単語の前半が終わりました。本書全体の中では 60%ほどになります。紛らわしい単語が増えてきたなと感じるようであれば、巻末 Backstage Tour を見ると、単語の見方のヒントが得られます。

　よく「少しくらい単語がわからなくても」という言葉を聞きます。このアドバイスに励まされて英文を読み始めたが、全然わからなかったという経験はありませんか。この「少しくらい」という段階は、もちろん読むものによっても変わりますが、大体この Group 3 の単語を身につけたレベルくらいからだと思います。

　ここまでくれば、いろいろなものに手を出してもよいのではないでしょうか。英字新聞を一部買って面白そうな記事を読むというのもよいでしょう。洋書の場合は、英語学習用に外国人向けに書かれた無理のないものから始めると長続きします。

Group 3　の不規則動詞

3　hurt/hurt/hurt
7　stand/stood/stood
8　overcome/overcame/overcome
10　seek/sought/sought
12　bend/bent/bent
13　upset/upset/upset
14　dig/dug/dug

Group4（UNIT 103-137）
（高校レベル３）

UNIT 103

動詞 4-1

単語を見てみよう！

- ① **launch** [lɔ́:ntʃ]　発射する・始める
- ② **conceal** [kənsí:l]　隠す
- ③ **qualify** [kwáləfài]　資格を与える
- ④ **prohibit** [prouhíbit]　禁じる
- ⑤ **devote** [divóut]　捧げる
- ⑥ **wound** [wú:nd]　傷つける
- ⑦ **request** [rikwést]　要求（する）
- ⑧ **generate** [dʒénərèit]　生み出す
- ⑨ **restore** [ristɔ́:r]　回復させる
- ⑩ **expose** [ikspóuz]　さらす

よく使われる表現も見ておこう！

③ He is a qualified designer.　彼は資格を持った設計士です。

④ It is prohibited by law.　それは法律で禁じられている。

⑤ She devoted her life to music.　彼女は音楽に人生を捧げた。

⑧ It generates electricity.　それは電気を生み出す。

⑨ My health was fully restored.　私の健康は完全に回復した。

■派生語・関連語
③ qualificátion 資格　⑤ devótion 献身　⑧ géne 遺伝子
⑨ restorátion 回復　⑩ expósure 露出

NOTES：⑦曲をリクエストする

英語で話してみよう！　　　　　　　　　　　　　　CD53

(1) 私の健康は完全に回復した。　　My health was fully _____.

(2) それは電気を生み出す。　　It _____ electricity.

(3) 彼は資格を持った設計士です。　　He is a _____ designer.

(4) 彼らはロケットを打ち上げた。　　They _____ a rocket.

(5) 彼女は音楽に人生を捧げた。　　She _____ her life to music.

(6) 彼は肩を負傷した。　　He was _____ in the shoulder.

(7) 私達は更なる情報を要求した。　　We _____ more information.

(8) 彼女の手は寒さにさらされていた。　　Her hands were _____ to the cold.

(9) 彼は身分を隠した。　　He _____ his identity.

(10) それは法律で禁じられている。　　It is _____ by law.

---

(1) restored　(2) generates　(3) qualified　(4) launched
(5) devoted　(6) wounded　(7) requested　(8) exposed
(9) concealed　(10) prohibited

UNIT 104

動詞4-2

単語を見てみよう！

- ① **estimate** [éstəmèit] 見積もる
- ② **dismiss** [dismís] 解雇（解散）する
- ③ **corrupt** [kərʌ́pt] 腐敗させる
- ④ **exhibit** [igzíbit] 展示する
- ⑤ **abolish** [əbáliʃ] 廃止する
- ⑥ **sustain** [səstéin] 支える
- ⑦ **impose** [impóuz] 課す
- ⑧ **depart** [dipá:rt] 出発する
- ⑨ **substitute** [sʌ́bstət(j)ù:t] 置き換え（る）
- ⑩ **sink** [síŋk] 沈む

よく使われる表現も見ておこう！

① I estimated the cost. 私はその費用を見積もった。

⑤ The system was abolished. その制度は廃止された。

⑥ I was sustained by their friendship. 私は彼らの友情に支えられた。

⑦ They imposed a heavy tax. 彼らは重税を課した。

⑧ The train departed behind schedule. その列車は遅れて出発した。

■派生語・関連語
① estimátion 見積もり ② dismíssal 解雇 ③ corrúption 腐敗
④ exhibítion 展示 ⑥ sustáinable 持続可能な

NOTES：④エグジビションマッチ　⑨サブの選手

英語で話してみよう！　　　　　　　　　　　　　　　　　CD

(1) 彼らは重税を課した。　　　　They _____ a heavy tax.

(2) その列車は遅れて出発した。　　The train _____ behind schedule.

(3) 私達は油絵を展示した。　　　We _____ oil paintings.

(4) 私はその費用を見積もった。　　I _____ the cost.

(5) 彼を腐敗させたのは、その金だ。　It is the money that _____ him.

(6) 私は彼らの友情に支えられた。　I was _____ by their friendship.

(7) 彼女に君の代わりをしてもらう。　We will _____ her for you.

(8) その制度は廃止された。　　　The system was _____.

(9) その船は沈んだ。　　　　　　The ship _____.

(10) 彼は警告なしに解雇された。　He was _____ without warning.

---

(1) imposed　(2) departed　(3) exhibited　(4) estimated
(5) corrupted　(6) sustained　(7) substitute　(8) abolished
(9) sank　(10) dismissed

UNIT 105

動詞4-3

単語を見てみよう！

- □ ① **bore** [bɔ́ːr] 退屈させる
- □ ② **struggle** [strʌ́gl] 苦闘（する）
- □ ③ **confuse** [kənfjúːz] 混乱させる
- □ ④ **retain** [ritéin] 保持する
- □ ⑤ **exclude** [iksklúːd] 除外する
- □ ⑥ **spoil** [spɔ́il] だめにする
- □ ⑦ **justify** [dʒʌ́stəfài] 正当化する
- □ ⑧ **serve** [sɔ́ːrv] 出す・仕える
- □ ⑨ **arise** [əráiz] 生じる
- □ ⑩ **frighten** [fráitn] 怖がらせる

よく使われる表現も見ておこう！

① I'm bored to death. 　　退屈で死にそうだ。

③ These signs are confusing. 　　これらの標識は紛らわしい。

⑥ The rain spoiled the trip. 　　雨がその旅行を台無しにした。

⑦ He always justifies himself. 　　彼はいつも自分を正当化する。

⑩ The scene was very frightening. 　　その場面はとても怖かった。

■派生語・関連語
① bóredom 退屈　③ confúsion 混乱　⑤ exclúsion 除外
⑦ justificátion 正当化

NOTES：⑧強烈なサーブ

英語で話してみよう！　　　　　　　　　　　　　　　CD54

(1) 雨がその旅行を台無しにした。　　　The rain _____ the trip.

(2) その場面はとても怖かった。　　　The scene was very _____.

(3) 彼らはおいしい食事を出す。　　　They _____ good food.

(4) 退屈で死にそうだ。　　　I'm _____ to death.

(5) 私はチームからはずされた。　　　I was _____ from the team.

(6) これらの標識は紛らわしい。　　　These signs are _____.

(7) 彼女は権力を保持している。　　　She _____ the power.

(8) 彼はいつも自分を正当化する。　　　He always _____ himself.

(9) 多くの不満が生じた。　　　Many complaints _____.

(10) 彼らは正義のために闘った。　　　They _____ for justice.

---

(1) spoiled (2) frightening (3) serve (4) bored (5) excluded
(6) confusing (7) retains (8) justifies (9) arose
(10) struggled

高校レベル3

UNIT 106

動詞 4-4

単語を見てみよう！

- □① **reform** [rifɔ́:rm] 改正（する）
- □② **deceive** [disí:v] だます
- □③ **stare** [stéər] 見つめる
- □④ **debate** [dibéit] 議論（する）
- □⑤ **attach** [ətǽtʃ] 付ける
- □⑥ **congratulate** [kəngrǽtʃulèit] 祝う
- □⑦ **refine** [rifáin] 洗練する
- □⑧ **float** [flóut] 浮く
- □⑨ **arrest** [ərést] 逮捕（する）
- □⑩ **resent** [rizént] 怒る

よく使われる表現も見ておこう！

② I was deceived by the ad. — 私はその広告にだまされた。

③ Don't stare at me. — じろじろ見ないで。

⑤ I will attach a file. — ファイルを添付します。

⑦ Her manners are refined. — 彼女のマナーは洗練されている。

⑨ He was arrested by the police. — 彼は警察に逮捕された。

■派生語・関連語
② decéption ごまかし　⑤ attáchment 付属品・愛着
⑥ congratulátion 祝辞　⑦ refínement 洗練　⑩ reséntment 怒り

NOTES：④ディベートをする　⑧コーヒーフロート

英語で話してみよう！　　　　　　　　　　　　　　　CD

(1) ファイルを添付します。　　　　I will _____ a file.

(2) 私は彼の言葉に怒りを覚えた。　　I _____ his words.

(3) じろじろ見ないで。　　　　　　Don't _____ at me.

(4) 私達は規則を改正した。　　　　We _____ the rules.

(5) 彼女のマナーは洗練されている。　Her manners are _____.

(6) 彼は警察に逮捕された。　　　　He was _____ by the police.

(7) それは延々と議論されてきた。　 It has been _____ endlessly.

(8) それは水に浮いている。　　　　It _____ on the water.

(9) 私はその広告にだまされた。　　I was _____ by the ad.

(10) 私達は彼の成功を祝った。　　　We _____ him on his success.

---

(1) attach　(2) resented　(3) stare　(4) reformed　(5) refined
(6) arrested　(7) debated　(8) floats　(9) deceived
(10) congratulated

UNIT 107

動詞 4-5

単語を見てみよう！

- ① **glance** [glǽns] ちらりと見る
- ② **tempt** [témpt] 誘惑する
- ③ **cast** [kǽst] 投げる
- ④ **steal** [stíːl] 盗む
- ⑤ **worship** [wə́ːrʃip] 崇拝（する）
- ⑥ **forgive** [fərgív] 許す
- ⑦ **clarify** [klǽrəfài] 明確にする
- ⑧ **conserve** [kənsə́ːrv] 保存する
- ⑨ **defeat** [difíːt] 打ち負かす・敗北
- ⑩ **revive** [riváiv] 復活する

よく使われる表現も見ておこう！

① I glanced at his face.　　私はちらりと彼の顔を見た。

④ He tried to steal my money.　　彼は私の金を盗もうとした。

⑤ They worship God.　　彼らは神を崇拝している。

⑥ Please forgive me.　　私を許してください。

⑦ I clarified my position.　　私は自分の立場を明確にした。

■派生語・関連語
② temptátion 誘惑　⑥ forgíveness 許し　⑦ clarificátion 明確化
⑧ conservátion 保存　⑩ revíval 復活　survíve 生き残る

NOTES：④スチール（盗塁）成功　⑩リバイバルの曲

英語で話してみよう！　　CD55

(1) 私を許してください。　　Please _____ me.

(2) 経済は回復している。　　The economy is _____.

(3) 彼女は冷たい視線を投げかけた。　　She _____ a cold eye.

(4) 彼らは神を崇拝している。　　They _____ God.

(5) 彼は私の金を盗もうとした。　　He tried to _____ my money.

(6) 私達は環境を大切にしなければならない。　　We must _____ our environment.

(7) 私は自分の立場を明確にした。　　I _____ my position.

(8) 私はそれを買いたい気持ちにさせられた。　　I was _____ to buy it.

(9) 私はちらりと彼の顔を見た。　　I _____ at his face.

(10) 彼は敗れたことがない。　　He has never been _____.

---

(1) forgive　(2) reviving　(3) cast　(4) worship　(5) steal
(6) conserve　(7) clarified　(8) tempted　(9) glanced
(10) defeated

高校レベル3

UNIT 108

動詞 4-6

単語を見てみよう！

- ① **equip** [ikwíp] 備え付ける
- ② **tear** [téər]「涙」[tíər] 引き裂く・涙
- ③ **account** [əkáunt] 説明する・会計
- ④ **state** [stéit] 述べる・状態・州
- ⑤ **focus** [fóukəs] 焦点（を当てる）
- ⑥ **transfer** 移動（させる） 動[trænsfə́:r] 名[trǽnsfə:r]
- ⑦ **chat** [tʃǽt] しゃべる（こと）
- ⑧ **surrender** [səréndər] 降伏（する）
- ⑨ **heal** [híːl] 癒す
- ⑩ **urge** [ə́:rdʒ] 駆り立てる・衝動

よく使われる表現も見ておこう！

④ She stated her opinion. 彼女は自分の意見を述べた。

⑥ He was transferred to another section. 彼は別の課に異動になった。

⑦ We chatted over tea. 私達はお茶を飲みながら話をした。

⑧ I surrendered to temptation. 私は誘惑に負けた。

⑨ Music heals us. 音楽は私達を癒してくれる。

■派生語・関連語
① equípment 装備　④ státement 発言　⑩ úrgent 緊急の

NOTES: ⑤カメラのフォーカス　⑦チャットをする　⑨ヒーリング

英語で話してみよう！　　　　　　　　　　　　　　　　　CD

(1) 彼女は自分の意見を述べた。　　She _____ her opinion.

(2) 私は彼らに加わりたい気持ちに駆られた。　　I was _____ to join them.

(3) それがすべてを説明してくれる。　　It _____ for everything.

(4) 彼は別の課に異動になった。　　He was _____ to another section.

(5) それにはカーナビが備え付けられている。　　It is _____ with a car navigation system.

(6) 私は誘惑に負けた。　　I _____ to temptation.

(7) 話はその問題に集中した。　　The talk _____ on the problem.

(8) 音楽は私達を癒してくれる。　　Music _____ us.

(9) 私はその手紙を引き裂きたかった。　　I wanted to _____ the letter up.

(10) 私達はお茶を飲みながら話をした。　　We _____ over tea.

---

(1) stated　(2) urged　(3) accounts　(4) transferred
(5) equipped　(6) surrendered　(7) focused　(8) heals
(9) tear　(10) chatted

高校レベル3

UNIT 109

動詞 4-7

単語を見てみよう！

- ① **tolerate** [tάləreit] 大目に見る
- ② **crush** [krʌʃ] つぶす
- ③ **explode** [iksplóud] 爆発する
- ④ **bind** [báind] 縛る
- ⑤ **pause** [pɔ́:z] 休止する
- ⑥ **combine** [kəmbáin] 結合させる
- ⑦ **exaggerate** [igzǽdʒərèit] 誇張する
- ⑧ **nourish** [nɔ́:riʃ] 養う
- ⑨ **assure** [əʃúər] 保証する
- ⑩ **weep** [wí:p] 泣く

よく使われる表現も見ておこう！

① I can't tolerate his conduct. 彼の行為は許せない。

⑤ I paused for a while. 私は少し立ち止まった。

⑦ Don't exaggerate the problem. その問題を誇張しないで。

⑧ Reading nourishes the mind. 読書は心を養う。

⑨ I assure you this is real. これが本物ということは保証します。

■派生語・関連語
① tólerance 寛容 ③ explósion 爆発 ⑥ combinátion 結合
⑦ exaggerátion 誇張 ⑧ nóurishment 栄養 ⑨ assúrance 保証

NOTES：④バインダー　⑥コンビネーションがよい

英語で話してみよう！　　　　　　　　　　　　　　CD56

(1) その問題を誇張しないで。　　　Don't _____ the problem.

(2) 彼の行為は許せない。　　　　　I can't _____ his conduct.

(3) 縄でそれぞれの束を縛っている。　A rope _____ each bundle.

(4) 彼は空き缶をつぶした。　　　　He _____ an empty can.

(5) 私達はその2つのグループをまとめた。　We _____ the two groups.

(6) 読書は心を養う。　　　　　　　Reading _____ the mind.

(7) 彼女は静かに泣いていた。　　　She was _____ silently.

(8) これが本物ということは保証します。　I _____ you this is real.

(9) 爆弾が爆発した。　　　　　　　A bomb _____.

(10) 私は少し立ち止まった。　　　　I _____ for a while.

---

(1) exaggerate　(2) tolerate　(3) binds　(4) crushed
(5) combined　(6) nourishes　(7) weeping　(8) assure
(9) exploded　(10) paused

UNIT 110

動詞 4 - 8

単語を見てみよう！

- ① **discourage** [diskə́ridʒ] 落胆させる
- ② **murmur** [mə́:rmər] つぶやく
- ③ **ruin** [rú:in] 滅ぼす・崩壊
- ④ **insure** [inʃúər] 保険をかける
- ⑤ **adjust** [ədʒʌ́st] 調整する
- ⑥ **overwhelm** [òuvər(h)wélm] 圧倒する
- ⑦ **tease** [tí:z] からかう
- ⑧ **consult** [kənsʌ́lt] 相談する
- ⑨ **invade** [invéid] 侵略する
- ⑩ **withdraw** [wiðdrɔ́:] 退去させる

よく使われる表現も見ておこう！

① Don't be discouraged. 　気を落とさないで。

⑤ I adjusted my schedule. 　私はスケジュールを調整した。

⑦ He's always teasing me. 　彼はいつも私をからかう。

⑧ I consulted a lawyer. 　私は弁護士に相談した。

⑨ They invade my privacy. 　彼らは私の私生活に入り込んでくる。

■派生語・関連語
① discóuragement 落胆　④ insúrance 保険　⑤ adjústment 調整
⑧ consultátion 相談　⑨ invásion 侵略　⑩ withdráwal 撤退

NOTES: ⑧経営コンサルタント ⑨インベーダー

英語で話してみよう！　　　　　　　　　　　CD

(1) 保険に入ってますか。　　　　　Are you _____ ?

(2) 私は弁護士に相談した。　　　　I _____ a lawyer.

(3) 私は彼女のエネルギーに圧　　　I was _____ by her energy.
　　倒された。

(4) 彼はいつも私をからかう。　　　He's always _____ me.

(5) 彼らは私の私生活に入り込　　　They _____ my privacy.
　　んでくる。

(6) 私はスケジュールを調整し　　　I _____ my schedule.
　　た。

(7) 彼は何かつぶやいている。　　　He's _____ something.

(8) それは彼女の評判を台無し　　　It _____ her reputation.
　　にした。

(9) 彼は言ったことを撤回した。　　He _____ what he said.

(10) 気を落とさないで。　　　　　Don't be _____ .

高校レベル3

---

(1) insured　(2) consulted　(3) overwhelmed　(4) teasing
(5) invade　(6) adjusted　(7) murmuring　(8) ruined
(9) withdrew　(10) discouraged

UNIT 111

動詞 4-9

単語を見てみよう！

- □ ① **boast** [bóust] 自慢する
- □ ② **explore** [iksplɔ́:r] 探検する
- □ ③ **overtake** [òuvətéik] 追いつく
- □ ④ **annoy** [ənɔ́i] わずらわす
- □ ⑤ **incline** [inkláin] 傾ける
- □ ⑥ **bear** [béər] 抱く・耐える
- □ ⑦ **inhabit** [inhǽbit] 住む
- □ ⑧ **deliver** [dilívər] 配る・述べる
- □ ⑨ **frustrate** [frʌ́streit] いらだたせる
- □ ⑩ **negotiate** [nigóuʃièit] 交渉する

よく使われる表現も見ておこう！

① She is boasting about her son. 彼女は息子の自慢をしている。

④ I am annoyed by the noise. その騒音に悩まされている。

⑥ Bear this in mind. このことを心に留めておきなさい。

⑨ She is so frustrated. 彼女は大変いらついている。

⑩ We negotiated the prices. 私達は価格交渉をした。

■派生語・関連語
② explorátion 探検 ④ annóyance いらだち ⑤ inclinátion 傾向
⑦ inhábitant 住民 ⑧ delívery 配達 ⑨ frustrátion 欲求不満
⑩ negotiátion 交渉

NOTES：⑨フラストレーションがたまる　⑩ネゴをする

英語で話してみよう！　　　　　　　　　　　　　　　CD57

(1) その騒音に悩まされている。　　I am _____ by the noise.

(2) 気持ちが賛成に傾いている。　　I'm _____ to agree.

(3) 彼女は大変いらついている。　　She is so _____.

(4) このことを心に留めておきなさい。　_____ this in mind.

(5) 彼は新聞を配っている。　　He _____ newspapers.

(6) それらは深海に生息する。　　They _____ the deep sea.

(7) すぐに追いつかれそうだ。　　I will be _____ soon.

(8) 彼女は息子の自慢をしている。　　She is _____ about her son.

(9) 彼らは南極を探検した。　　They _____ the South Pole.

(10) 私達は価格交渉をした。　　We _____ the prices.

---

(1) annoyed　(2) inclined　(3) frustrated　(4) Bear
(5) delivers　(6) inhabit　(7) overtaken　(8) boasting
(9) explored　(10) negotiated

UNIT 112

動詞 4-10

単語を見てみよう！

- ① **locate** [lóukeit] 位置づける
- ② **cherish** [tʃériʃ] 大切にする
- ③ **scare** [skéər] 怖がらす
- ④ **compensate** [kámpənsèit] 償う
- ⑤ **wander** [wándər] さまよう
- ⑥ **interfere** [ìntərfíər] 干渉する
- ⑦ **embrace** [imbréis] 抱く
- ⑧ **cultivate** [kʌ́ltəvèit] 耕す
- ⑨ **bless** [blés] 祝福する
- ⑩ **deserve** [dizə́:rv] 値する

よく使われる表現も見ておこう！

① My office is located on the fifth floor.　私の事務所は5階にある。

② I cherish my memories.　私は思い出を大切にしている。

⑤ I wandered around the town.　私は町をぶらついた。

⑦ She embraced her baby.　彼女は赤ん坊を抱きしめた。

⑩ You deserve the praise.　あなたは賞賛に値する。

■派生語・関連語
① locátion 位置　④ compensátion 補償　⑥ interférence 干渉
⑧ cultivátion 耕作

NOTES：①最高のロケーション　⑦ブレスレット

英語で話してみよう！　　　　　　　　　　　　　　　　　　CD

(1) 彼はその音におびえた。　　　　He was _____ by the sound.

(2) 私は町をぶらついた。　　　　　I _____ around the town.

(3) 私は損害賠償を受けた。　　　　I was _____ for the damage.

(4) 彼女は赤ん坊を抱きしめた。　　She _____ her baby.

(5) あなたに神のお恵みを。　　　　God _____ you.

(6) 私は思い出を大切にしている。　I _____ my memories.

(7) 私の事務所は5階にある。　　　 My office is _____ on the fifth floor.

(8) 私達はその土地を耕した。　　　We _____ the land.

(9) あなたは賞賛に値する。　　　　You _____ the praise.

(10) 私の生活に干渉しないで。　　　Don't _____ with my life.

高校レベル3

(1) scared　(2) wandered　(3) compensated　(4) embraced
(5) bless　(6) cherish　(7) located　(8) cultivated　(9) deserve
(10) interfere

UNIT 113

動詞 4-11

単語を見てみよう！

- ① **overlook** 見逃す
  [òuvəlúk]
- ② **emerge** 現れる
  [imə́rdʒ]
- ③ **sail** 航行する・帆
  [séil]
- ④ **declare** 申告(宣言)する
  [dikléər]
- ⑤ **secure** 確保する・安全な
  [sikjúər]
- ⑥ **accommodate** 収容する
  [əkámədèit]
- ⑦ **conceive** 心に抱く
  [kənsíːv]
- ⑧ **undergo** 経験する
  [ʌ̀ndərgóu]
- ⑨ **cough** せき(をする)
  [kɔ́ːf]
- ⑩ **divorce** 離婚(する)
  [divɔ́ːrs]

よく使われる表現も見ておこう！

② He emerged from nowhere.　彼はどこからともなく現れた。

⑥ It can accommodate hundreds of guests.　それは何百人もの宿泊客を収容できる。

⑦ She conceived an idea.　彼女はある考えを抱いていた。

⑧ I underwent many hardships.　私は多くの苦労を経験した。

⑨ She keeps coughing.　彼女はせきをし続けている。

■派生語・関連語
④ declarátion 申告・宣言　⑤ secúrity 安全　⑥ accommodátion 収容
⑦ cóncept 概念

NOTES：③セーリングを楽しむ　⑤セキュリティソフト

英語で話してみよう！　　　　　　　　　　　　　　　　CD58

(1) 申告するものはない。　　　　　I have nothing to ＿＿＿.

(2) 彼はどこからともなく現れた。　　He ＿＿＿ from nowhere.

(3) 彼女はある考えを抱いていた。　　She ＿＿＿ an idea.

(4) ドアのカギは閉まっている。　　　The door is ＿＿＿.

(5) 彼女はせきをし続けている。　　　She keeps ＿＿＿.

(6) それは何百人もの宿泊客を収容できる。　It can ＿＿＿ hundreds of guests.

(7) 彼らはすでに離婚している。　　　They're already ＿＿＿.

(8) 私は多くの苦労を経験した。　　　I ＿＿＿ many hardships.

(9) 私は彼のミスを見逃した。　　　　I ＿＿＿ his mistake.

(10) 私達は海峡を航行した。　　　　We ＿＿＿ through the strait.

---

(1) declare　(2) emerged　(3) conceived　(4) secured
(5) coughing　(6) accommodate　(7) divorced　(8) underwent
(9) overlooked　(10) sailed

UNIT 114

動詞4-12

単語を見てみよう！

- ① **prevail** [privéil] 普及する
- ② **revolve** [riválv] 回転する
- ③ **anticipate** [æntísəpèit] 予想する
- ④ **dwell** [dwél] 住む
- ⑤ **expire** [ikspáiər] 期限が切れる
- ⑥ **collapse** [kəlǽps] 崩壊（する）
- ⑦ **represent** [rèprizént] 代表する
- ⑧ **disclose** [disklóuz] 明らかにする
- ⑨ **flatter** [flǽtər] おだてる
- ⑩ **confess** [kənfés] 告白する

よく使われる表現も見ておこう！

③ I anticipated his reaction. 彼の反応は予想していた。

⑤ My passport will expire soon. まもなくパスポートの期限が切れる。

⑧ They disclosed the data. 彼らはデータを公表した。

⑨ She flatters herself too much. 彼女はあまりにうぬぼれている。

⑩ I confessed my sin. 私は罪を告白した。

■派生語・関連語
① prévalent 広まった　③ anticipátion 予想　⑤ expirátion 満期
⑦ representátion 代表　⑧ disclósure 公表　⑨ fláttery おだて
⑩ conféssion 告白

NOTES：②リボルバー

英語で話してみよう！　　　　　　　　　　　　　　CD

(1) 彼女は突然、倒れた。　　　　　She suddenly _____.

(2) その考えは人々の間に広まっていた。　　　　The idea _____ among people.

(3) 彼の反応は予想していた。　　　I _____ his reaction.

(4) まもなくパスポートの期限が切れる。　　　My passport will _____ soon.

(5) 彼がそのグループを代表している。　　　He _____ the group.

(6) 過去に生きるのはやめなさい。　　　Don't _____ on the past.

(7) 彼女はあまりにうぬぼれている。　　　She _____ herself too much.

(8) 彼らはデータを公表した。　　　They _____ the data.

(9) 私は回転ドアを通り抜けた。　　　I went through a _____ door.

(10) 私は罪を告白した。　　　I _____ my sin.

---

(1) collapsed　(2) prevailed　(3) anticipated　(4) expire
(5) represents　(6) dwell　(7) flatters　(8) disclosed
(9) revolving　(10) confessed

高校レベル3

UNIT 115

動詞4-13

単語を見てみよう！

- ① **refrain** [rifréin] 慎む
- ② **demonstrate** [démənstrèit] 明示する
- ③ **transplant** [trænsplǽnt] 移植する
- ④ **link** [líŋk] つなぐ
- ⑤ **affirm** [əfə́:rm] 断言する
- ⑥ **undertake** [ʌ̀ndərtéik] 引き受ける
- ⑦ **modify** [mádəfài] 修正する
- ⑧ **depress** [diprés] 気落ちさせる
- ⑨ **restrain** [ristréin] 抑制する
- ⑩ **despise** [dispáiz] 軽蔑する

よく使われる表現も見ておこう！

① Please refrain from smoking. 　　喫煙は控えてください。

② They demonstrated their strength. 　　彼らは強さを見せつけた。

⑤ I affirm it to be true. 　　それは真実だと断言する。

⑧ I feel depressed. 　　私は憂うつだ。

⑨ I restrained spending. 　　私は支出を抑えた。

■ 派生語・関連語
② demonstrátion 明示　⑤ affirmátion 断言　⑦ modificátion 修正
⑧ depréssion 憂うつ・不況　⑨ restráint 抑制

NOTES：②デモ行動　④リンクを張る

英語で話してみよう！　　　　　　　　　　　　　　CD59

(1) 喫煙は控えてください。　　　　Please _____ from smoking.

(2) これは多くの問題と関わりがある。　This is _____ to many problems.

(3) 彼らは強さを見せつけた。　　　They _____ their strength.

(4) 彼は理論を修正した。　　　　　He _____ his theory.

(5) 私はその仕事を引き受ける。　　I will _____ the task.

(6) 彼らは心臓を移植した。　　　　They _____ a heart.

(7) 私は支出を抑えた。　　　　　　I _____ spending.

(8) 私は憂うつだ。　　　　　　　　I feel _____.

(9) 彼は弱者を軽蔑している。　　　He _____ the weak.

(10) それは真実だと断言する。　　　I _____ it to be true.

---

(1) refrain　(2) linked　(3) demonstrated　(4) modified
(5) undertake　(6) transplanted　(7) restrained　(8) depressed
(9) despises　(10) affirm

UNIT 116

動詞4-14

単語を見てみよう！

- □ ① **humiliate** 恥をかかす
  [hju:mílieit]
- □ ② **amuse** 楽しませる
  [əmjú:z]
- □ ③ **confine** 制限する
  [kənfáin]
- □ ④ **yell** 叫ぶ
  [jél]
- □ ⑤ **implement** 実行する
  [ímpləmənt]
- □ ⑥ **marvel** 驚く
  [má:rvəl]
- □ ⑦ **diminish** 減る
  [dimíniʃ]
- □ ⑧ **fascinate** 魅了する
  [fǽsənèit]
- □ ⑨ **yield** 屈する・産出する
  [jí:ld]
- □ ⑩ **quote** 引用する
  [kwóut]

よく使われる表現も見ておこう！

① I was humiliated in front of others. 　私は他人の前で恥をかかされた。

② His jokes amused us. 　彼の冗談は私達を楽しませた。

④ Don't yell at me. 　私に向かって大声を出さないで。

⑦ It diminished in size. 　それはサイズが小さくなった。

⑩ She quoted from the Bible. 　彼女は聖書から引用した。

■派生語・関連語
① humiliátion 屈辱　② amúsement 楽しみ　③ confínement 制限
⑤ implementátion 実行　⑥ márvelous 素晴らしい
⑧ fascinátion 魅了　⑩ quotátion 引用

NOTES：②アミューズメント施設

英語で話してみよう！   CD

(1) 彼の冗談は私達を楽しませた。　　His jokes _____ us.

(2) それは学生に限られている。　　It is _____ to students.

(3) その音楽は私を魅了した。　　The music _____ me.

(4) 私は他人の前で恥をかかされた。　　I was _____ in front of others.

(5) 彼女は聖書から引用した。　　She _____ from the Bible.

(6) 私に向かって大声を出さないで。　　Don't _____ at me.

(7) 私はそのスピードに驚いた。　　I _____ at the speed.

(8) その計画は実行できない。　　The plan can't be _____.

(9) 私は彼らの要求に屈した。　　I _____ to their demand.

(10) それはサイズが小さくなった。　　It _____ in size.

---

(1) amused (2) confined (3) fascinated (4) humiliated
(5) quoted (6) yell (7) marveled (8) implemented
(9) yielded (10) diminished

高校レベル3

UNIT 117

名詞 4-1

単語を見てみよう！

- ① **satellite** [sǽtəlàit] 衛星
- ② **committee** [kəmíti] 委員会
- ③ **evolution** [èvəlúːʃən] 進化
- ④ **threat** [θrét] 脅威
- ⑤ **dialect** [dáiəlèkt] 方言
- ⑥ **nutrition** [n(j)uːtríʃən] 栄養
- ⑦ **soldier** [sóuldʒər] 兵士
- ⑧ **psychology** [saikálədʒi] 心理学
- ⑨ **dignity** [dígnəti] 威厳
- ⑩ **survey** 名[sə́ːrvei] 動[səːrvéi] 調査・見渡す

よく使われる表現も見ておこう！

① The weather satellite reached orbit. 気象衛星が軌道に到達した。

③ Human evolution is speeding up. 人類の進化は加速している。

⑧ She is a psychology major. 彼女は心理学専攻だ。

⑨ He has lost his dignity. 彼は威厳を失った。

⑩ We conducted a nationwide survey. 私達は全国規模の調査を行った。

■派生語・関連語
③ evólve 進化する　④ thréaten 脅す

NOTES：①サテライト店　⑧サイキックパワー

英語で話してみよう！　　　　　　　　　　　　　　　CD60

(1) 彼は威厳を失った。　　　　　　He has lost his _____.

(2) 彼女はその地方の方言を話す。　　She speaks the local _____.

(3) 私達は全国規模の調査を行った。　We conducted a nationwide _____.

(4) 彼は退役軍人だ。　　　　　　　He is a retired _____.

(5) 彼女は心理学専攻だ。　　　　　She is a _____ major.

(6) 人類の進化は加速している。　　Human _____ is speeding up.

(7) それは我々の生存に対する脅威だ。　It's a _____ to our survival.

(8) バランスのとれた栄養が健康のカギだ。　Balanced _____ is a key to good health.

(9) 彼女はその委員会のメンバーです。　She is a member of the _____.

(10) 気象衛星が軌道に到達した。　　The weather _____ reached orbit.

---

(1) dignity　(2) dialect　(3) survey　(4) soldier　(5) psychology
(6) evolution　(7) threat　(8) nutrition　(9) committee
(10) satellite

UNIT 118

名詞 4-2

単語を見てみよう！

- ① **illusion** [ilúːʒən] 幻想
- ② **suburb** [sÁbəːrb] 郊外
- ③ **cancer** [kǽnsər] ガン
- ④ **caution** [kɔ́ːʃən] 用心
- ⑤ **ethics** [éθiks] 倫理
- ⑥ **shelter** [ʃéltər] 避難所
- ⑦ **authority** [əθɔ́ːrəti] 権限・権威
- ⑧ **tale** [téil] 話
- ⑨ **priest** [príːst] 聖職者
- ⑩ **fossil** [fás(ə)l] 化石

よく使われる表現も見ておこう！

② I commute from the suburbs. 　私は郊外から通勤している。

③ She recovered from cancer. 　彼女はガンから回復した。

⑥ We took shelter from the rain. 　私達は雨宿りをした。

⑧ This is an old folk tale. 　これは古い民話だ。

⑩ We use fossil fuel. 　私達は化石燃料を使っている。

■ 派生語・関連語
② subúrban 郊外の　④ cáutious 用心深い　⑤ éthical 倫理の

NOTES: ⑥核シェルター　⑦法律のオーソリティー

英語で話してみよう！　　　　　　　　　　　　　　　CD

(1) 私達は雨宿りをした。　　　　We took _____ from the rain.

(2) 用心が必要だ。　　　　　　　_____ is needed.

(3) 君は幻想を見ている。　　　　You are seeing an _____.

(4) 彼女はガンから回復した。　　She recovered from _____.

(5) 彼には倫理観がない。　　　　He has no sense of _____.

(6) これは古い民話だ。　　　　　This is an old folk _____.

(7) この件について私に権限は　　I have no _____ in this matter.
　　ない。

(8) 彼は仏教の僧だ。　　　　　　He is a Buddhist _____.

(9) 私達は化石燃料を使ってい　　We use _____ fuel.
　　る。

(10) 私は郊外から通勤している。　I commute from the _____.

高校レベル3

---

(1) shelter　(2) Caution　(3) illusion　(4) cancer　(5) ethics
(6) tale　(7) authority　(8) priest　(9) fossil　(10) suburbs

UNIT 119

名詞4-3

単語を見てみよう！

- ① **furniture** [fɚ́ːrnitʃər] 家具
- ② **colleague** [káliːg] 同僚
- ③ **scent** [sént] 香り
- ④ **circumstance** [sɚ́ːrkəmstæns] 状況
- ⑤ **proportion** [prəpɔ́ːrʃən] 比率
- ⑥ **immigrant** [ímigrənt] 移住者
- ⑦ **landscape** [lǽndskèip] 風景
- ⑧ **credit** [krédit] 信用
- ⑨ **oxygen** [ɑ́ksidʒən] 酸素
- ⑩ **hydrogen** [háidrədʒən] 水素

よく使われる表現も見ておこう！

② She is one of my colleagues. 彼女は同僚の一人です。

③ It gives off a nice scent. それは良い香りを放っている。

④ It depends on the circumstances. それは状況次第だ。

⑦ The landscape was impressive. その風景は印象的だった。

⑧ I lost my credit. 私は信用を失った。

■派生語・関連語
⑤ propórtional 比例した ⑥ immigrátion 入国 mígrate 渡る
⑨ cárbon 炭素 nítrogen 窒素

NOTES: ⑤プロポーションがよい　⑧クレジットカード

英語で話してみよう！　　　　　　　　　　　CD61

(1) その風景は印象的だった。　　The _____ was impressive.

(2) 私達は酸素を体に取り込んでいる。　　We take _____ into our body.

(3) それは状況次第だ。　　It depends on the _____.

(4) それは良い香りを放っている。　　It gives off a nice _____.

(5) 彼らは違法移民だ。　　They are illegal _____.

(6) 彼女は同僚の一人です。　　She is one of my _____.

(7) アンティーク家具を買った。　　I bought a piece of antique _____.

(8) 水素はもっとも軽い原子だ。　　_____ is the lightest atom.

(9) 私は信用を失った。　　I lost my _____.

(10) それが売り上げの大きな割合を占める。　　It makes up a large _____ of the sales.

---

(1) landscape　(2) oxygen　(3) circumstances　(4) scent
(5) immigrants　(6) colleagues　(7) furniture　(8) Hydrogen
(9) credit　(10) proportion

UNIT 120

名詞 4-4

単語を見てみよう！

- ① **prejudice** [prédʒudis] 偏見
- ② **remark** [rimáːrk] 発言（する）
- ③ **lung** [lʌ́ŋ] 肺
- ④ **avenue** [ǽvən(j)ùː] 大通り
- ⑤ **agony** [ǽgəni] 苦悩
- ⑥ **perfume** [pə́ːrfjuːm] 香水
- ⑦ **territory** [térətɔ̀ːri] 領域・領土
- ⑧ **despair** [dispéər] 絶望
- ⑨ **volcano** [vɑlkéinou] 火山
- ⑩ **haste** [héist] 急ぎ

よく使われる表現も見ておこう！

① Your prejudice against them is clear. 　君の彼らに対する偏見は明らかだ。

⑤ He expressed his agony. 　彼は苦悩を表した。

⑥ She wears too much perfume. 　彼女は香水のつけすぎだ。

⑧ I gave up in despair. 　私は絶望のうちにあきらめた。

⑩ He left in great haste. 　彼は大急ぎで立ち去った。

■派生語・関連語
⑤ ágonize 苦悩する　⑦ territórial 領土の
⑧ désperate 絶望的な・必死の　⑩ hásty 急いだ

NOTES: ③アクアラング（aqua：水）　⑦テリトリーを守る

英語で話してみよう！　　　　　　　　　　　　　　　　　CD

(1) 彼は肺の手術を受けた。　　　　　He had a _____ operation.

(2) これは活火山だ。　　　　　　　　This is an active _____.

(3) 彼は苦悩を表した。　　　　　　　He expressed his _____.

(4) その大通り沿いに銀行がある。　　There's a bank down the _____.

(5) 彼女は香水のつけすぎだ。　　　　She wears too much _____.

(6) 彼は大急ぎで立ち去った。　　　　He left in great _____.

(7) 彼らは領域を広げた。　　　　　　They expanded the _____.

(8) 君の彼らに対する偏見は明らかだ。　Your _____ against them is clear.

(9) 私は絶望のうちにあきらめた。　　I gave up in _____.

(10) 彼の発言は私達を驚かせた。　　　His _____ surprised us.

---

(1) lung　(2) volcano　(3) agony　(4) avenue　(5) perfume
(6) haste　(7) territory　(8) prejudice　(9) despair　(10) remark

UNIT 121

名詞 4-5

単語を見てみよう!

- ① **clue** [klúː] 手がかり
- ② **bill** [bíl] 請求書・紙幣
- ③ **award** [əwɔ́ːrd] 賞
- ④ **prison** [prízn] 刑務所
- ⑤ **bullet** [búlit] 銃弾
- ⑥ **crash** [krǽʃ] 衝突(する)
- ⑦ **property** [prɑ́pərti] 財産・特質
- ⑧ **minister** [mínəstər] 大臣・牧師
- ⑨ **telescope** [téləskòup] 望遠鏡
- ⑩ **fame** [féim] 名声

よく使われる表現も見ておこう!

① They're looking for a clue. 彼らは手がかりを探している。

② I can't pay the bill. 請求書の支払いができない。

⑥ There was a car crash. 車の衝突があった。

⑦ This is private property. ここは私有地だ。

⑩ He pursues fame. 彼は名声を追い求めている。

■派生語・関連語
④ prísoner 囚人 ⑩ ínfamous 悪名高い

NOTES：⑥クラッシュする

英語で話してみよう！ CD62

(1) 彼らは手がかりを探している。 They're looking for a ＿＿＿.

(2) ここは私有地だ。 This is private ＿＿＿.

(3) 銃弾が壁を貫通した。 A ＿＿＿ went through the wall.

(4) 彼は刑務所に送られた。 He was sent to ＿＿＿.

(5) 車の衝突があった。 There was a car ＿＿＿.

(6) 私は小さな望遠鏡を持っている。 I have a small ＿＿＿.

(7) 彼は名声を追い求めている。 He pursues ＿＿＿.

(8) 彼女はアカデミー賞をとった。 She won an Academy ＿＿＿.

(9) 請求書の支払いができない。 I can't pay the ＿＿＿.

(10) 彼は外務大臣だ。 He is the Foreign ＿＿＿.

高校レベル3

(1) clue (2) property (3) bullet (4) prison (5) crash
(6) telescope (7) fame (8) Award (9) bill (10) Minister

UNIT 122

名詞 4-6

単語を見てみよう！

- ① **poverty** [pávərti] 貧困
- ② **mission** [míʃən] 任務・使節
- ③ **border** [bɔ́ːrdər] 境界
- ④ **scope** [skóup] 範囲
- ⑤ **pity** [píti] 残念・哀れみ
- ⑥ **fatigue** [fətíːg] 疲労
- ⑦ **vigor** [vígər] 活力
- ⑧ **utility** [juːtíləti] 有用性
- ⑨ **dust** [dʌ́st] ほこり
- ⑩ **well-being** [wélbìːiŋ] 幸福

よく使われる表現も見ておこう！

② I completed a mission. 私は任務を完了した。

④ We have a limited scope of freedom. 私達は限られた範囲の自由しかない。

⑤ That's a pity. それは残念だ。

⑥ I can't get rid of my fatigue. 疲れがとれない。

⑨ The dust hung in the air. ほこりが空中に浮いていた。

■派生語・関連語
⑦ vígorous 活力のある　⑨ dústy ほこりっぽい

NOTES: ②ミッションスクール　③ボーダーライン　⑨ハウスダスト

英語で話してみよう！　CD

(1) 疲れがとれない。　　　　　I can't get rid of my _____.

(2) 私達は境界線を越えた。　　We crossed the _____.

(3) それは残念だ。　　　　　　That's a _____.

(4) 彼らは極度に貧しい生活をしている。　　They live in extreme _____.

(5) ほこりが空中に浮いていた。　The _____ hung in the air.

(6) 私達は幸福感を味わった。　We experienced a sense of _____.

(7) 私達は限られた範囲の自由しかない。　　We have a limited _____ of freedom.

(8) それは有用性が高い。　　　It has great _____.

(9) 彼女は活力がみなぎっている。　　She is full of _____.

(10) 私は任務を完了した。　　　I completed a _____.

(1) fatigue　(2) border　(3) pity　(4) poverty　(5) dust
(6) well-being　(7) scope　(8) utility　(9) vigor　(10) mission

UNIT 123

名詞 4 - 7

単語を見てみよう！

- ① **offspring** [á:fspriŋ] 子孫
- ② **ambulance** [æmbjuləns] 救急車
- ③ **unit** [jú:nit] 単位
- ④ **compromise** [kámprəmàiz] 妥協(する)
- ⑤ **edge** [édʒ] 端・刃
- ⑥ **command** [kəmǽnd] 命令(する)・運用力
- ⑦ **fellow** [félou] 男・仲間
- ⑧ **sight** [sáit] 視界・光景
- ⑨ **institution** [ìnstət(j)ú:ʃən] 機関・制度
- ⑩ **passion** [pǽʃən] 情熱

よく使われる表現も見ておこう！

② Call an ambulance. 救急車を呼んでください。

④ There was a compromise on both sides. 両者に歩み寄りがあった。

⑦ He is a nice fellow. 彼はいいやつです。

⑧ The sea came into sight. 海が見えてきた。

⑩ She has a passion for education. 彼女は教育に情熱を持っている。

■派生語・関連語
⑨ ínstitute 研究所・制定する　⑩ pássionate 情熱的な

NOTES: ③ユニットを組む　⑤エッジを立てる　⑥コマンドを入力

英語で話してみよう！　　　　　　　　　　　　　　　　　　　CD63

(1) 私は彼の命令に従った。　　　　I followed his ＿＿＿.

(2) 彼はいいやつです。　　　　　　He is a nice ＿＿＿.

(3) それは測量の単位だ。　　　　　It is a ＿＿＿ of measurement.

(4) 両者に歩み寄りがあった。　　　There was a ＿＿＿ on both sides.

(5) 彼にはたくさんの子孫がいる。　He has many ＿＿＿.

(6) 海が見えてきた。　　　　　　　The sea came into ＿＿＿.

(7) それは公共機関だ。　　　　　　It is a public ＿＿＿.

(8) 救急車を呼んでください。　　　Call an ＿＿＿.

(9) 彼は崖の端に立った。　　　　　He stood at the ＿＿＿ of the cliff.

(10) 彼女は教育に情熱を持っている。　She has a ＿＿＿ for education.

高校レベル3

---

(1) command　(2) fellow　(3) unit　(4) compromise
(5) offspring　(6) sight　(7) institution　(8) ambulance
(9) edge　(10) passion

UNIT 124

名詞 4 - 8

単語を見てみよう！

- ① **impulse** [ímpʌls] 衝動
- ② **bay** [béi] 湾
- ③ **vehicle** [víːkl] 車
- ④ **riot** [ráiət] 暴動
- ⑤ **might** [máit] 力
- ⑥ **seed** [síːd] 種子
- ⑦ **suicide** [súːəsàid] 自殺
- ⑧ **principle** [prínsəpl] 原則・主義
- ⑨ **statistics** [stətístiks] 統計
- ⑩ **dialogue** [dáiəlɔ̀ːg] 対話

よく使われる表現も見ておこう！

② I bought it on impulse. それを衝動買いした。

④ A riot broke out. 暴動が起こった。

⑦ He committed suicide. 彼は自殺した。

⑧ In principle, I agree. 原則的には賛成です。

⑨ It is based on the statistics. それは統計に基づいている。

■派生語・関連語
⑤ míghty 力強い　⑨ statístical 統計上の

NOTES：②ベイエリア

英語で話してみよう！　　　　　　　　　　　　　　　CD

(1) 私は彼女の車を借りた。　　　I borrowed her _____.

(2) それを衝動買いした。　　　　I bought it on _____.

(3) それは有益な対話だった。　　It was a fruitful _____.

(4) 私は種を植えた。　　　　　　I planted some _____.

(5) 彼は自殺した。　　　　　　　He committed _____.

(6) 私は全力でそれをした。　　　I did it with all my _____.

(7) 原則的には賛成です。　　　　In _____, I agree.

(8) 湾は自然の港だ。　　　　　　The _____ is a natural harbor.

(9) それは統計に基づいている。　It is based on the _____.

(10) 暴動が起こった。　　　　　　A _____ broke out.

---

(1) vehicle　(2) impulse　(3) dialogue　(4) seeds　(5) suicide
(6) might　(7) principle　(8) bay　(9) statistics　(10) riot

UNIT 125

名詞 4 - 9

単語を見てみよう！

- ① **spectator** [spékteitər] 見物人
- ② **sword** [sɔ́ːrd] 剣
- ③ **bottom** [bátəm] 底
- ④ **branch** [bræntʃ] 枝・支店
- ⑤ **heaven** [hévən] 天国
- ⑥ **hell** [hél] 地獄
- ⑦ **department** [dipáːrtmənt] 部門
- ⑧ **monument** [mánjumənt] 記念碑
- ⑨ **obstacle** [ábstəkl] 障害
- ⑩ **surplus** [sɔ́ːrplʌs] 余剰・黒字

よく使われる表現も見ておこう！

② The pen is mightier than the sword. — ペンは剣よりも強し。

④ She broke a branch. — 彼女は枝を折った。

⑦ I am in the sales department. — 私は営業部にいます。

⑧ They built a monument. — 彼らは記念碑を建てた。

⑨ We overcame many obstacles. — 私達は多くの障害を乗り越えた。

■派生語・関連語
① spéctacle 光景　⑧ monuméntal 記念の

NOTES: ①スペクタクル映画　⑦デパート　⑧石のモニュメント

英語で話してみよう！   CD64

(1) 心の底から感謝しています。　　I thank you from the _____ of my heart.

(2) 私達は多くの障害を乗り越えた。　　We overcame many _____.

(3) 多くの見物人が集まった。　　Many _____ gathered.

(4) それはまさに地獄のようだった。　　It was just like _____.

(5) 彼女は枝を折った。　　She broke a _____.

(6) 彼らは記念碑を建てた。　　They built a _____.

(7) 天からの声を聞いた。　　I heard a voice from _____.

(8) ペンは剣よりも強し。　　The pen is mightier than the _____.

(9) 私達は食料が余っている。　　We have a food _____.

(10) 私は営業部にいます。　　I am in the sales _____.

---

(1) bottom　(2) obstacles　(3) spectators　(4) hell　(5) branch
(6) monument　(7) heaven　(8) sword　(9) surplus
(10) department

高校レベル3

UNIT 126

名詞 4 - 10

単語を見てみよう！

- ① **appliance** 器具
  [əpláiəns]
- ② **commerce** 商業
  [kάmərs]
- ③ **priority** 優先
  [praiɔ́:rəti]
- ④ **liquid** 液体（の）
  [líkwid]
- ⑤ **heir** 相続人
  [éər]
- ⑥ **empire** 帝国
  [émpaiər]
- ⑦ **friction** 摩擦
  [fríkʃən]
- ⑧ **site** 場所
  [sáit]
- ⑨ **executive** 執行役員
  [igzékjutiv]
- ⑩ **commodity** 商品
  [kəmάdəti]

よく使われる表現も見ておこう！

② It is the center of commerce. それは商業の中心地だ。

③ This is my first priority. これが私の最優先事項だ。

④ It is a colorless liquid. それは無色の液体だ。

⑧ Where is the site of the accident ? その事故現場はどこですか。

⑨ She is the Chief Executive Officer. 彼女は最高執行役員だ。

■派生語・関連語
② commércial 商業の　③ príor 前の　④ sólid 固体（の）
⑥ émperor 皇帝　⑨ éxecute 実行する

NOTES：③プライオリティーが高い　④ヘアリキッド

英語で話してみよう！　　　　　　　　　　　　　　　CD

(1) それは無色の液体だ。　　　　　It is a colorless _____.

(2) 彼らは高品質の商品を売っている。　　They sell high quality _____.

(3) その事故現場はどこですか。　　Where is the _____ of the accident?

(4) 彼は帝国を打ち立てた。　　　　He built up an _____.

(5) これが私の最優先事項だ。　　　This is my first _____.

(6) 彼がその財産の相続人だ。　　　He is the _____ to the fortune.

(7) 彼らは多くの電気製品を持っている。　They have many electric _____.

(8) 彼女は最高執行役員だ。　　　　She is the Chief _____ Officer.

(9) 彼らの不仲がさらにひどくなった。　The _____ in their relationship has worsened.

(10) それは商業の中心地だ。　　　　It is the center of _____.

---

(1) liquid　(2) commodities　(3) site　(4) empire　(5) priority
(6) heir　(7) appliances　(8) Executive　(9) friction
(10) commerce

UNIT 127

名詞 4-11

単語を見てみよう！

- ① **horror** [hɔ́:rər] 恐怖
- ② **strain** [stréin] 緊張（させる）
- ③ **budget** [bʌ́dʒit] 予算
- ④ **pastime** [pǽstàim] 気晴らし
- ⑤ **interval** [íntərvəl] 間隔
- ⑥ **canal** [kənǽl] 運河
- ⑦ **sorrow** [sárou] 悲しみ
- ⑧ **biography** [baiágrəfi] 伝記
- ⑨ **superstition** [sù:pərstíʃən] 迷信
- ⑩ **peasant** [péznt] 小作農

よく使われる表現も見ておこう！

① I saw a horror movie. 　私は恐怖映画を見た。

③ What is your budget? 　予算はいくらぐらいですか。

④ My favorite pastime is watching DVDs. 　私の好きな気晴らしは DVD を見ることです。

⑤ Trains run at regular intervals. 　列車は一定の間隔で走っている。

⑨ It is only a superstition. 　それはただの迷信だ。

■派生語・関連語
① hórrify 怖がらす　⑨ superstítious 迷信の

NOTES: ①ホラー映画　⑤インターバルトレーニング

英語で話してみよう！　　　　　　　　　　　　　　　CD65

(1) 予算はいくらぐらいですか。　　What is your _____?

(2) 私の好きな気晴らしはDVDを見ることです。　　My favorite _____ is watching DVDs.

(3) それは緊張を和らげてくれる。　　It relieves the _____.

(4) 彼女の伝記がベストセラーになった。　　Her _____ became a bestseller.

(5) 彼の悲しみはわかる。　　I understand his _____.

(6) 私は恐怖映画を見た。　　I saw a _____ movie.

(7) 彼は小作農のような暮らしだった。　　He lived like a _____.

(8) それはただの迷信だ。　　It is only a _____.

(9) 私達はパナマ運河を通った。　　We went through the Panama _____.

(10) 列車は一定の間隔で走っている。　　Trains run at regular _____.

---

(1) budget　(2) pastime　(3) strain　(4) biography
(5) sorrow　(6) horror　(7) peasant　(8) superstition　(9) Canal
(10) intervals

高校レベル3

UNIT 128

名詞 4-12

単語を見てみよう!

- ① **trap** [trǽp] わな
- ② **emergency** [imə́:rdʒənsi] 緊急
- ③ **witness** [wítnis] 目撃者（となる）
- ④ **cell** [sél] 細胞・小部屋
- ⑤ **baggage** [bǽgidʒ] 手荷物
- ⑥ **temper** [témpər] 気質
- ⑦ **sweat** [swét] 汗
- ⑧ **geometry** [dʒiámətri] 幾何
- ⑨ **legend** [lédʒənd] 伝説
- ⑩ **strategy** [strǽtədʒi] 戦略

よく使われる表現も見ておこう!

① I was caught in a trap. 　私はわなにはまった。

② I made an emergency call. 　私は緊急の電話をした。

③ We found a witness. 　私達は目撃者を見つけた。

⑥ She lost her temper. 　彼女はかっとなった。

⑦ No sweat. 　なんてことはない。

■派生語
⑤ lúggage 手荷物　⑥ shórt-témpered 短気の　⑧ geométrical 幾何学の
⑨ légendary 伝説の

NOTES：①ボールをトラップ　⑦スウェットの上下

英語で話してみよう！　　　　　　　　　　　　　　　CD

(1) 手荷物を忘れないように。　　Don't forget your _____.

(2) なんてことはない。　　　　　No _____.

(3) 私はわなにはまった。　　　　I was caught in a _____.

(4) 彼は伝説の男だ。　　　　　　He is a man of _____.

(5) 私は緊急の電話をした。　　　I made an _____ call.

(6) 距離を測るために幾何が使われる。　_____ is used to measure distances.

(7) 彼女はかっとなった。　　　　She lost her _____.

(8) 彼らは戦略を考え出した。　　They devised a _____.

(9) 我々の細胞は分裂している。　Our _____ are dividing.

(10) 私達は目撃者を見つけた。　　We found a _____.

---

(1) baggage　(2) sweat　(3) trap　(4) legend　(5) emergency
(6) Geometry　(7) temper　(8) strategy　(9) cells　(10) witness

UNIT 129

形容詞 4-1

単語を見てみよう！

- ① **constant** [kánstənt] 一定の
- ② **supreme** [səprí:m] 最高の
- ③ **rigid** [rídʒid] 固い
- ④ **vacant** [véikənt] 空いている
- ⑤ **innocent** [ínəs(ə)nt] 無実の・無邪気な
- ⑥ **guilty** [gílti] 有罪の
- ⑦ **modest** [mádist] 控えめな
- ⑧ **casual** [kǽʒuəl] 気軽な・偶然の
- ⑨ **political** [pəlítikəl] 政治的な
- ⑩ **pale** [péil] 青白い

よく使われる表現も見ておこう！

④ The seat is vacant.　　　その席は空いている。

⑤ He was innocent.　　　彼は無罪だった。

⑥ I feel guilty.　　　私は罪悪感を感じる。

⑨ It is a political matter.　　　それは政治的な問題だ。

⑩ You look pale.　　　君は顔が青白い。

■派生語・関連語
④ vácancy 空き　⑤ ínnocence 無実・無邪気　⑥ gúilt 有罪
⑦ módesty 控えめ　⑨ pólitics 政治

NOTES：①コンスタントなペース　⑧カジュアルウェア

英語で話してみよう！　　　　　　　　　　　　　　CD66

(1) 私は罪悪感を感じる。　　　　　I feel _____.

(2) 流行は常に変化している。　　　Fashion is in _____ change.

(3) 彼は無罪だった。　　　　　　　He was _____.

(4) それは最高裁まで行った。　　　It went up to the _____ Court.

(5) 君は顔が青白い。　　　　　　　You look _____.

(6) 彼は固い信念を持っている。　　He has _____ beliefs.

(7) その席は空いている。　　　　　The seat is _____.

(8) 彼は礼儀正しく控えめだ。　　　He is polite and _____.

(9) それは政治的な問題だ。　　　　It is a _____ matter.

(10) 彼女は気軽な服装をしている。　She wears _____ clothes.

---

(1) guilty　(2) constant　(3) innocent　(4) Supreme　(5) pale
(6) rigid　(7) vacant　(8) modest　(9) political　(10) casual

UNIT 130

形容詞 4 - 2

単語を見てみよう！

- ① **conservative** 保守的な
  [kənsə́ːrvətiv]
- ② **radical** 根本（革新）的な
  [rǽdikəl]
- ③ **thorough** 完全な
  [θə́ːrou]
- ④ **ultimate** 究極の
  [ʌ́ltəmət]
- ⑤ **incredible** 信じられない
  [inkrédəbl]
- ⑥ **reluctant** 気の進まない
  [rilʌ́ktənt]
- ⑦ **grave** 重大な
  [gréiv]
- ⑧ **identical** 同一の
  [aidéntikəl]
- ⑨ **rational** 合理的な
  [rǽʃənl]
- ⑩ **rare** まれな
  [réər]

よく使われる表現も見ておこう！

④ What's your ultimate goal?   君の最終的な目標は何ですか。

⑤ The cost was incredible.   その費用は信じられないものだった。

⑥ I'm reluctant to join them.   彼らに加わるのは気が進まない。

⑦ I made a grave mistake.   私は重大な間違いをした。

⑩ It is a rare case.   それはまれなケースだ。

■派生語・関連語
① consérve 保存する   ⑦ grávity 重大さ・重力   ⑧ idéntify 同一視する
⑨ rationálity 合理性   ⑩ rárely めったにない

NOTES：⑩レアな商品

英語で話してみよう！　　　　　　　　　　　　　　　　　CD

(1) それは合理的な決定だった。　　It was a _____ decision.

(2) 私達は徹底的な検査をした。　　We did a _____ check-up.

(3) 彼はあらゆることに保守的だ。　　He is _____ about everything.

(4) 彼らに加わるのは気が進まない。　　I'm _____ to join them.

(5) 彼らは根本的な変革を行った。　　They made a _____ change.

(6) 私は重大な間違いをした。　　I made a _____ mistake.

(7) その費用は信じられないものだった。　　The cost was _____.

(8) それらは色を除けば同じだ。　　They are _____ except for color.

(9) それはまれなケースだ。　　It is a _____ case.

(10) 君の最終的な目標は何ですか。　　What's your _____ goal?

---

(1) rational　(2) thorough　(3) conservative　(4) reluctant
(5) radical　(6) grave　(7) incredible　(8) identical　(9) rare
(10) ultimate

高校レベル3

UNIT 131

形容詞 4-3

単語を見てみよう！

- ① **moderate** [mád(ə)rət] 穏やかな
- ② **tender** [téndər] 優しい
- ③ **deliberate** [dilíbərət] 故意の・慎重な
- ④ **superior** [səpí(ə)riər] 優れた
- ⑤ **inferior** [infí(ə)riər] 劣った
- ⑥ **stubborn** [stʌ́bərn] 頑固な
- ⑦ **minute** [main(j)úːt] 細かい
- ⑧ **awake** [əwéik] 起きた・起きる
- ⑨ **evil** [íːvəl] 邪悪な
- ⑩ **compact** [kəmpǽkt] 小型の

よく使われる表現も見ておこう！

① Moderate exercise is necessary. 適度な運動が必要だ。

④ His skill is superior to mine. 彼の技術は私のものより優れている。

⑤ I'm inferior to her in knowledge. 私は彼女より知識で劣る。

⑥ He is a stubborn old man. 彼は頑固な老人だ。

⑧ I was awake at 2 am. 午前2時に起きていた。

■派生語・関連語
② ténderness 優しさ　③ deliberátion 熟考　④ superiórity 優越
⑤ inferiórity 劣等　⑥ stúbbornness 頑固さ

NOTES: ④（音楽用語の）モデラート　⑩コンパクトな機材

英語で話してみよう！　　　　　　　　　　　　　　CD67

(1) 彼は頑固な老人だ。　　　　　　He is a _____ old man.

(2) 午前2時に起きていた。　　　　　I was _____ at 2 am.

(3) 彼女は優しい心をしている。　　　She has a _____ heart.

(4) 適度な運動が必要だ。　　　　　　_____ exercise is necessary.

(5) それは邪悪な行為だ。　　　　　　It is an _____ act.

(6) 彼は意図的に私達を妨げようとした。　He made a _____ attempt to stop us.

(7) 彼の技術は私のものより優れている。　His skill is _____ to mine.

(8) 彼女は細かいことにこだわる。　　She cares about _____ things.

(9) 私は彼女より知識で劣る。　　　　I'm _____ to her in knowledge.

(10) 私は小型のビデオカメラが欲しい。　I want a _____ video camera.

---

(1) stubborn　(2) awake　(3) tender　(4) Moderate　(5) evil
(6) deliberate　(7) superior　(8) minute　(9) inferior　(10) compact

UNIT 132

形容詞4-4

単語を見てみよう！

- ① **temporary** 一時的な [témpərèri]
- ② **contemporary** 現代の [kəntémpərèri]
- ③ **generous** 寛大な [dʒén(ə)rəs]
- ④ **prompt** すばやい [prámpt]
- ⑤ **athletic** 運動の [æθlétik]
- ⑥ **rough** 粗い [ráf]
- ⑦ **feminine** 女らしい [fémənin]
- ⑧ **masculine** 男らしい [mǽskjulin]
- ⑨ **virtual** 事実上の [vɚ́ːrtʃuəl]
- ⑩ **sensible** 分別のある [sénsəbl]

よく使われる表現も見ておこう！

① This is my temporary job. これは私の臨時の仕事だ。

② I like contemporary music. 私は現代の音楽が好きだ。

③ I appreciate your generous offer. あなたの寛大な申し出に感謝します。

⑥ I made a rough calculation. 私は概算をした。

⑩ She made a sensible choice. 彼女は分別のある選択をした。

■派生語・関連語
③ generósity 寛大さ ⑤ áthlete 運動選手 ⑩ sénsitive 敏感な

NOTES: ⑤アスリート　⑥ラフな服装　⑨バーチャルな世界

英語で話してみよう！　　　　　　　　　　　　　CD

(1) 彼女は多少男っぽい。　　　　　She is somewhat _____.

(2) 私は現代の音楽が好きだ。　　　I like _____ music.

(3) それは事実上の失敗だ。　　　　It is a _____ failure.

(4) 私達は運動会を行った。　　　　We had an _____ meet.

(5) あなたは女性の特質がわかっていますか。　　Do you understand _____ nature?

(6) 私は概算をした。　　　　　　　I made a _____ calculation.

(7) 彼らはすばやい行動をとった。　They took _____ actions.

(8) あなたの寛大な申し出に感謝します。　　I appreciate your _____ offer.

(9) 彼女は分別のある選択をした。　She made a _____ choice.

(10) これは私の臨時の仕事だ。　　　This is my _____ job.

---

(1) masculine　(2) contemporary　(3) virtual　(4) athletic
(5) feminine　(6) rough　(7) prompt　(8) generous　(9) sensible
(10) temporary

UNIT 133

形容詞 4 - 5

単語を見てみよう！

- ① **dominant** [dάmənənt] 支配的な
- ② **selfish** [sélfiʃ] 利己的な
- ③ **brutal** [brúːtl] 残虐な
- ④ **tiny** [táini] 小さな
- ⑤ **active** [ǽktiv] 積極的な
- ⑥ **passive** [pǽsiv] 消極的な
- ⑦ **tame** [téim] なれた・飼いならす
- ⑧ **eloquent** [éləkwənt] 雄弁な
- ⑨ **efficient** [ifíʃənt] 効率のよい
- ⑩ **distinct** [distíŋkt] 際立った

よく使われる表現も見ておこう！

① He is a dominant figure. 彼は有力者だ。

② You are so selfish. あなたは本当に利己的だ。

④ I found a tiny hole. 私は小さな穴を見つけた。

⑤ She is active in the community. 彼女は地域の中で活動的だ。

⑦ This dog is tame. この犬は飼いならされている。

■派生語・関連語
① dóminate 支配する ③ brutálity 残虐性 ⑨ efficiency 効率
⑩ distínction 区別

NOTES: ⑤アクティブな行動

英語で話してみよう！ CD68

(1) あなたは本当に利己的だ。   You are so _____.

(2) この方法はとても効率がよい。   This method is very _____.

(3) 彼女は地域の中で活動的だ。   She is _____ in the community.

(4) 彼は有力者だ。   He is a _____ figure.

(5) 私達ははっきりとした違いがわかる。   We can find a _____ difference.

(6) 残虐な殺人が起こった。   A _____ murder occurred.

(7) この犬は飼いならされている。   This dog is _____.

(8) 彼は雄弁な話し手だ。   He is an _____ speaker.

(9) 私は小さな穴を見つけた。   I found a _____ hole.

(10) 君は消極的な取り組み方をしている。   You have a _____ approach.

---

(1) selfish (2) efficient (3) active (4) dominant (5) distinct
(6) brutal (7) tame (8) eloquent (9) tiny (10) passive

UNIT 134

形容詞 4-6

単語を見てみよう！

- ① **hostile** [hástl] 敵意のある
- ② **critical** [krítikəl] 重大な・批判の
- ③ **punctual** [pʌ́ŋktʃuəl] 時間に正確な
- ④ **shallow** [ʃǽlou] 浅い
- ⑤ **cruel** [krúːəl] 残酷な
- ⑥ **intimate** [íntəmət] 親しい
- ⑦ **subjective** [səbdʒéktiv] 主観的な
- ⑧ **objective** [əbdʒéktiv] 客観的な・目標
- ⑨ **brief** [bríːf] 短い
- ⑩ **chemical** [kémikəl] 化学の・化学品

よく使われる表現も見ておこう！

① She has hostile feelings towards me. — 彼女は私に敵意を感じている。

② He is in critical condition. — 彼は重体です。

③ You should be punctual. — 君は時間を守るべきだ。

⑥ We are intimate friends. — 私達は親友です。

⑨ Be brief and to the point. — 手短に、そして的確に。

■派生語・関連語
① hostílity 敵意 ⑤ crúelty 残酷さ ⑥ íntimacy 親密さ

NOTES: ⑨ブリーフケース　⑩ケミカル製品

英語で話してみよう！　　　　　　　　　　　　　　　CD

(1) 海は浅かった。　　　　　　　The sea was _____.

(2) 君は時間を守るべきだ。　　　　You should be _____.

(3) 彼女は私に敵意を感じている。　She has _____ feelings towards me.

(4) 化学反応が起こった。　　　　　A _____ reaction took place.

(5) 彼は重体です。　　　　　　　　He is in _____ condition.

(6) それは私の主観的な考えです。　It's my _____ view.

(7) 手短に、そして的確に。　　　　Be _____ and to the point.

(8) 私には客観的なデータがある。　I have _____ data.

(9) 私達は親友です。　　　　　　　We are _____ friends.

(10) 彼は残酷な仕打ちを受けた。　　He was treated in a _____ way.

---

(1) shallow　(2) punctual　(3) hostile　(4) chemical　(5) critical
(6) subjective　(7) brief　(8) objective　(9) intimate　(10) cruel

UNIT 135

形容詞 4-7

単語を見てみよう！

- ① **legal** [líːgəl] 法的な
- ② **concise** [kənsáis] 簡潔な
- ③ **ridiculous** [ridíkjuləs] 奇妙な
- ④ **splendid** [spléndid] 素晴らしい
- ⑤ **vast** [vǽst] 広大な
- ⑥ **diligent** [dílədʒənt] 勤勉な
- ⑦ **flat** [flǽt] 平らな
- ⑧ **remote** [rimóut] 遠い
- ⑨ **vain** [véin] 無駄（な）
- ⑩ **mutual** [mjúːtʃuəl] 相互の

よく使われる表現も見ておこう！

① We will take legal action. 　　我々は法的措置をとる。

③ What a ridiculous idea! 　　なんて奇妙な考えなんだ。

⑥ She is a diligent student. 　　彼女は勤勉な学生だ。

⑦ I got a flat tire. 　　タイヤがパンクした。

⑨ It was a vain attempt. 　　それは無駄な試みだった。

■派生語・関連語
① illégal 違法の　⑥ díligence 勤勉　⑩ mutuálity 相互関係

NOTES：⑦フラットな面　⑧リモコン（remote control）

英語で話してみよう！　　　　　　　　　　　　　　　CD69

(1) あなたは素晴らしい夜景を　　You can enjoy a _____ night
　　楽しむことができる。　　　　view.

(2) 我々は法的措置をとる。　　　We will take _____ action.

(3) タイヤがパンクした。　　　　I got a _____ tire.

(4) それは遠い過去のことだ。　　It is in the _____ past.

(5) それは無駄な試みだった。　　It was a _____ attempt.

(6) 彼女は勤勉な学生だ。　　　　She is a _____ student.

(7) 彼女の説明は簡潔だった。　　Her explanation was _____.

(8) なんて奇妙な考えなんだ。　　What a _____ idea!

(9) それはお互いの利益になる。　It is of _____ benefit.

(10) 大多数がそれに反対した。　　The _____ majority opposed it.

高校レベル3

(1) splendid　(2) legal　(3) flat　(4) remote　(5) vain
(6) diligent　(7) concise　(8) ridiculous　(9) mutual　(10) vast

UNIT 136

形容詞 4 - 8

単語を見てみよう！

- ① **vague** [véig] あいまいな
- ② **neat** [níːt] きちんとした
- ③ **illiterate** [ilítərət] 字の読めない
- ④ **diverse** [divə́ːrs] 様々な
- ⑤ **faint** [féint] かすかな・気絶する
- ⑥ **neutral** [n(j)úːtrəl] 中立的な
- ⑦ **elaborate** [ilǽbərət] 入念な
- ⑧ **bare** [béər] 裸の
- ⑨ **vital** [váitl] 重要な
- ⑩ **humid** [hjúːmid] 湿度の高い

よく使われる表現も見ておこう！

② The room was neat. その部屋はきちんとしていた。

③ I'm computer illiterate. 私はコンピュータが使えない。

⑤ There was a faint sound. かすかな音がした。

⑦ We made an elaborate plan. 私達は入念な計画を立てた。

⑩ It is hot and humid. 暑く、湿度が高い。

■派生語・関連語
③ líteracy 識字能力　④ divérsity 多様性　⑩ humídity 湿度

NOTES：⑥ニュートラルな視点

英語で話してみよう！　　　　　　　　　　　　　　　CD

(1) 暑く、湿度が高い。　　　　　　It is hot and _____.

(2) 私は中立の立場を維持した。　　I kept a _____ position.

(3) かすかな音がした。　　　　　　There was a _____ sound.

(4) 人々には様々な癖がある。　　　People have _____ habits.

(5) その部屋はきちんとしていた。　The room was _____.

(6) 彼は裸足だった。　　　　　　　His feet were _____.

(7) それは私達の生活にとって重要だ。　It is _____ for our life.

(8) 私はコンピュータが使えない。　I'm computer _____.

(9) 彼の答えはあいまいだった。　　His answer was _____.

(10) 私達は入念な計画を立てた。　　We made an _____ plan.

---

(1) humid (2) neutral (3) faint (4) diverse (5) neat
(6) bare (7) vital (8) illiterate (9) vague (10) elaborate

UNIT 137

副詞 4-1

単語を見てみよう！

- ① **otherwise** [ʌ́ðərwàiz] さもなければ
- ② **eventually** [ivéntʃuəli] 結局
- ③ **therefore** [ðéərfɔːr] それゆえに
- ④ **mostly** [móustli] 大部分
- ⑤ **approximately** [əpráksəmətli] およそ
- ⑥ **quite** [kwáit] 全く
- ⑦ **literally** [lítərəli] 文字どおり
- ⑧ **indeed** [indíːd] 実際
- ⑨ **gradually** [grǽdʒuəli] 徐々に
- ⑩ **moreover** [mɔːróuvər] さらに

よく使われる表現も見ておこう！

① Otherwise, I wouldn't go. そうでなかったら行かない。

② Eventually everybody agreed. 結局みんな賛成した。

③ Therefore, we were happy. それで私達は喜んだ。

⑤ It takes approximately 1 hour. およそ1時間かかる。

⑥ It's quite natural. それは全く当然だ。

■派生語・関連語
③ thús それゆえに ⑧ áctually 実際 ⑩ fúrthermore さらに

NOTES：⑦レタリング（lettering）

英語で話してみよう！　　　　　　　　　　　　CD70

(1) 彼は文字どおり英雄だ。　　　　He is _____ a hero.

(2) 結局みんな賛成した。　　　　　_____ everybody agreed.

(3) およそ1時間かかる。　　　　　It takes _____ 1 hour.

(4) 彼らは大部分が学生だ。　　　　They are _____ students.

(5) 彼は徐々に回復している。　　　He's recovering _____.

(6) さらに、それは無料だ。　　　　_____, it is free.

(7) それで私達は喜んだ。　　　　　_____, we were happy.

(8) それは全く当然だ。　　　　　　It's _____ natural.

(9) そうでなかったら行かない。　　_____, I wouldn't go.

(10) 実際、彼女は信頼できる。　　　_____, she is reliable.

---

(1) literally (2) Eventually (3) approximately (4) mostly
(5) gradually (6) Moreover (7) Therefore (8) quite
(9) Otherwise (10) Indeed

いよいよ残りはあと1グループです。単語集の最後の方は単語が押し込められたりすることもあるようですが、本書ではこれまでと全く同じレイアウトですから、最後の一単語まで同じ要領で読み進むことができます。

せっかくここまで来たのですから、完走をめざしましょう。UNIT 1 からスタートして1720語不倒記録（つまり、すべて言える）を目標に掲げてみるのはいかがですか。

Group 4　の不規則動詞

2 sink/sank/sunk
3 arise/arose/arisen
5 cast/cast/cast
   steal/stole/stolen
   forgive/forgave/forgiven
6 tear/tore/torn
7 weep/wept/wept
8 withdraw/withdrew/withdrawn
9 overtake/overtook/overtaken
   bear/bore/born(e)
11 undergo/underwent/undergone
12 dwell/dwelt/dwelt (*or* -ed)
13 undertake/undertook/undertaken

Group5 (UNIT 138-172)
(高校レベル 4)

UNIT 138

動詞 5-1

単語を見てみよう！

- ① **lessen** [lésn] 減らす
- ② **conform** [kənfɔ́:rm] 一致する
- ③ **reinforce** [rì:infɔ́:rs] 強化する
- ④ **circulate** [sə́:rkjulèit] 循環する
- ⑤ **forbid** [fərbíd] 禁じる
- ⑥ **bloom** [blú:m] 咲く
- ⑦ **esteem** [istí:m] 尊敬（する）
- ⑧ **startle** [stá:rtl] 驚かす
- ⑨ **decline** [dikláin] 断る・衰える
- ⑩ **abound** [əbáund] 豊富にある

よく使われる表現も見ておこう！

① It lessens my stress. — それはストレスを軽減してくれる。

④ The rumor circulated quickly. — そのうわさはすぐに広まった。

⑤ She is forbidden from going out. — 彼女は外出を禁じられている。

⑥ This flower blooms in spring. — この花は春に咲く。

⑨ I declined the invitation. — 私は招待を断った。

■派生語・関連語
② confórmity 一致　③ reinfórcement 強化
④ circulátion 循環　circle 円　⑩ abúndant 豊富な

NOTES：④サークル（circle）活動

英語で話してみよう！　　　　　　　　　　　　　　CD71

(1) 私は招待を断った。　　　　　　I _____ the invitation.

(2) こちらの希望に合わせてください。　　Please _____ to our wishes.

(3) 彼女は外出を禁じられている。　　She is _____ from going out.

(4) 私はその光景に驚いた。　　　　I was _____ by the sight.

(5) この川には魚がたくさんいる。　　Fish _____ in this river.

(6) それはストレスを軽減してくれる。　　It _____ my stress.

(7) 彼はリーダーとして尊敬されている。　　He is _____ as a leader.

(8) そのうわさはすぐに広まった。　　The rumor _____ quickly.

(9) 強化ガラスが使われている。　　_____ glass is used.

(10) この花は春に咲く。　　　　　　This flower _____ in spring.

---

(1) declined　(2) conform　(3) forbidden　(4) startled
(5) abound　(6) lessens　(7) esteemed　(8) circulated
(9) Reinforced　(10) blooms

UNIT 139

動詞 5-2

単語を見てみよう！

- ① **cheat** [tʃíːt] だます
- ② **accumulate** [əkjúːmjulèit] 蓄積する
- ③ **contradict** [kàntrədíkt] 矛盾する
- ④ **alarm** [əláːrm] 警戒させる・警報
- ⑤ **foresee** [fɔːrsíː] 予見する
- ⑥ **dye** [dái] 染める
- ⑦ **restrict** [ristríkt] 制限する
- ⑧ **leap** [líːp] 跳ぶ（こと）
- ⑨ **spill** [spíl] こぼす
- ⑩ **oblige** [əbláidʒ] 義務づける

よく使われる表現も見ておこう！

① He cheated on a test.　　彼はテストでカンニングをした。

⑤ We can't foresee the future.　　私達は未来を予見できない。

⑥ She dyed her hair.　　彼女は髪を染めた。

⑦ This is a restricted area.　　ここは立ち入り禁止区域だ。

⑨ I spilled water on the floor.　　私は床に水をこぼした。

■派生語・関連語
② accumulátion 蓄積　③ contradíction 矛盾　⑤ foretéll 予言する
⑦ restríction 制限　⑩ obligátion 義務

NOTES:④アラームの設定　⑥ヘアダイ

英語で話してみよう！　　　　　　　　　　　　　　　　CD

(1) 彼女は髪を染めた。　　　　　She _____ her hair.

(2) それは君の言ったことと矛盾する。　　　It _____ what you said.

(3) ここは立ち入り禁止区域だ。　　This is a _____ area.

(4) 彼は塀を跳び越えた。　　　　He _____ over a fence.

(5) あなたに大変感謝しています。　I am much _____ to you.

(6) 私達は未来を予見できない。　　We can't _____ the future.

(7) その音は彼らを警戒させた。　　The sound _____ them.

(8) ゴミはすぐにたまる。　　　　Trash _____ quickly.

(9) 彼はテストでカンニングをした。　　He _____ on a test.

(10) 私は床に水をこぼした。　　　I _____ water on the floor.

---

(1) dyed　(2) contradicts　(3) restricted　(4) leaped
(5) obliged　(6) foresee　(7) alarmed　(8) accumulates
(9) cheated　(10) spilled

UNIT 140

動詞5-3

単語を見てみよう！

- ① **preoccupy** [priːɑ́kjəpai] 夢中にさせる
- ② **distribute** [distríbjuːt] 分配する
- ③ **illuminate** [ilúːmənèit] 照らす
- ④ **contend** [kənténd] 争う
- ⑤ **presume** [prizúːm] 推定する
- ⑥ **sew** [sóu] 縫う
- ⑦ **digest** [daidʒést] 消化する
- ⑧ **stick** [stík] くっつく・突き刺す
- ⑨ **classify** [klǽsəfài] 分類する
- ⑩ **illustrate** [íləstrèit] 例証する

よく使われる表現も見ておこう！

① He is preoccupied with gambling.	彼はギャンブルに夢中だ。
② They distributed the profit.	彼らは利益を分配した。
⑥ I'm sewing a kimono.	私は着物を縫っている。
⑦ These are easy to digest.	これらは消化しやすい。
⑨ I classified the books.	私は本の分類をした。

■派生語・関連語
① preoccupátion 夢中 ② distribútion 分配 ③ illuminátion 照明
④ conténtion 争い ⑤ presúmption 推定 ⑦ digéstion 消化
⑨ classificátion 分類 ⑩ illustrátion 例示

NOTES：③イルミネーション　⑥ホームソーイング　⑩イラスト

英語で話してみよう！　　　　　　　　　　　　　CD72

(1) 私は着物を縫っている。　　　　I'm _____ a kimono.

(2) 彼らは利益を分配した。　　　　They _____ the profit.

(3) 彼はギャンブルに夢中だ。　　　He is _____ with gambling.

(4) 彼は最初の計画に固執している。　He _____ to the original plan.

(5) それは彼のやる気を示している。　It _____ his motivation.

(6) 星が空を照らす。　　　　　　　Stars _____ the sky.

(7) 私は本の分類をした。　　　　　I _____ the books.

(8) 彼は今働いていると思う。　　　I _____ he is working now.

(9) 彼らは勝利を求めて争った。　　They _____ for the victory.

(10) これらは消化しやすい。　　　　These are easy to _____.

---

(1) sewing　(2) distributed　(3) preoccupied　(4) sticks
(5) illustrates　(6) illuminate　(7) classified　(8) presume
(9) contended　(10) digest

UNIT 141

動詞 5-4

単語を見てみよう！

- ① **burst** [bə́ːrst] 破裂する
- ② **exceed** [iksíːd] 超える
- ③ **magnify** [mǽgnəfài] 拡大する
- ④ **prolong** [prəlɔ́ːŋ] 延長する
- ⑤ **dispose** [dispóuz] 処理(配置)する
- ⑥ **inspire** [inspáiər] 奮起させる
- ⑦ **penetrate** [pénətrèit] 貫く
- ⑧ **applaud** [əplɔ́ːd] 拍手する
- ⑨ **reside** [rizáid] 住む
- ⑩ **cease** [síːs] 止む

よく使われる表現も見ておこう！

② It exceeds the limit. それは限界を超えている。

⑤ I disposed of the garbage. 私は生ごみの処理をした。

⑥ I was inspired by his story. 私は彼の話に刺激を受けた。

⑦ It penetrates the skin. それは皮膚にしみ込む。

⑩ Our friendship has ceased. 私達の友情は終わった。

■派生語・関連語
② excéss 超過　⑤ dispósal 処分　⑥ inspirátion 刺激・ひらめき
⑦ penetrátion 貫通　⑧ appláuse 拍手　⑨ résidence 住宅
⑩ cessátion 中止

NOTES：①タイヤのバースト　⑥インスピレーションがわく

英語で話してみよう！　　　　　　　　　　　　　　　　CD

(1) 滞在を延ばしませんか。　　　　Will you _____ your stay?

(2) それは限界を超えている。　　　It _____ the limit.

(3) 私は虫めがねを使った。　　　　I used a _____ glass.

(4) 聴衆は彼女に拍手を送った。　　The audience _____ her.

(5) 私は生ごみの処理をした。　　　I _____ of the garbage.

(6) 彼女は急に泣き出した。　　　　She _____ out crying.

(7) それは皮膚にしみ込む。　　　　It _____ the skin.

(8) 私達の友情は終わった。　　　　Our friendship has _____.

(9) 私は彼の話に刺激を受けた。　　I was _____ by his story.

(10) 私は大学構内に住んでいる。　　I _____ on campus.

---

(1) prolong　(2) exceeds　(3) magnifying　(4) applauded
(5) disposed　(6) burst　(7) penetrates　(8) ceased
(9) inspired　(10) reside

UNIT 142

動詞 5-5

単語を見てみよう！

- ① **deprive** [dipráiv] 奪う
- ② **resign** [rizáin] 辞職する
- ③ **ascend** [əsénd] 上がる
- ④ **descend** [disénd] 下がる
- ⑤ **frown** [fráun] 顔をしかめる
- ⑥ **strive** [stráiv] 努力する
- ⑦ **govern** [gʌ́vərn] 治める
- ⑧ **compel** [kəmpél] 強いる
- ⑨ **enhance** [inhǽns] 高める
- ⑩ **exhaust** [igzɔ́:st] 使い果たす・排出

よく使われる表現も見ておこう！

② I decided to resign. 　私は辞職することに決めた。

⑤ She frowned at the idea. 　彼女はその考えに顔をしかめた。

⑦ He governs the nation. 　彼がその国を治めている。

⑨ It enhances the flavor. 　それが風味を高める。

⑩ I'm exhausted. 　私は疲れきっている。

■派生語・関連語
② resignátion 辞職　⑧ compúlsion 強制

NOTES：⑨エンハンスド・モデル　⑩エグゾースト音

英語で話してみよう！　　　　　　　　　　　CD73

(1) 飛行機が降下している。　　　　The plane is _____.

(2) 彼らは私からその機会を奪った。　They _____ me of the chance.

(3) 彼がその国を治めている。　　　He _____ the nation.

(4) 彼女はその考えに顔をしかめた。　She _____ at the idea.

(5) 彼女は完璧をめざして努力した。　She _____ for perfection.

(6) 私は疲れきっている。　　　　　I'm _____.

(7) 私は辞職することに決めた。　　I decided to _____.

(8) 我々は頂上に向かって登った。　We _____ toward the top.

(9) それが風味を高める。　　　　　It _____ the flavor.

(10) 私は戻らざるをえなかった。　　I was _____ to return.

---

(1) descending　(2) deprived　(3) governs　(4) frowned
(5) strived　(6) exhausted　(7) resign　(8) ascended
(9) enhances　(10) compelled

UNIT 143

動詞 5-6

単語を見てみよう！

- ① **conquer** [káŋkər] 征服する
- ② **interact** [ìntərǽkt] 相互作用する
- ③ **scatter** [skǽtər] まき散らす
- ④ **breed** [bríːd] 繁殖させる
- ⑤ **assemble** [əsémbl] 集まる・組み立てる
- ⑥ **multiply** [mʌ́ltəplài] 増える
- ⑦ **glow** [glóu] 光を放つ
- ⑧ **inquire** [inkwáiər] 尋ねる
- ⑨ **exploit** [eksplɔ́it] 利用する
- ⑩ **omit** [oumít] 省略する

よく使われる表現も見ておこう！

① They conquered the market. 彼らは市場を征服した。

③ Clothes were scattered about. 服がまき散らされていた。

⑥ The number is multiplying. その数は増えている。

⑧ I inquired about her condition. 私は彼女の状態を尋ねた。

⑩ I omitted details. 私は詳細を省いた。

■派生語・関連語
① cónquest 征服　② interáction 相互作用　⑤ assémbly 集会・組み立て
⑥ multiplicátion 増加・掛け算　⑨ exploitátion 利用　⑩ omíssion 省略

NOTES：②インタラクティブな通信　④ブリーダー　⑥マルチ商法

英語で話してみよう！　　　　　　　　　　　　　　　CD

(1) ろうそくが光を放っている。　　A candle _____.

(2) 服がまき散らされていた。　　　Clothes were _____ about.

(3) それらは互いに作用している。　They _____ with each other.

(4) 私は彼女の状態を尋ねた。　　　I _____ about her condition.

(5) 彼らは市場を征服した。　　　　They _____ the market.

(6) 人々が集まり始めた。　　　　　People started to _____.

(7) 私は詳細を省いた。　　　　　　I _____ details.

(8) 彼らは犬を繁殖させている。　　They _____ dogs.

(9) 私は有利な立場を利用した。　　I _____ the advantage.

(10) その数は増えている。　　　　　The number is _____.

---

(1) glows　(2) scattered　(3) interact　(4) inquired
(5) conquered　(6) assemble　(7) omitted　(8) breed
(9) exploited　(10) multiplying

UNIT 144

動詞 5-7

単語を見てみよう！

- ① **tremble** [trémbl] 震える
- ② **astonish** [əstániʃ] 驚かす
- ③ **scream** [skríːm] 絶叫する
- ④ **reap** [ríːp] 刈る
- ⑤ **approve** [əprúːv] 承認する
- ⑥ **testify** [téstəfài] 証言する
- ⑦ **signify** [sígnəfài] 表す
- ⑧ **betray** [bitréi] 裏切る
- ⑨ **eliminate** [ilímənèit] 除く
- ⑩ **resume** [riz(j)úːm] 回復する

よく使われる表現も見ておこう！

① I was trembling with cold.	私は寒さで震えていた。
③ She screamed for help.	彼女は大声で助けを求めた。
⑥ He testified in the court.	彼は裁判所で証言した。
⑧ She betrayed us.	彼女は私達を裏切った。
⑩ They resumed relations.	彼らは関係を回復させた。

■派生語・関連語
② astónishment 驚き　⑤ appróval 承認　⑨ eliminátion 除外
⑩ resúmption 回復

NOTES：⑩リジューム機能

英語で話してみよう！　　　　　　　　　　　　　　　　　CD74

(1) 私は寒さで震えていた。　　　　I was _____ with cold.

(2) 豊作だった。　　　　　　　　　We _____ a rich harvest.

(3) その薬は認可された。　　　　　The drug was _____.

(4) 彼女は私達を裏切った。　　　　She _____ us.

(5) 彼は裁判所で証言した。　　　　He _____ in the court.

(6) 私達は古い制度を排除した。　　We _____ the old system.

(7) 彼の出現は私を驚かせた。　　　His appearance _____ me.

(8) 彼らは関係を回復させた。　　　They _____ relations.

(9) 微笑みは幸福を表す。　　　　　A smile _____ happiness.

(10) 彼女は大声で助けを求めた。　 She _____ for help.

---

(1) trembling (2) reaped (3) approved (4) betrayed
(5) testified (6) eliminated (7) astonished (8) resumed
(9) signifies (10) screamed

UNIT 145

動詞 5-8

単語を見てみよう！

- ① **long** [lɔ́:ŋ] 望む
- ② **gratify** [grǽtəfài] 満足させる
- ③ **attribute** [ətríbju:t] せいにする
- ④ **renounce** [rináuns] 放棄する
- ⑤ **exert** [igzə́:rt] 発揮する
- ⑥ **suspend** [səspénd] 停止する
- ⑦ **intrude** [intrú:d] 侵入する
- ⑧ **discriminate** [diskrímənèit] 差別する
- ⑨ **convert** [kənvə́:rt] 変換する
- ⑩ **inherit** [inhérit] 相続する

よく使われる表現も見ておこう！

① We long for peace. 　　　　私達は平和を望む。

⑤ She exerted her influence. 　彼女は影響力を発揮した。

⑥ The match was suspended. 　その試合は中断された。

⑦ Don't intrude on my privacy. 　私のプライバシーに立ち入らないで。

⑧ They discriminated against women workers. 　彼らは女性労働者を差別していた。

■派生語・関連語
② gratificátion 満足感　⑤ exértion 発揮　⑥ suspénsion 停止
⑦ intrúsion 侵入　⑧ discrimination 差別　⑨ convérsion 変換
⑩ inhéritance 相続

NOTES：⑥ズボンのサスペンダー

英語で話してみよう！　　　　　　　　　　　　　　　　CD

(1) 私はここにいられて満足だ。　　I'm _____ to be here.

(2) 彼女は影響力を発揮した。　　　She _____ her influence.

(3) 私のプライバシーに立ち入らないで。　　Don't _____ on my privacy.

(4) 光がエネルギーに変換される。　　Light is _____ to energy.

(5) 彼らは女性労働者を差別していた。　　They _____ against women workers.

(6) 私は家と土地を相続した。　　I _____ the house and land.

(7) 私達は平和を望む。　　We _____ for peace.

(8) 私の成功は彼のおかげです。　　I _____ my success to him.

(9) その試合は中断された。　　The match was _____.

(10) 彼女は自分の権利を放棄した。　　She _____ her right.

---

(1) gratified　(2) exerted　(3) intrude　(4) converted
(5) discriminated　(6) inherited　(7) long　(8) attribute
(9) suspended　(10) renounced

UNIT 146

動詞 5-9

単語を見てみよう！

- ① **sophisticate** [səfístəkèit] 洗練する
- ② **dedicate** [dédikèit] 捧げる
- ③ **aspire** [əspáiər] 熱望する
- ④ **revenge** [rivéndʒ] 復讐（する）
- ⑤ **constitute** [kánstət(j)ù:t] 構成する
- ⑥ **lean** [lí:n] 傾く・やせた
- ⑦ **cling** [klíŋ] くっつく
- ⑧ **recollect** [rèkəlékt] 思い出す
- ⑨ **swallow** [swálou] のみ込む
- ⑩ **donate** [dóuneit] 寄付する

よく使われる表現も見ておこう！

① She is a sophisticated lady. 彼女は洗練された女性だ。

⑥ He is leaning against the wall. 彼は壁にもたれている。

⑧ I still recollect that event. その出来事を今も思い出す。

⑨ I swallowed an ice cube. 私は角氷をのみ込んだ。

⑩ I donated blood. 私は献血をした。

■派生語・関連語
② dedicátion 献身　③ aspirátion 熱望　⑤ constitútion 構成・憲法
⑧ recolléction 思い出　⑩ donátion 寄付

NOTES: ④リベンジする

英語で話してみよう！　　　　　　　　　　　　　　　　　CD75

(1) 私はその曲を彼女に捧げた。　　I _____ the song to her.

(2) その出来事を今も思い出す。　　I still _____ that event.

(3) 彼は壁にもたれている。　　He is _____ against the wall.

(4) 彼女は医師になることを熱望している。　　She _____ to become a doctor.

(5) 彼女は洗練された女性だ。　　She is a _____ lady.

(6) 私は彼らに復讐した。　　I _____ myself on them.

(7) 私は角氷をのみ込んだ。　　I _____ an ice cube.

(8) 彼女は彼の腕にしがみついている。　　She _____ to his arm.

(9) 私は献血をした。　　I _____ blood.

(10) 10人で過半数になる。　　Ten members _____ a majority.

---

(1) dedicated　(2) recollect　(3) leaning　(4) aspires
(5) sophisticated　(6) revenged　(7) swallowed　(8) clings
(9) donated　(10) constitute

UNIT 147

動詞 5-10

単語を見てみよう！

- ① **infect** [infékt] 感染させる
- ② **expel** [ikspél] 排除する
- ③ **gaze** [géiz] 見つめる
- ④ **flourish** [flə́:riʃ] 繁栄する
- ⑤ **swear** [swéər] 誓う
- ⑥ **dispute** [dispjú:t] 論争（する）
- ⑦ **soak** [sóuk] 浸す
- ⑧ **obstruct** [əbstrʌ́kt] 妨害する
- ⑨ **exterminate** [ikstə́:rmənèit] 絶滅させる
- ⑩ **indulge** [indʌ́ldʒ] 甘やかす

よく使われる表現も見ておこう！

① My computer was infected with the virus. 　私のコンピュータはそのウイルスに感染した。

③ She gazed into a mirror. 　彼女は鏡に見入っていた。

⑥ He disputed my claim. 　彼は私の主張に反論した。

⑦ I soaked beans in water. 　私は豆を水に浸した。

⑨ The species was exterminated. 　その種は絶滅させられた。

■派生語・関連語
① inféction 感染　② expúlsion 排除　⑧ obstrúction 妨害
⑨ exterminátion 絶滅

NOTES: ⑧オブストラクション（走塁妨害）

英語で話してみよう！　　　　　　　　　　　　　　　　CD

(1) 私のコンピュータはそのウイルスに感染した。　　My computer was _____ with the virus.

(2) そのビジネスは流行っている。　　The business is _____.

(3) 私は豆を水に浸した。　　I _____ beans in water.

(4) 彼は私の主張に反論した。　　He _____ my claim.

(5) 誓って、私は何もしていない。　　I _____ I did nothing.

(6) 彼は酒ばかり飲んでいる。　　He _____ himself in drinking.

(7) 彼女は鏡に見入っていた。　　She _____ into a mirror.

(8) その種は絶滅させられた。　　The species was _____.

(9) それは私の視界をさえぎっている。　　It _____ my view.

(10) 彼女は退学させられた。　　She was _____ from school.

---

(1) infected　(2) flourishing　(3) soaked　(4) disputed
(5) swear　(6) indulges　(7) gazed　(8) exterminated
(9) obstructs　(10) expelled

高校レベル4

UNIT 148

動詞 5-11

単語を見てみよう！

- ① **steer** [stíər] 操る
- ② **withstand** [wiθstǽnd] 耐える
- ③ **lick** [lík] なめる
- ④ **derive** [diráiv] 導き出す
- ⑤ **fasten** [fǽsn] 固定する
- ⑥ **advocate** [ǽdvəkèit] 主張する（者）
- ⑦ **obsess** [əbsés] 取りつく
- ⑧ **assault** [əsɔ́:lt] 襲撃（する）
- ⑨ **extinguish** [ikstíŋgwiʃ] 消す
- ⑩ **disguise** [disɡáiz] 変装（する）

よく使われる表現も見ておこう！

② I can't withstand the pain. — その痛みに耐えられない。

③ My dog licked my face. — 私の犬が私の顔をなめた。

⑤ Fasten your seat belt. — シートベルトを締めなさい。

⑦ He is obsessed with online games. — 彼はオンラインゲームに夢中だ。

⑩ She couldn't disguise her joy. — 彼女は喜びを隠せなかった。

■派生語・関連語
④ derivátion 派生　⑦ obséssion 執着

NOTES：①ステアリング

英語で話してみよう！　　　　　　　　　　　　　CD76

(1) 彼女は喜びを隠せなかった。　　She couldn't _____ her joy.

(2) 私はその火を消した。　　　　　I _____ the fire.

(3) シートベルトを締めなさい。　　_____ your seat belt.

(4) 私の犬が私の顔をなめた。　　　My dog _____ my face.

(5) その男は通行人を襲った。　　　The man _____ a passer-by.

(6) その痛みに耐えられない。　　　I can't _____ the pain.

(7) ボートをその岩から遠ざけろ。　_____ the boat away from that rock.

(8) 私は働くことから喜びを得ている。　I _____ pleasure from working.

(9) 彼はオンラインゲームに夢中だ。　He is _____ with online games.

(10) 彼らは平等な権利を主張している。　They _____ equal rights.

....

(1) disguise　(2) extinguished　(3) Fasten　(4) licked
(5) assaulted　(6) withstand　(7) Steer　(8) derive
(9) obsessed　(10) advocate

UNIT 149

動詞5-12

単語を見てみよう！

- ① **register** [rédʒistər] 登録する
- ② **stem** [stém] 生じる・茎
- ③ **ridicule** [rídikjùːl] あざける
- ④ **erect** [irékt] 建てる・直立した
- ⑤ **accelerate** [æksélərèit] 加速する
- ⑥ **distort** [distɔ́ːrt] ゆがめる
- ⑦ **extract** [ikstrǽkt] 引き出す
- ⑧ **reconcile** [rékənsàil] 和解する
- ⑨ **denounce** [dináuns] 非難する
- ⑩ **sue** [súː] 訴える

よく使われる表現も見ておこう！

① I'm registered as a member. 私はメンバーとして登録されている。

② It stemmed from misunderstandings. それは誤解から生じた。

⑤ The speed was accelerated. スピードが加速された。

⑥ It distorts the facts. それは事実をゆがめている。

⑩ I will sue him. 私は彼を訴える。

■派生語・関連語
① registrátion 登録　④ eréction 建立　⑥ distórtion ゆがみ
⑧ reconciliátion 和解　⑨ denóuncement 非難

NOTES：①レジを打つ　⑤車のアクセル　⑦エキス

英語で話してみよう！　　　　　　　　　　　　　　　CD

(1) 彼女は公然と私を非難した。　　She _____ me publicly.

(2) スピードが加速された。　　　　The speed was _____.

(3) 私はメンバーとして登録されている。　　I'm _____ as a member.

(4) 彼らはブロンズ像を建てた。　　They _____ a bronze statue.

(5) それは事実をゆがめている。　　It _____ the facts.

(6) 彼はいつも私をあざける。　　　He always _____ me.

(7) 私は彼を訴える。　　　　　　　I will _____ him.

(8) 結局彼らは和解した。　　　　　They _____ after all.

(9) 私は必要な情報を引き出した。　I _____ necessary information.

(10) それは誤解から生じた。　　　It _____ from misunderstandings.

---

(1) denounced　(2) accelerated　(3) registered　(4) erected
(5) distorts　(6) ridicules　(7) sue　(8) reconciled
(9) extracted　(10) stemmed

UNIT 150

動詞 5-13

単語を見てみよう！

- ① **leak** [líːk] 漏れる
- ② **commute** [kəmjúːt] 通勤する
- ③ **vanish** [vǽniʃ] 消える
- ④ **tap** [tǽp] 軽くたたく
- ⑤ **radiate** [réidièit] 放射する
- ⑥ **depict** [dipíkt] 描く
- ⑦ **integrate** [íntəgrèit] 統合する
- ⑧ **shrink** [ʃríŋk] 縮む
- ⑨ **swell** [swél] 膨らむ
- ⑩ **reign** [réin] 統治（する）

よく使われる表現も見ておこう！

① Water leaks from the tank. タンクから水が漏れている。

② I commute by subway. 私は地下鉄で通勤する。

④ He tapped me on the shoulder. 彼は私の肩をたたいた。

⑧ The sweater might shrink. そのセーターは縮むかもしれない。

⑨ It swells up like a balloon. それは風船のように膨らむ。

■派生語・関連語
① léakage 漏れ ⑤ radiátion 放射 ⑦ integrátion 統合

NOTES：①情報のリーク　④タッピング　⑤ラジウム（radium）

英語で話してみよう！　　　　　　　　　　　　　　　　　CD77

(1) 私は地下鉄で通勤する。　　　　I _____ by subway.

(2) タンクから水が漏れている。　　Water _____ from the tank.

(3) 彼は集積回路（IC）を設計している。　He designs _____ circuits.

(4) そのセーターは縮むかもしれない。　The sweater might _____.

(5) その映画は彼の一生を描いている。　The film _____ his life.

(6) それは風船のように膨らむ。　　It _____ up like a balloon.

(7) 彼は王として統治している。　　He _____ as a king.

(8) その痛みが消えた。　　　　　　The pain _____.

(9) それは熱と光を放射する。　　　It _____ heat and light.

(10) 彼は私の肩をたたいた。　　　 He _____ me on the shoulder.

---

(1) commute　(2) leaks　(3) integrated　(4) shrink　(5) depicts
(6) swells　(7) reigns　(8) vanished　(9) radiates　(10) tapped

UNIT 151

動詞 5-14

単語を見てみよう！

- ① **administer** 管理する
  [ædmínistər]
- ② **rebel** 反抗する（者）
  動[ribél] 名[rébl]
- ③ **manipulate** 操作する
  [mənípjulèit]
- ④ **stir** かき回す
  [stá:r]
- ⑤ **discard** 捨てる
  [diská:rd]
- ⑥ **assign** 割り当てる
  [əsáin]
- ⑦ **ban** 禁じる
  [bǽn]
- ⑧ **fade** 薄れる
  [féid]
- ⑨ **induce** 誘う
  [ind(j)ú:s]
- ⑩ **navigate** 航行する
  [nǽvəgèit]

よく使われる表現も見ておこう！

② She rebels against her parents. 彼女は両親に反抗している。

④ I stirred my coffee. 私はコーヒーをかき混ぜた。

⑤ I discarded my old clothes. 私は古着を捨てた。

⑥ I was assigned a job. 私は仕事を割り当てられた。

⑨ It induces sleep. それは睡眠を誘発する。

■派生語・関連語
① administrátion 管理　② rebéllion 反抗　⑥ assígnment 割り当て
⑦ bánish 追放する　⑨ indúction 誘発　⑩ navigátion 航行

NOTES: ⑧曲のフェイドアウト　⑩カーナビ

英語で話してみよう！　　　　　　　　　　　　　　CD

(1) 彼は人々の心を操った。　　　　　He _____ people's minds.

(2) 私は仕事を割り当てられた。　　　I was _____ a job.

(3) 私は古着を捨てた。　　　　　　　I _____ my old clothes.

(4) その不安が薄れていった。　　　　The anxiety _____ away.

(5) それは睡眠を誘発する。　　　　　It _____ sleep.

(6) 私はコーヒーをかき混ぜた。　　　I _____ my coffee.

(7) 彼がそのサイトを管理している。　He _____ the site.

(8) 法が銃の所有を禁じている。　　　The law _____ gun ownership.

(9) 彼女は両親に反抗している。　　　She _____ against her parents.

(10) それらは衛星を使って航行する。　They _____ by satellite.

---

(1) manipulated　(2) assigned　(3) discarded　(4) faded
(5) induces　(6) stirred　(7) administers　(8) bans　(9) rebels
(10) navigate

高校レベル4

UNIT 152

名詞 5-1

単語を見てみよう！

- ① **cattle** [kǽtl] 牛
- ② **masterpiece** [mǽstəpi:s] 傑作
- ③ **enterprise** [éntərpràiz] 事業
- ④ **microscope** [máikrəskòup] 顕微鏡
- ⑤ **sin** [sín] （宗教上の）罪
- ⑥ **weed** [wí:d] 雑草（を抜く）
- ⑦ **context** [kántekst] 文脈・背景
- ⑧ **faculty** [fǽkəlti] 教授陣・能力
- ⑨ **destiny** [déstəni] 運命
- ⑩ **substance** [sʌ́bst(ə)ns] 内容・物質

よく使われる表現も見ておこう！

③ We started a new enterprise. 私達は新しい事業を始めた。

⑤ It is a sin to hate someone. 誰かを憎むことは罪だ。

⑦ Meaning depends on context. 意味は文脈次第だ。

⑨ It is your destiny. それが君の運命だ。

⑩ This story has no substance. この話には内容がない。

■派生語・関連語
③ entreprenéur 起業家　⑤ sínful 罪深い　⑨ destinátion 目的地
⑩ substántial 内容のある

NOTES: ③〜エンタープライズ（企業名など）　⑦コンテクストを読む

英語で話してみよう！ CD78

(1) 意味は文脈次第だ。　　　　　Meaning depends on _____.

(2) 私は雑草を抜いた。　　　　　I pulled out a _____.

(3) それは電子顕微鏡で見ることができる。　You can see it under an electron _____.

(4) 彼女は教授陣の一人だ。　　　She is a _____ member.

(5) 誰かを憎むことは罪だ。　　　It is a _____ to hate someone.

(6) 彼らは乳牛を飼っている。　　They keep dairy _____.

(7) 私達は新しい事業を始めた。　We started a new _____.

(8) これは喜劇の傑作だ。　　　　This is a _____ of comedy.

(9) それが君の運命だ。　　　　　It is your _____.

(10) この話には内容がない。　　　This story has no _____.

---

(1) context　(2) weed　(3) microscope　(4) faculty　(5) sin
(6) cattle　(7) enterprise　(8) masterpiece　(9) destiny
(10) substance

UNIT 153

名詞 5-2

単語を見てみよう！

- ① **discipline** [dísəplin] 規律・訓練する
- ② **conference** [kánf(ə)rəns] 会議
- ③ **phase** [féiz] 局面
- ④ **coward** [káuərd] 臆病者
- ⑤ **defect** [díːfekt] 欠陥
- ⑥ **hospitality** [hàspətǽləti] もてなし
- ⑦ **welfare** [wélfèər] 福祉
- ⑧ **epidemic** [èpədémik] 伝染病
- ⑨ **virtue** [və́ːrtʃuː] 美徳
- ⑩ **mercy** [mə́ːrsi] 情け

よく使われる表現も見ておこう！

① They need more discipline. 　彼らにはもっと規律が必要だ。

③ We entered a new phase. 　我々は新しい局面に入った。

⑤ I didn't notice the defect. 　私はその欠陥に気づかなかった。

⑥ Thank you for your hospitality. 　おもてなしありがとうございます。

⑩ She has no mercy. 　彼女は容赦がない。

■派生語
② confér 協議する・与える　⑨ více 悪徳・代理の

NOTES：③様々なフェイズ

英語で話してみよう！

(1) 我々は新しい局面に入った。　　We entered a new _____.

(2) 私はその欠陥に気づかなかった。　　I didn't notice the _____.

(3) 私は伝染病が心配だ。　　I'm worried about an _____.

(4) 彼は人徳のある人だ。　　He is a man of _____.

(5) 彼女は容赦がない。　　She has no _____.

(6) 彼らにはもっと規律が必要だ。　　They need more _____.

(7) おもてなしありがとうございます。　　Thank you for your _____.

(8) それは福祉国家だ。　　It is a _____ state.

(9) 私は国際会議に出席した。　　I attended an international _____.

(10) 彼はただの臆病者だ。　　He is just a _____.

---

(1) phase　(2) defect　(3) epidemic　(4) virtue　(5) mercy
(6) discipline　(7) hospitality　(8) welfare　(9) conference
(10) coward

UNIT 154

名詞 5-3

単語を見てみよう！

- ① **statue** [stætʃuː] 像
- ② **disgust** [disgʌ́st] 嫌悪（する）
- ③ **nuisance** [n(j)úːsns] 迷惑
- ④ **scholar** [skάlər] 学者
- ⑤ **core** [kɔ́ːr] 核心
- ⑥ **trace** [tréis] 跡（をたどる）
- ⑦ **flood** [flʌ́d] 洪水
- ⑧ **drought** [dráut] 干害
- ⑨ **consent** [kənsént] 同意（する）
- ⑩ **opponent** [əpóunənt] 対戦相手

よく使われる表現も見ておこう！

② I left the place in disgust. 私はうんざりしてその場を離れた。

③ It is a nuisance to the neighbors. それは近所迷惑だ。

⑤ This is the core of the problem. これがその問題の核心だ。

⑦ The flood destroyed a village. その洪水が村を破壊した。

⑨ Parents' consent is needed. 親の同意が必要だ。

■派生語・関連語
④ schólarship 奨学金　⑨ assént 同意（する）　dissént 反対（する）

NOTES: ⑤コアなファン ⑥トレーシングペーパー

英語で話してみよう！　　　　　　　　　　　　　　　　　　　CD79

(1) 親の同意が必要だ。　　　　　　　Parents' _____ is needed.

(2) 私はうんざりしてその場を　　　　I left the place in _____.
　　 離れた。

(3) 私の対戦相手は強かった。　　　　My _____ was strong.

(4) 長い干害が続いた。　　　　　　　We had a long _____.

(5) これがその問題の核心だ。　　　　This is the _____ of the problem.

(6) 自由の女神はフランスで作　　　　The _____ of Liberty was made
　　 られた。　　　　　　　　　　　in France.

(7) それは近所迷惑だ。　　　　　　　It is a _____ to the neighbors.

(8) 彼女は有名な学者だ。　　　　　　She is a famous _____.

(9) その洪水が村を破壊した。　　　　The _____ destroyed a village.

(10) 彼は跡を残さなかった。　　　　　He left no _____.

---

(1) consent　(2) disgust　(3) opponent　(4) drought　(5) core
(6) Statue　(7) nuisance　(8) scholar　(9) flood　(10) trace

高校レベル4

UNIT 155

名詞5-4

単語を見てみよう！

- □ ① **monopoly** [mənápəli] 独占
- □ ② **vocation** [voukéiʃən] 天職・職業
- □ ③ **sphere** [sfíər] 球体・範囲
- □ ④ **misfortune** [misfɔ́:tʃən] 不運
- □ ⑤ **glory** [glɔ́:ri] 栄光
- □ ⑥ **candidate** [kǽndidèit] 立候補者
- □ ⑦ **tomb** [tú:m] 墓
- □ ⑧ **scheme** [skí:m] 計画
- □ ⑨ **orbit** [ɔ́:rbit] 軌道
- □ ⑩ **trash** [trǽʃ] ごみ

よく使われる表現も見ておこう！

① They nearly have a monopoly. 彼らがほとんど独占している。

⑤ The glory didn't last long. その栄光は長く続かなかった。

⑥ I voted for the candidate. 私はその候補者に投票した。

⑧ Our scheme worked well. 我々の計画はうまくいった。

⑩ Trash is collected on Mondays. ごみは月曜日に回収される。

■派生語・関連語
① monópolize 独占する　② vocátional 職業の　⑤ glórious 栄光の

NOTES：⑧スキームを立てる

英語で話してみよう！　　　　　　　　　　　　　　　　　　　CD

(1) 我々の計画はうまくいった。　　　　Our _____ worked well.

(2) ごみは月曜日に回収される。　　　　_____ is collected on Mondays.

(3) 教えることが私の天職だ。　　　　　Teaching is my _____.

(4) 宇宙ステーションは軌道上にある。　The space station is in _____.

(5) その栄光は長く続かなかった。　　　The _____ didn't last long.

(6) 地球はほとんど球体だ。　　　　　　The earth is almost a _____.

(7) 彼の不運に同情する。　　　　　　　I sympathize with his _____.

(8) 私は彼女の墓を訪れた。　　　　　　I visited her _____.

(9) 私はその候補者に投票した。　　　　I voted for the _____.

(10) 彼らがほとんど独占している。　　　They nearly have a _____.

高校レベル4

---

(1) scheme　(2) Trash　(3) vocation　(4) orbit　(5) glory
(6) sphere　(7) misfortune　(8) tomb　(9) candidate
(10) monopoly

UNIT 156

名詞 5-5

単語を見てみよう！

- ① **famine** [fǽmin] 飢饉
- ② **theme** [θíːm] テーマ
- ③ **proverb** [prɑ́vəːrb] ことわざ
- ④ **mischief** [místʃif] いたずら
- ⑤ **heritage** [héritidʒ] 遺産
- ⑥ **republic** [ripʌ́blik] 共和国
- ⑦ **coincidence** [kouínsid(ə)ns] 一致
- ⑧ **chore** [tʃɔ́ːr] 雑用
- ⑨ **needle** [níːdl] 針
- ⑩ **thermometer** [θərmɑ́mətər] 温度計

よく使われる表現も見ておこう！

③ This is an old proverb. これは古いことわざです。

④ She enjoys mischief. 彼女はいたずらを楽しんでいる。

⑤ This is a World Heritage site. ここは世界遺産の地です。

⑦ What a coincidence! なんという偶然なんだ。

⑧ I do household chores. 私は家事をしています。

■派生語・関連語
④ míschievous いたずら好きな　⑤ herédity 遺伝　⑥ kíngdom 王国
⑨ thréad 糸　⑩ thérmal 熱の

NOTES: ②テーマパーク　⑩サーモスタット

英語で話してみよう！　　　　　　　　　　　　　　　CD80

(1) なんという偶然なんだ。　　　　　What a _____!

(2) その映画のテーマは何ですか。　　What is the _____ of the film?

(3) 干害はよく飢饉を引き起こす。　　Drought often causes _____.

(4) 私は家事をしています。　　　　　I do household _____.

(5) 共和国には王はいない。　　　　　A _____ has no king.

(6) ここは世界遺産の地です。　　　　This is a World _____ site.

(7) 壁に温度計がかかっている。　　　There is a _____ on the wall.

(8) これは古いことわざです。　　　　This is an old _____.

(9) 針と糸を貸してもらえますか。　　Can I borrow a _____ and thread?

(10) 彼女はいたずらを楽しんでいる。　She enjoys _____.

---

(1) coincidence　(2) theme　(3) famine　(4) chores
(5) republic　(6) Heritage　(7) thermometer　(8) proverb
(9) needle　(10) mischief

高校レベル4

UNIT 157

名詞 5-6

単語を見てみよう！

- ① **summary** [sʌ́məri] 要約
- ② **conscience** [kʌ́nʃəns] 良心
- ③ **pledge** [pléʤ] 誓い（を立てる）
- ④ **frontier** [frʌntíər] 最前線・境界
- ⑤ **symptom** [símptəm] 兆し
- ⑥ **consensus** [kənsénsəs] 合意
- ⑦ **tide** [táid] 潮
- ⑧ **myth** [míθ] 神話
- ⑨ **refugee** [rèfjuʤíː] 難民
- ⑩ **parcel** [pɑ́ːrs(ə)l] 小包

よく使われる表現も見ておこう！

② Ask your conscience.	自らの良心に尋ねてみなさい。
③ He broke his pledge.	彼は誓いを破った。
⑤ Some symptoms are appearing.	いくつかの兆しが現れている。
⑥ We reached a consensus.	私達は合意に達した。
⑩ I received a parcel.	私は小包を受け取った。

■派生語・関連語
① súmmarize 要約する　② consciéntious 良心的な　⑦ tídal 潮の
⑧ mýthical 神話の

NOTES：①サマリーを書く　④フロンティア精神

英語で話してみよう！　　　　　　　　　　　CD

(1) 私達は合意に達した。　　　　We reached a ＿＿＿.

(2) 彼らは科学の最前線にいる。　They're at the ＿＿＿ of science.

(3) いくつかの兆しが現れている。　Some ＿＿＿ are appearing.

(4) その章の要約を作った。　　　I made a ＿＿＿ of the chapter.

(5) 赤潮があった。　　　　　　　There was a red ＿＿＿.

(6) 彼らは政治難民だ。　　　　　They are political ＿＿＿.

(7) 彼は誓いを破った。　　　　　He broke his ＿＿＿.

(8) ギリシア神話を読んでいる。　I'm reading a Greek ＿＿＿.

(9) 私は小包を受け取った。　　　I received a ＿＿＿.

(10) 自らの良心に尋ねてみなさい。　Ask your ＿＿＿.

---

(1) consensus　(2) frontier　(3) symptoms　(4) summary
(5) tide　(6) refugees　(7) pledge　(8) myth　(9) parcel
(10) conscience

UNIT 158

名詞 5-7

単語を見てみよう！

- □ ① **privilege** [prív(ə)lidʒ] 特権
- □ ② **dawn** [dɔ́:n] 夜明け
- □ ③ **surgeon** [sə́:rdʒən] 外科医
- □ ④ **convention** [kənvénʃən] 会議・慣習
- □ ⑤ **expedition** [èkspədíʃən] 遠征
- □ ⑥ **funeral** [fjú:n(ə)rəl] 葬式
- □ ⑦ **parallel** [pǽrəlèl] 平行
- □ ⑧ **endeavor** [indévər] 努力
- □ ⑨ **flame** [fléim] 炎
- □ ⑩ **colony** [káləni] 植民地

よく使われる表現も見ておこう！

① They abused the privileges. 彼らは特権を乱用した。

② I start working before dawn. 私は夜明け前から働き始める。

③ He is a brain surgeon. 彼は脳外科医だ。

⑧ Endeavor brings success. 努力が成功をもたらす。

⑨ It burns with a blue flame. それは青い炎を出して燃える。

■派生語・関連語
② dúsk 夕暮れ　③ physícian 内科医　④ convéntional 慣習的な
⑩ colónial 植民地の

NOTES: ⑦パラレルワールド ⑩スペースコロニー

英語で話してみよう！　　　　　　　　　　　　　　CD81

(1) 努力が成功をもたらす。　　　　_____ brings success.

(2) 彼らは特権を乱用した。　　　　They abused the _____.

(3) それは英国の植民地だった。　　It was a British _____.

(4) それは青い炎を出して燃える。　It burns with a blue _____.

(5) 私達は会議場に入った。　　　　We entered the _____ hall.

(6) 私は夜明け前から働き始める。　I start working before _____.

(7) 多くの人が彼の葬儀に参列した。Many people attended his _____.

(8) それらは平行に置かれている。　They are placed in _____.

(9) 私達は2週間の遠征に出た。　　We made a two-week _____.

(10) 彼は脳外科医だ。　　　　　　He is a brain _____.

---

(1) Endeavor (2) privileges (3) colony (4) flame
(5) convention (6) dawn (7) funeral (8) parallel
(9) expedition (10) surgeon

高校レベル4

UNIT 159

名詞 5-8

単語を見てみよう！

- ① **Congress** [káŋgres] （米国）議会
- ② **bribery** [bráibəri] 賄賂
- ③ **crew** [krú:] 乗組員
- ④ **ambassador** [æmbǽsədər] 大使
- ⑤ **nightmare** [náitmèər] 悪夢
- ⑥ **district** [dístrikt] 地区
- ⑦ **posterity** [pɑstérəti] 子孫
- ⑧ **monarch** [mánərk] 君主
- ⑨ **therapy** [θérəpi] 療法
- ⑩ **dread** [dréd] 恐怖・恐れる

よく使われる表現も見ておこう！

② He was arrested for bribery. 彼は賄賂のために逮捕された。

⑤ I had a nightmare last night. 昨夜、悪夢を見た。

⑥ It is in our school district. それは私達の学区にある。

⑦ Let posterity judge it. それは後世の判断に任せよう。

⑨ She is under therapy. 彼女は治療を受けている。

■派生語・関連語
① Párliament（英国）議会　Díet（日本）議会　② bríbe 買収する
④ émbassy 大使館　⑧ mónarchy 君主制　⑩ dréadful 恐ろしい

NOTES：③飛行機のクルー　⑨アロマセラピー

英語で話してみよう！　　　　　　　　　　　　　　　　CD

(1) 彼は飛行機が怖い。　　　　　　He has a _____ of planes.

(2) 昨夜、悪夢を見た。　　　　　　I had a _____ last night.

(3) 彼らは乗組員全員を救助した。　They rescued the entire _____.

(4) 議会は予算を承認した。　　　　_____ approved the budget.

(5) 彼女は治療を受けている。　　　She is under _____.

(6) 彼は絶対君主だった。　　　　　He was an absolute _____.

(7) 彼は賄賂のために逮捕された。　He was arrested for _____.

(8) それは後世の判断に任せよう。　Let _____ judge it.

(9) 彼女は国連大使になった。　　　She became a UN _____.

(10) それは私達の学区にある。　　　It is in our school _____.

---

(1) dread　(2) nightmare　(3) crew　(4) Congress　(5) therapy
(6) monarch　(7) bribery　(8) posterity　(9) ambassador
(10) district

UNIT 160

名詞 5-9

単語を見てみよう！

- ① **radius** [réidiəs] 半径
- ② **facility** [fəsíləti] 施設
- ③ **multitude** [mʌ́ltət(j)ùːd] 多数
- ④ **revenue** [révən(j)úː] 歳入
- ⑤ **prestige** [prestíːʒ] 名声
- ⑥ **rage** [réidʒ] 激怒
- ⑦ **jail** [dʒéil] 留置所
- ⑧ **pedestrian** [pədéstriən] 歩行者
- ⑨ **orphan** [ɔ́ːrfən] 孤児
- ⑩ **sovereignty** [sáv(ə)rənti] 主権

よく使われる表現も見ておこう！

④ The tax revenue decreased. 税収が減った。

⑤ They lost prestige and trust. 彼らは名声と信用を失った。

⑥ He couldn't control his rage. 彼は怒りを抑えられなかった。

⑦ She was kept in jail overnight. 彼女は一晩留置所に入れられた。

⑧ I crossed a pedestrian bridge. 私は歩道橋を渡った。

■派生語
① diámeter 直径　④ expénditure 歳出　⑤ prestígious 名声のある
⑩ sóvereign 主権者

NOTES: ①円の半径 r

英語で話してみよう！　　　　　　　　　　　　　　　　CD82

(1) 半径はいくらですか。　　　　　　How long is the _____?

(2) 私は歩道橋を渡った。　　　　　　I crossed a _____ bridge.

(3) 私達は自らの主権を守らな　　　　We must defend our _____.
　　ければならない。

(4) 彼らは名声と信用を失った。　　　They lost _____ and trust.

(5) その施設は質が高い。　　　　　　The _____ are high in quality.

(6) 彼は怒りを抑えられなかっ　　　　He couldn't control his _____.
　　た。

(7) 彼女は戦争孤児である。　　　　　She is a war _____.

(8) 税収が減った。　　　　　　　　　The tax _____ decreased.

(9) 数多くの選択がある。　　　　　　There are a _____ of options.

(10) 彼女は一晩留置所に入れら　　　　She was kept in _____ overnight.
　　れた。

---

(1) radius　(2) pedestrian　(3) sovereignty　(4) prestige
(5) facilities　(6) rage　(7) orphan　(8) revenue　(9) multitude
(10) jail

高校レベル4

UNIT 161

名詞 5 - 10

単語を見てみよう！

- ① **remedy** [rémədi] 治療
- ② **bullying** [búliiŋ] いじめ
- ③ **sculpture** [skʌ́lptʃər] 彫刻
- ④ **germ** [dʒə́:rm] 菌
- ⑤ **flock** [flák] 群れ
- ⑥ **barometer** [bərámətər] 指標・気圧計
- ⑦ **contempt** [kəntémpt] 軽蔑
- ⑧ **province** [právins] 地方
- ⑨ **aristocracy** [ærəstákrəsi] 貴族政治
- ⑩ **mess** [més] 混乱

よく使われる表現も見ておこう！

① There is no remedy for the common cold. 　風邪に治療法はない。

② Stop your bullying. 　いじめはやめなさい。

④ I must wash the germs off. 　菌を洗い流さなければならない。

⑤ I saw a flock of birds. 　鳥の群れを見た。

⑩ What a mess! 　なんという散らかりようだ。

■派生語・関連語
② búlly いじめる　⑦ contémptuous 軽蔑の　⑨ aristocrátic 貴族的な
⑩ méssy 散らかった

NOTES : ⑥人気のバロメーター

英語で話してみよう！

(1) 彼は氷の彫刻を作った。　　　He made a _____ from ice.

(2) なんという散らかりようだ。　　What a _____!

(3) 彼女は彼への軽蔑心を表した。　She showed _____ for him.

(4) 鳥の群れを見た。　　　　　　I saw a _____ of birds.

(5) 菌を洗い流さなければならない。　I must wash the _____ off.

(6) 貴族政治は依然として存在する。　An _____ still exits.

(7) いじめはやめなさい。　　　　Stop your _____.

(8) それは人気を示すよい指標だ。　It is a good _____ of popularity.

(9) 私はその地方を旅行した。　　I traveled around the _____.

(10) 風邪に治療法はない。　　　　There is no _____ for the common cold.

---

(1) sculpture (2) mess (3) contempt (4) flock (5) germs
(6) aristocracy (7) bullying (8) barometer (9) province
(10) remedy

高校レベル4

UNIT 162

名詞 5-11

単語を見てみよう！

- ① **quest** [kwést] 探求
- ② **advent** [ǽdvent] 到来
- ③ **mammal** [mǽməl] ほ乳類
- ④ **peril** [pérəl] 危険
- ⑤ **arithmetic** [əríθmətik] 算数
- ⑥ **tyranny** [tírəni] 暴政
- ⑦ **linguistics** [liŋgwístiks] 言語学
- ⑧ **petition** [pətíʃən] 嘆願（する）
- ⑨ **grocery** [gróus(ə)ri] 食料品
- ⑩ **acid** [ǽsid] 酸

よく使われる表現も見ておこう！

② It marks the advent of a new season. — それは新しい季節の到来を告げる。

③ A bat is also a mammal. — こうもりも、ほ乳類だ。

⑤ She is good at arithmetic. — 彼女は算数が得意だ。

⑨ I bought some groceries. — 私はいくらか食料品を買った。

⑩ They were damaged by acid rain. — それらは酸性雨の被害を受けた。

■派生語・関連語
③ amphíbian 両生類　réptile は虫類

NOTES: ⑥ティラノザウルス

英語で話してみよう！　CD83

(1) こうもりも、ほ乳類だ。　A bat is also a ＿＿.

(2) 私はいくらか食料品を買った。　I bought some ＿＿.

(3) 彼女は応用言語学を研究した。　She studied applied ＿＿.

(4) 我々の嘆願は拒否された。　Our ＿＿ was rejected.

(5) 彼は真理を探求している。　He is in ＿＿ of the truth.

(6) 彼女は算数が得意だ。　She is good at ＿＿.

(7) 彼らは暴政の犠牲者だ。　They are victims of ＿＿.

(8) それは新しい季節の到来を告げる。　It marks the ＿＿ of a new season.

(9) それらは酸性雨の被害を受けた。　They were damaged by ＿＿ rain.

(10) 彼は命を落とす危険性があった。　He was in ＿＿ of losing his life.

---

(1) mammal (2) groceries (3) linguistics (4) petition
(5) quest (6) arithmetic (7) tyranny (8) advent (9) acid
(10) peril

UNIT 163

名詞 5-12

単語を見てみよう！

- ① **poll** [póul] 世論調査・投票
- ② **torture** [tɔ́ːrtʃər] 拷問
- ③ **freight** [fréit] 貨物
- ④ **worm** [wə́ːrm] いも虫
- ⑤ **adolescence** [ædəlésns] 思春期
- ⑥ **tribe** [tráib] 部族
- ⑦ **chaos** [kéiɑs] 混沌
- ⑧ **hypothesis** [haipάθəsis] 仮説
- ⑨ **load** [lóud] 負荷
- ⑩ **diplomacy** [diplóuməsi] 外交

よく使われる表現も見ておこう！

① They took a poll of the residents. 彼らは住民の世論調査を行った。

⑤ She is in her adolescence now. 彼女は今思春期だ。

⑦ The country is in total chaos. その国は大混乱の状態だ。

⑧ The hypothesis was wrong. その仮説は間違っていた。

⑨ I lightened my load. 私は荷を軽くした。

■派生語・関連語
⑤ adoléscent 若者（の）　⑦ chaótic 混沌とした
⑧ hypothétical 仮定の　⑩ diplomátic 外交上の

NOTES：⑦カオスの状態

英語で話してみよう！　　　　　　　　　　　　　　CD

(1) その国は大混乱の状態だ。　　　The country is in total _____.

(2) 彼女は今思春期だ。　　　　　　She is in her _____ now.

(3) 私は荷を軽くした。　　　　　　I lightened my _____.

(4) 彼らは好戦的な部族だ。　　　　They are a warlike _____.

(5) 貨物列車が走っていた。　　　　A _____ train was running.

(6) その仮説は間違っていた。　　　The _____ was wrong.

(7) 拷問は許されていない。　　　　_____ is not allowed.

(8) 葉の下に、いも虫がいた。　　　I found a _____ under a leaf.

(9) 彼らは秘密外交を行った。　　　They used secret _____.

(10) 彼らは住民の世論調査を行った。　They took a _____ of the residents.

---

(1) chaos　(2) adolescence　(3) load　(4) tribe　(5) freight
(6) hypothesis　(7) Torture　(8) worm　(9) diplomacy　(10) poll

高校レベル4

UNIT 164

形容詞 5-1

単語を見てみよう！

- ① **alternative** [ɔːltə́ːrnətiv] 代わり(の)
- ② **timid** [tímid] 臆病な
- ③ **steep** [stíːp] 険しい
- ④ **trivial** [tríviəl] ささいな
- ⑤ **inevitable** [inévətəbl] 必然的な
- ⑥ **prominent** [prάmənənt] 著名な
- ⑦ **utter** [ʌ́tər] 全くの・言う
- ⑧ **insane** [inséin] 狂気の
- ⑨ **relevant** [réləvənt] 関連した
- ⑩ **apt** [ǽpt] ～しがち・適した

よく使われる表現も見ておこう！

① There is no alternative way. 代わりの方法はない。

③ I went up a steep slope. 私は険しい坂を上った。

⑤ Opposition is inevitable. 反対は避けられない。

⑦ It is utter nonsense. それは全く無意味だ。

⑧ Are you insane? 君は気でも狂ったのか。

■派生語・関連語
① álternate 交代する　⑤ unavóidable 必然的な　⑥ éminent 著名な
⑧ sáne 正気の　⑩ áptitude 適性

NOTES : ① AC（alternating current：交流）　④トリビア

英語で話してみよう！　　　　　　　　　　　CD84

(1) 反対は避けられない。　　　　Opposition is ＿＿＿.

(2) 君は気でも狂ったのか。　　　Are you ＿＿＿?

(3) それは、ほんのささいなことだ。　It is just a ＿＿＿ thing.

(4) 私は険しい坂を上った。　　　I went up a ＿＿＿ slope.

(5) 代わりの方法はない。　　　　There is no ＿＿＿ way.

(6) 彼女は消極的になりやすい。　She is ＿＿＿ to be passive.

(7) それは全く無意味だ。　　　　It is ＿＿＿ nonsense.

(8) 彼は著名な人物だ。　　　　　He is a ＿＿＿ figure.

(9) そんなに臆病にならないで。　Don't be so ＿＿＿.

(10) それはこの件と関係ない。　　It is not ＿＿＿ to this case.

---

(1) inevitable (2) insane (3) trivial (4) steep (5) alternative
(6) apt (7) utter (8) prominent (9) timid (10) relevant

UNIT 165

形容詞5-2

単語を見てみよう！

- ① **indifferent** [indíf(ə)rənt] 無関心な
- ② **gloomy** [glú:mi] 暗い
- ③ **principal** [prínsəpəl] 主な・校長
- ④ **verbal** [və́:rbəl] 言葉の
- ⑤ **holy** [hóuli] 神聖な
- ⑥ **tidy** [táidi] きちんとした
- ⑦ **savage** [sǽvidʒ] 野蛮な
- ⑧ **valid** [vǽlid] 有効な
- ⑨ **firm** [fə́:rm] 固い・企業
- ⑩ **affluent** [ǽfluənt] 裕福な

よく使われる表現も見ておこう！

① He is indifferent to his appearance. 彼は外見に無関心だ。

⑤ This is a holy place. ここは聖地だ。

⑥ Make sure your clothes are tidy. きちんとした服装をしておくように。

⑧ The ticket is still valid. そのチケットは依然有効だ。

⑨ I have a firm belief. 私は固い信念がある。

■派生語・関連語
① indífference 無関心　④ nonvérbal 非言語の　⑧ vóid 無効な
⑩ áffluence 富

NOTES：④ノンバーバル・コミュニケーション

英語で話してみよう！　　　　　　　　　　　　　　CD

(1) 彼らは豊かな社会に住んでいる。　　They live in an ＿＿ society.

(2) それは暴言だ。　　It is ＿＿ abuse.

(3) きちんとした服装をしておくように。　　Make sure your clothes are ＿＿.

(4) 私は固い信念がある。　　I have a ＿＿ belief.

(5) 彼は外見に無関心だ。　　He is ＿＿ to his appearance.

(6) これがその主な理由だ。　　This is the ＿＿ reason.

(7) 雰囲気が暗い。　　The atmosphere is ＿＿.

(8) ここは聖地だ。　　This is a ＿＿ place.

(9) そのチケットは依然有効だ。　　The ticket is still ＿＿.

(10) それは、どう猛な獣だ。　　It is a ＿＿ beast.

高校レベル4

---

(1) affluent　(2) verbal　(3) tidy　(4) firm　(5) indifferent
(6) principal　(7) gloomy　(8) holy　(9) valid　(10) savage

UNIT 166

形容詞 5-3

単語を見てみよう！

- ① **sole** [sóul] 唯一の
- ② **infinite** [ínfənət] 無限の
- ③ **superficial** [sù:pərfíʃəl] 表面的な
- ④ **idle** [áidl] ぶらぶらした
- ⑤ **potential** [pəténʃəl] 潜在的な
- ⑥ **former** [fɔ́:rmər] 前の・前者の
- ⑦ **delicate** [délikət] 繊細な
- ⑧ **profound** [prəfáund] 深遠な
- ⑨ **reverse** [rivə́:rs] 逆（の）・裏返す
- ⑩ **subtle** [sʌ́tl] 微妙な

よく使われる表現も見ておこう！

① It is her sole purpose. それが彼女の唯一の目的だ。

② You have infinite possibilities. 君には無限の可能性がある。

④ I spent an idle day. 私は何もせず一日過ごした。

⑦ It needs delicate handling. それは慎重な扱いが必要だ。

⑩ Can you see a subtle difference? 微妙な違いがわかりますか。

■派生語・関連語
⑤ potentiálity 潜在力　⑥ látter 後者の　⑦ délicacy 繊細さ
⑩ súbtlety 微妙

NOTES：①ソロ活動　④車のアイドリング　⑨リバーシブルの生地

英語で話してみよう！　　　　　　　　　　　　　　　　CD85

(1) 君には無限の可能性がある。　　You have _____ possibilities.

(2) それは逆効果になる。　　　　　It has the _____ effect.

(3) 私は何もせず一日過ごした。　　I spent an _____ day.

(4) 君の意見は表面的だ。　　　　　Your comment is _____.

(5) それが彼女の唯一の目的だ。　　It is her _____ purpose.

(6) 彼が前知事です。　　　　　　　He is the _____ Governor.

(7) それは慎重な扱いが必要だ。　　It needs _____ handling.

(8) 私は深い悲しみを感じた。　　　I felt _____ sadness.

(9) 彼女の潜在力は無限だ。　　　　Her _____ power is unlimited.

(10) 微妙な違いがわかりますか。　 Can you see a _____ difference?

高校レベル4

---

(1) infinite　(2) reverse　(3) idle　(4) superficial　(5) sole
(6) former　(7) delicate　(8) profound　(9) potential　(10) subtle

UNIT 167

形容詞 5-4

単語を見てみよう！

- ① **fragile** [frǽdʒəl] もろい
- ② **arrogant** [ǽrəgənt] 横柄な
- ③ **indispensable** [ìndispénsəbl] 不可欠の
- ④ **simultaneous** [sàiməltéiniəs] 同時の
- ⑤ **brilliant** [bríljənt] 輝かしい
- ⑥ **bankrupt** [bǽŋkrʌpt] 破産した
- ⑦ **restless** [réstlis] 落ち着かない
- ⑧ **sanitary** [sǽnətèri] 衛生の
- ⑨ **mortal** [mɔ́ːrtl] 死すべき
- ⑩ **pregnant** [prégnənt] 妊娠した

よく使われる表現も見ておこう！

① This is a fragile item. これは壊れ物です。

⑤ She has a brilliant career. 彼女は輝かしい経歴を持つ。

⑥ The company went bankrupt. その会社は破産した。

⑦ He looks restless. 彼は落ち着かない様子だ。

⑩ My wife is pregnant. 私の妻は妊娠している。

■派生語・関連語
② árrogance 横柄さ ③ dispénse 免除する・分配する
⑥ bánkruptcy 破産 ⑨ mortálity 死亡数 ⑩ prégnancy 妊娠

NOTES：⑧サニ〜（商品名に多い）

英語で話してみよう！

(1) その会社は破産した。 — The company went ____.

(2) それは私達の生活に不可欠だ。 — It is ____ to our life.

(3) 衛生状態は改善された。 — The ____ conditions were improved.

(4) これは壊れ物です。 — This is a ____ item.

(5) 彼は落ち着かない様子だ。 — He looks ____.

(6) 彼女は同時通訳だ。 — She is a ____ interpreter.

(7) 私の妻は妊娠している。 — My wife is ____.

(8) 彼は横柄な態度をしている。 — He has an ____ attitude.

(9) 彼女は輝かしい経歴を持つ。 — She has a ____ career.

(10) 彼は致命傷を負った。 — He received a ____ wound.

---

(1) bankrupt (2) indispensable (3) sanitary (4) fragile
(5) restless (6) simultaneous (7) pregnant (8) arrogant
(9) brilliant (10) mortal

高校レベル4

UNIT 168

形容詞 5-5

単語を見てみよう！

- ① **humble** [hʌ́mbl] つつましい
- ② **feudal** [fjúːdl] 封建的な
- ③ **fierce** [fíərs] 荒々しい
- ④ **mature** [mət(j)úər] 成熟した
- ⑤ **damp** [dǽmp] 湿った
- ⑥ **alien** [éiljən] 外部の
- ⑦ **immense** [iméns] 莫大な
- ⑧ **divine** [diváin] 神の
- ⑨ **naive** [nɑːíːv] 世間知らずな
- ⑩ **compulsory** [kəmpʌ́lsəri] 強制的な

よく使われる表現も見ておこう！

① I live a humble life. — 私はつつましい生活をしている。

④ He is not mature yet. — 彼はまだ成熟していない。

⑥ Many alien species were brought in. — 多くの外来種が持ち込まれた。

⑧ It is a divine act. — それは神のなせる業だ。

⑨ You are too naive. — 君はあまりも世間知らずだ。

■ 派生語・関連語
② féudalism 封建主義 ④ matúrity 成熟 ⑥ álienate 遠ざける
⑩ compél 強制する

NOTES：⑥エイリアン

英語で話してみよう！ CD86

(1) それは神のなせる業だ。　　It is a _____ act.

(2) 君はあまりも世間知らずだ。　You are too _____.

(3) 封建制度は廃止された。　　The _____ system was abolished.

(4) 多くの外来種が持ち込まれた。　Many _____ species were brought in.

(5) 地下室が湿っぽい。　　The basement is _____.

(6) 彼らは激しいけんかをした。　They had a _____ fight.

(7) 私はつつましい生活をしている。　I live a _____ life.

(8) 彼はまだ成熟していない。　He is not _____ yet.

(9) 義務教育が与えられている。　_____ education is provided.

(10) その規模は途方もないものだ。　The size is _____.

---

(1) divine (2) naive (3) feudal (4) alien (5) damp
(6) fierce (7) humble (8) mature (9) Compulsory
(10) immense

UNIT 169

形容詞 5-6

単語を見てみよう！

- ① **hollow** [hálou] 中空の
- ② **initial** [iníʃ(ə)l] 最初の
- ③ **dizzy** [dízi] めまいのする
- ④ **eternal** [itə́ːrnl] 永遠の
- ⑤ **utmost** [ʌ́tmòust] 最大の
- ⑥ **static** [stǽtik] 静的な
- ⑦ **furious** [fjú(ə)riəs] 激怒した
- ⑧ **awful** [ɔ́ːfəl] ひどい
- ⑨ **eccentric** [ikséntrik] 風変わりな
- ⑩ **deaf** [déf] 耳の聞こえない

よく使われる表現も見ておこう！

① The words sound hollow. その言葉は空虚に聞える。

③ I feel dizzy. 私はめまいがする。

⑤ We made our utmost efforts. 私達は最大限の努力をした。

⑥ I hate static electricity. 静電気は大嫌いだ。

⑧ The taste was awful. その味はひどかった。

■派生語・関連語
③ dízziness めまい　④ etérnity 永遠　⑥ dynámic 動的な
⑦ fúry 激怒　⑧ áwe 畏（おそ）れ　⑨ eccentrícity 風変わり
⑩ dúmb 口のきけない・愚かな

NOTES:⑨エキセントリックな性格

英語で話してみよう！　　　　　　　　　　　　　　　　　CD

(1) それは永遠の謎だ。　　　　　　　It is an _____ mystery.

(2) その味はひどかった。　　　　　　The taste was _____.

(3) 静電気は大嫌いだ。　　　　　　　I hate _____ electricity.

(4) 彼女はうわさ話には耳を貸さない。　She turns a _____ ear to gossip.

(5) 私はめまいがする。　　　　　　　I feel _____.

(6) 最初の会合はうまくいった。　　　The _____ meeting was successful.

(7) 私は彼の振る舞いに激怒した。　　I was _____ with his behavior.

(8) その言葉は空虚に聞こえる。　　　The words sound _____.

(9) 彼女は変わった女性だ。　　　　　She is an _____ woman.

(10) 私達は最大限の努力をした。　　　We made our _____ efforts.

---

(1) eternal　(2) awful　(3) static　(4) deaf　(5) dizzy
(6) initial　(7) furious　(8) hollow　(9) eccentric　(10) utmost

UNIT 170

形容詞 5-7

単語を見てみよう！

- ① **crucial** [krúːʃəl] 重大な
- ② **optimistic** [ὰptəmístik] 楽観的な
- ③ **pessimistic** [pèsəmístik] 悲観的な
- ④ **ultraviolet** [ὰltrəváiəlit] 紫外線の
- ⑤ **sacred** [séikrid] 神聖な
- ⑥ **pathetic** [pəθétik] 哀れな
- ⑦ **crude** [krúːd] 粗い
- ⑧ **unprecedented** [ʌnprésidəntid] 空前の
- ⑨ **aesthetic** [esθétik] 美的な
- ⑩ **intricate** [íntrikət] 込み入った

よく使われる表現も見ておこう！

① Your support is crucial. あなたの支えが本当に重要です。

② You are too optimistic. 君はあまりに楽観的すぎる。

③ Don't be so pessimistic. そんなに悲観的にならないで。

④ Avoid ultraviolet rays. 紫外線は避けなさい。

⑥ You're pathetic. 君は哀れなやつだ。

■派生語・関連語
② óptimism 楽観主義　③ péssimism 悲観主義　④ infraréd 赤外線の
⑧ precéde 先行する

NOTES: ⑨エステサロン

英語で話してみよう！　　　　　　　　　　　　　　CD87

(1)	君はあまりに楽観的すぎる。	You are too _____.
(2)	それはややこしいパズルだ。	It is an _____ puzzle.
(3)	それは私の美的感覚に訴えるものがあった。	It appealed to my _____ sense.
(4)	そんなに悲観的にならないで。	Don't be so _____.
(5)	紫外線は避けなさい。	Avoid _____ rays.
(6)	私達は原油を輸入している。	We import _____ oil.
(7)	それは前例のない出来事だ。	It is an _____ event.
(8)	あなたの支えが本当に重要です。	Your support is _____.
(9)	君は哀れなやつだ。	You're _____.
(10)	エルサレムは3つの宗教にとって聖なるものだ。	Jerusalem is _____ to three religions.

---

(1) optimistic　(2) intricate　(3) aesthetic　(4) pessimistic
(5) ultraviolet　(6) crude　(7) unprecedented　(8) crucial
(9) pathetic　(10) sacred

UNIT 171

形容詞 5-8

単語を見てみよう！

- ① **deficient** [difíʃənt] 不足した・欠陥の
- ② **dense** [déns] 濃い
- ③ **solemn** [sáləm] 厳粛な
- ④ **extravagant** [ikstrǽvəgənt] 浪費の
- ⑤ **dim** [dím] 薄暗い
- ⑥ **transparent** [trænspé(ə)rənt] 透明な
- ⑦ **fertile** [fə́:rtl] 肥沃な
- ⑧ **obscure** [əbskjúər] あいまいな
- ⑨ **subordinate** [səbɔ́:rd(ə)nət] 従属的な
- ⑩ **due** [d(j)ú:] 当然払うべき

よく使われる表現も見ておこう！

① I am deficient in vitamin A. 　私はビタミン A が不足している。

② I drove in dense fog. 　私は濃霧の中を運転した。

⑤ The light was dim. 　照明は薄暗かった。

⑥ Put your garbage in a transparent bag. 　ゴミは透明な袋に入れなさい。

⑩ When is the due date? 　締切日はいつですか。

■派生語・関連語
① deficiency 不足　② dénsity 密度　⑥ transpárency 透明性
⑦ bárren 不毛の　⑧ obscúrity あいまいさ

NOTES：②コンデンスミルク

英語で話してみよう！　　　　　　　　　　　　　　　CD

(1) 私は濃霧の中を運転した。　　　　I drove in _____ fog.

(2) それは厳粛な儀式だった。　　　　It was a _____ ceremony.

(3) 私はビタミン A が不足している。　I am _____ in vitamin A.

(4) 彼は金遣いの荒い生活をしている。　He lives an _____ life.

(5) 締切日はいつですか。　　　　　　When is the _____ date?

(6) 彼は従属的な立場をとっている。　He takes a _____ position.

(7) 彼らの意図はあいまいだ。　　　　Their intentions are _____.

(8) 照明は薄暗かった。　　　　　　　The light was _____.

(9) それは肥沃な土地だ。　　　　　　It is a _____ land.

(10) ゴミは透明な袋に入れなさい。　　Put your garbage in a _____ bag.

---

(1) dense　(2) solemn　(3) deficient　(4) extravagant　(5) due
(6) subordinate　(7) obscure　(8) dim　(9) fertile
(10) transparent

高校レベル4

UNIT 172

形容詞 5-9

単語を見てみよう！

- ① **preliminary** 予備の
  [prilímənèri]
- ② **wicked** 邪悪な
  [wíkid]
- ③ **reckless** 無謀な
  [réklis]
- ④ **queer** 変な
  [kwíər]
- ⑤ **spontaneous** 自発的な
  [spɑntéiniəs]
- ⑥ **patriotic** 愛国心のある
  [pèitriátik]
- ⑦ **shrewd** 抜け目のない
  [ʃrúːd]
- ⑧ **ripe** 熟した
  [ráip]
- ⑨ **random** 無作為の
  [rǽndəm]
- ⑩ **naughty** 腕白な
  [nɔ́ːti]

よく使われる表現も見ておこう！

③ It is a reckless attempt. それは無謀な試みだ。

⑥ They have patriotic feelings. 彼らは愛国心がある。

⑦ He is shrewd in business. 彼は商売に抜け目がない。

⑨ He made a random choice. 彼は適当に選んだ。

⑩ He is a naughty boy. 彼は腕白な少年だ。

■派生語・関連語
② wíckedness 邪悪 ⑥ pátriotism 愛国心 ⑦ shréwdness 抜け目のなさ

NOTES：①プレテスト　⑨ランダムな表示

英語で話してみよう！　　　　　　　　　　　　　　　CD88

(1) 彼は腕白な少年だ。　　　　　He is a _____ boy.

(2) 私達は予備試験を受けた。　　We had a _____ test.

(3) 実は熟している。　　　　　　The fruit is _____.

(4) 彼は意地悪な気持ちを持っていた。　　He had a _____ mind.

(5) それは無謀な試みだ。　　　　It is a _____ attempt.

(6) 彼らは愛国心がある。　　　　They have _____ feelings.

(7) 君は変わった趣味をしている。　　You have _____ tastes.

(8) 彼は商売に抜け目がない。　　He is _____ in business.

(9) 彼は適当に選んだ。　　　　　He made a _____ choice.

(10) それは自発的な行為だった。　It was a _____ act.

---

(1) naughty　(2) preliminary　(3) ripe　(4) wicked
(5) reckless　(6) patriotic　(7) queer　(8) shrewd　(9) random
(10) spontaneous

Group 5 が終わり、これで 1720 語すべてが終了しました。

本書には、さらにオプションとして"バックステージ(舞台裏)ツアー"が準備されています。

この目的は、単語を内側から見て、それがどのように作られているか(つまり語源)を見てみようというものです。語源はなかなか強力な武器ですが、いまひとつ利用されていないと思います。理由の1つに、どのくらい役に立つかわからないということもあるでしょう。高校レベルの単語で半数近くの単語がカバーできると考えれば大きくはずれてないと思います。また語源は難しいというイメージがあるかもしれませんが、心配には及びません。一目で語源がわかる工夫をしています。

語源を知れば、見たことのない英単語でも意味を類推できるようになります。そうなれば英単語が怖くなくなります。どうぞ、こちらもお楽しみください。

Group 5 の不規則動詞

1 forbid/forbade/forbidden
2 foresee/foresaw/foreseen
   leap/leapt/leapt (*or* -ed)
   spill/spilt/spilt (*or* -ed)
3 stick/stuck/stuck
4 burst/burst/burst
5 strive/strove/striven (*or* -ed)
6 breed/bred/bred
9 cling/clung/clung
10 swear/swore/sworn
11 withstand/withstood/withstood
13 shrink/shrank/shrunk
   swell/swelled/swollen (*or* -ed)

Backstage Tour
英単語の漢字変換

① それではスタート、Come with me!

　私達が毎日のように耳にする「コンビニ」。この言葉からツアーをスタートさせましょう。

　コンビニとはつまり convenience（便利）ですが、この単語を少し料理しましょう。まず、con と venience に分けます。
　次に後半を短く vieni にし、前後を入れ替えて vieni con。これに me を加えるとイタリア語の出来上がりです。

　Vieni con me!　　発音はローマ字式に、「ヴィエーニ・コン・メ」
（Come with me!）

② 英単語の仕組み

　上の例でわかることが3つあります。

1. convenience が2つの部分から成っているということ。
2. convenience の con という部分は with に対応する前置詞だということ。
3. イタリア語と関わりがあるということ。

　con は with（一緒に）、venience は vieni（venire 来る）を表し、「共に来る」という意味を作り上げています。また、con に限らず、in や ex や sub などで始まる英単語も多いですね。いずれも前に置かれ、しかも位置関係を表します。その理由は、これらがいずれもイタリア語の元となるラテン語の前置詞出身だからです。

　つまり inspect、export、submit などはどれも "前置詞〜" の形（in+spect、ex+port、sub+mit）になっているわけです。例えば、一見紛らわしい export、expect、except も、単に同じ前置詞（ex）を使っていただけなのです。これが多くの英単語の前半が似ている、つまり英単語を紛らわしくさせている理由です。

③ 語源を身近なものに

　こうした語源の話になると、たいていラテン語やギリシア語が登場してきます。すると、ますます英語が縁遠く感じられたりもします。しかし、

英単語を増やすという目的だけならば、特別な知識は必要ありません。私達にとって身近なものを利用すれば語源の知識を身につけることができます。

　ここで語源を使って英単語を見るということを、もう一度考えてみましょう。例えば inspect という単語を i、n、s、p、e、c、t といった独立したアルファベットで見ると、この単語はそれぞれの音の集まりでしかありません。しかし、語源でとらえると、in + spect と考えて、2つの意味のつながりでその単語を見ることになります。これは言い換えると、表音文字であるアルファベットを表意文字のようにとらえることに他なりません。そして表意というなら、私達の得意な「漢字」の登場です。これを利用します。

　そこでこの英単語に対応させる日本語を「カタカナ」から「漢字」にシフトさせてみましょう。inspect を「インスペクト」と何度発音しても意味は見えてきませんが、in（中）+ spect（見）ならどうでしょうか。「検査する」というイメージが浮かんできませんか。

　みなさんをご案内したかった場所は、この漢字というフィールドです。ここなら安心ですね。これから「漢字変換」された英単語を見ていくことにしましょう。それを見れば、誰でも英単語の語源が一目でわかるはずです。

④ 単語の前半部分の意味を知ろう

　それでは単語の前半部分から見ていくことにしましょう。わずか十数個ですが、これらの意味を知ると、単語の見方は大きく変わります。

　なぜなら、初めて出会った単語でも類推できるようになるからです。こうしたアプローチに慣れてくると、たとえば、con で始まる単語を見ればなにか「まとまり」を感じるようになります。逆に、dis で始まるものを見れば「離れる」というイメージを持つようになるでしょう。こうした単語の見方は上述したように私達にとってなじみのあるものです。それは、「共生、共同、共通」のような「共〜」という単語を見るときとまさに同じ感覚なのです。

> in（中・不）　　　ex（外）
> con（共）　　　　dis（離）
> pro（前）：位置　pre（前）：時間
> re（再・戻）　　 per（完）
> ad（向）　　　　ob（向・逆）
> sub（下）　　　 de（下・強・離）
> inter（間）　　　trans（移）

＊最後の文字は次の文字によって変わることがある。(ann-、opp-)
＊多くは前置詞出身だが、re などそうでないものもある。

次に単語の後半で用いられる語源をアルファベット順に見ていきましょう。それらの語源から作られた本書の見出し語が再びここで登場します。

語源から見た英単語

ACT（動）
- act（動）　　　　　行動する
- active（動）　　　　行動的な
- actual（動）　　　　実際の
- react（戻・動）　　 反応する
- interact（間・動）　相互作用する

ANCE（前）
- ancient（前）　　　古代の
- ancestor（前）　　 祖先
- advance（向・前）　進む
- advantage（向・前）有利

ANG（締→苦しさ）
- angry（締）　　　 怒った
- anxious（締）　　 心配な

ANN（年）
- annual（年）　　　　　毎年の
- anniversary（年・変）　記念日

ASTRO（星）
- astronaut（星）　　　　　　　宇宙飛行士
- astronomy（星・規）　　　　 天文学
- disaster（離・星→不吉）　　災害

BIO（生）
- biology（生・論）　生物学
- biography（生・書）伝記

CAP（取）
- capacity（取→持てる量）能力
- capture（取）とらえる

CAST（投）
- cast（投）投げる
- forecast（前・投）予報
- broadcast（広・投）放送

CEED / CESS（行）
- exceed（外・行）超える
- succeed（下・行→下から行く）成功する
- unprecedented（不・前・行）空前の
- process（前・行）過程
- access（向・行）接近

CEIVE / CEPT（取）
- receive（再・取）受ける
- conceive（共・取→受け止める）心に抱く
- perceive（完・取）知覚する
- deceive（離・取→奪い取る）だます
- except（外・取）以外
- concept（共・取）概念
- accept（向・取）受け入れる
- anticipate（前・取）予想する
- participate（分・取）参加する

CENTR（央）
- concentrate（共・央）集中する
- eccentric（外・央）風変わりな

CID（落）
- accident（向・落→降りかかる）事故
- incident（中・落）出来事
- coincidence（共・中・落）一致

CIDE（切）
- decide（下・切→断ち切る）決定する
- suicide（自・切）自殺
- concise（共・切）簡潔な
- precise（前・切→そろえる）正確な

CLIN（傾）
- incline（中・傾）傾ける
- decline（下・傾→申し出を）断る

CLUD（閉）
- include（中・閉）含む
- exclude（外・閉）除外する
- conclude（共・閉）結論づける
- disclose（離・閉）明らかにする

CONTRA（逆）
- contrary（逆）逆の
- contrast（逆）対照

COUR（心）
- courage（心）勇気
- encourage（中・心）励ます

discourage（離・心）落胆させる

CRE（作）
create（作）　　　創造する
creature（作→神が創った）
　　　　　　　　　生き物
increase（中・作）増加する
decrease（下・作）減少する
concrete（共・作→形づくる）
　　　　　　　　　具体的な

CRED（信）
credit（信）　　　信用
incredible（不・信）
　　　　　　　　　信じられない

CULT（耕）
cultivate（耕）　　耕す
culture（耕）　　　文化
agriculture（地・耕）農業
colony（耕）　　　植民地

CUR（走）
current（走→進行中）現在の
occur（向・走）　　起こる

CURE（気）
care（気）　　　　気にかける
careful（気）　　　注意深い
cure（気）　　　　治療する
accurate（向・気→気をつける）
　　　　　　　　　正確な
secure（離・気→気がかりなし）
　　　　　　　　　確保する

DEM（民）
democracy（民・治）民主主義
epidemic（上・民→降りかかる）
　　　　　　　　　伝染病

DICT（言）
indicate（中・言）　示す
dedicate（強・言→申し出）
　　　　　　　　　ささげる
predict（前・言）　予言する
contradict（逆・言）矛盾する

DU（負）
debt（負）　　　　借金
duty（負）　　　　義務
due（負）　　　　当然払うべき

DUCT（導）
education（外・導→導き出す）
　　　　　　　　　教育
conduct（共・導）行動する
produce（前・導）生産する
reduce（戻・導）　減少する
introduce（中・導）紹介する
induce（中・導）　誘う

FACT（作）
factory（作）　　　工場
fact（作→生み出された）事実
factor（作）　　　要素
affect（向・作）　影響する
effect（外・作）　効果
perfect（完・作）完全な
infect（中・作）　感染させる
defect（下・作）　欠陥

efficient（外・作） 効率的な
sufficient（下・作→下から作る）
　　　　　　　　　　　十分な
deficient（下・作）　 不足した
artificial（技・作）　人工の
benefit（良・作）　　利益
profit（前・作→前進）利益
affair（向・作→発生）出来事

FAM（話）
fame（話）　　　　　名声
fate（話→予言された）運命
infant（不・話→話せない）
　　　　　　　　　　　幼児

FER（運）
different（離・運）　異なった
indifferent
（不・離・運→区別なし）無関心な
prefer（前・運→先に取る）好む
refer（戻・運）　　　言及する
suffer（下・運）　　苦しむ
transfer（移・運）　移動する
offer（向・運）　　　提供する
conference（共・運）会議

FESS（話）
profession（前・話→能力を公言）
　　　　　　　　　　　職業
confess（共・話）　　告白する

FIN（終）
finish（終）　　　　　終える
infinite（不・終）　　無限の
confine（共・終）　　制限する
define（強・終→境界線）定める
definite（強・終）　　確かな
financial（終→清算） 金銭の

FIRM（固）
firm（固）　　　　　　固い
confirm（共・固）　　確認する
affirm（向・固）　　断言する

FLECT（曲）
reflect（戻・曲→光） 反映する
flexible（曲）　　　柔軟な

FLU（流）
fluent（流）　　　　流ちょうな
influence（中・流→流し込む）
　　　　　　　　　　影響する
affluent（向・流→あふれる）
　　　　　　　　　　裕福な
flood（流）　　　　　洪水

FORCE（力）
force（力）　　　　　力
effort（外・力）　　 努力
reinforce（再・力）　強化する

FORM（形）
form（形）　　　　　形
formal（形）　　　　形式的な
reform（再・形）　　改正する
conform（同・形）　 一致する
transform（移・形） 変形する
uniform（一・形）　 制服
inform（中・形→知識を形成）
　　　　　　　　　　　報告する

FUND（基）
- fundamental（基）　基本的な
- found（基）　創設する
- profound（前・基→基部）深遠な

FUSE（注）
- confuse（共・注→いろいろ注ぐ）混乱させる
- refuse（戻・注）断る

GEN（生）
- generate（生）　生み出す
- generation（生）　世代
- genuine（生→先天的）本物の
- general（生→種全体）一般的な
- gentle（生→生まれのよさ）優しい
- generous（生→生まれのよさ）寛大な

GEST（運）
- gesture（運→伝える）身振り
- digest（離・運）消化する
- suggest（下・運→伝える）提案する
- exaggerate（外・運）誇張する

GNO（知）
- knowledge（知）　知識
- acknowledge（知）　認める
- ignore（不・知）　無視する
- ignorant（不・知）　無知な
- recognize（再・知）　認める

GRAD（段）
- grade（段）　学年
- graduate（段）　卒業する
- gradually（段）　徐々に
- degree（下・段）　程度

GRAT（喜）
- gratitude（喜）　感謝
- gratify（喜）　満足させる
- agree（向・喜）　賛成する
- disagree（離・向・喜）反対する
- grace（喜）　優雅
- congratulate（共・喜）祝う

GRAV（重）
- grave（重）　重大な
- grief（重→気が重い）悲しみ

GRESS（歩）
- progress（前・歩）　進歩
- aggressive（向・歩）攻撃的な
- Congress（共・歩→集合）議会

HAB（持）
- habit（持）　癖
- inhabit（中・持→居場所）住む
- exhibit（外・持）　展示する
- prohibit（前・持→離して持つ）禁じる

HERI（継）
- heritage（継）　遺産
- inherit（中・継）　相続する

IT（行）
initial（中・行→入り口）　最初の
ambitious（周・行）　野心のある

JECT（投）
reject（戻・投）　拒絶する
object（向・投→的）　物体
　　　　（逆・投）　反対する
objective（向・投）　客観的な
subject（下・投→支配すべきもの）
　　　　　　　　　　科目
subjective（下・投）　主観的な
project（前・投→前方に映し出す）
　　　　　　　　　　計画

JU（正）
judge（正）　判断する
justice（正）　正義
justify（正）　正当化する
adjust（向・正）　調整する
prejudice
（前・正→前もって決める）偏見
injure（不・正）　傷つける

LABO（働）
labor（働）　労働
laboratory（働）　実験室
elaborate（外・働）　入念な

LATE（運）
relate（戻・運）　関係づける
translate（移・運）　翻訳する

LAX（緩）
relax（戻・緩）　くつろぐ
release（戻・緩）　放す
analysis（全・緩→ばらばらに）
　　　　　　　　　　分析

LECT（選）
elect（外・選→選出）　選出する
collect（共・選）　集める
recollect（再・共・選）　思い出す
intellectual（間・選→見極める）
　　　　　　　　　　知的な
neglect（否・選）　無視する
select（離・選）　選ぶ
diligent（離・選→入念）勤勉な

LEG（法）
legal（法）　法的な
privilege（私・法→私的な法）
　　　　　　　　　　特権

LIG（縛）
oblige（向・縛）　義務づける
loyal（縛）　忠誠心のある
colleague（共・縛）　同僚

LOG（論）
logic（論）　論理
psychology（心・論）　心理学
technology（技・論）　科学技術
apologize（離・論→逃れる）
　　　　　　　　　　謝る
eloquent（外・論→声を出す）
　　　　　　　　　　雄弁な
dialogue（間・論）　対話

MAG（大）
major（大）　大きな

maximum (大)　　　最大
magnify (大)　　　拡大する

MAND (求)
demand (強・求)　　要求する
command (共・求)　　命令
recommend (再・共・求)　　推薦する

MANU (手)
manufacture (手・作)　製造する
manage (手→手はず)　管理する
manipulate (手・満)　操作する

MEDI (中)
medium (中→間にある)　媒体
immediate (不・中→途中がない)　即座の

METER (測)
geometry (地・測→測量)　幾何
barometer (重・測)　指標

MIN (小)
minor (小)　　　小さな
minimum (小)　　最小
diminish (離・小)　減る
minute (小)　　　細かい
minister (小→仕える)　大臣
administer (向・小→仕える)　管理する

MIR (驚)
miracle (驚)　　　奇跡
admire (向・驚)　　賞賛する
marvel (驚)　　　驚く

MIT / MISS (送)
admit (向・送→入れる)　認める
permit (完・送→妨げない)　許可する
submit (下・送)　提出する
commit (共・送→身を任す)　犯す
committee (共・送→委ねる)　委員会
transmit (移・送)　送信する
omit (逆・送)　省略する
mission (送→派遣)　任務
dismiss (離・送)　解散する
promise (前・送→差し出す)　約束
compromise (共・前・送→双方)　妥協

MOD (形)
modify (形)　　　修正する
moderate (形→型通り)　穏やかな
modest (形→型通り)　控えめな
commodity (共・形→同じ形)　商品
accommodate (向・共・形)　収容する

MORT (死)
mortal (死)　　　死の
murder (死)　　　殺人

MOT (動)
move (動)　　　動く
remove (再・動)　除く

motive（動） 動機
promote（前・動） 促進する
emotion（外・動→外に出る動き） 感情
remote（戻・動） 遠い

MUT（変）
commute（共・変→双方向） 通勤する
mutual（変） 相互の

NAT（生）
nature（生） 自然
native（生） その国の
national（生→そこで生まれた） 国の
naive（生→生まれたまま） 世間知らずの
pregnant（前・生） 妊娠した

NOTE（記）
notice（記） 気づく
notion（記） 概念

NOUNCE（言）
pronounce（前・言） 発音する
announce（向・言） 発表する
renounce（戻・言→撤回） 放棄する
denounce（下・言） 非難する

OPT（望）
optimistic（望） 楽観的な
adopt（向・望） 採用する

PAR（見）
appear（向・見） 現れる
apparent（向・見） 明らかな
disappear（離・向・見） 消える
transparent（移・見） 透明な

PARE（備）
prepare（前・備） 準備する
repair（戻・備） 修理する
separate（離・備） 分ける

PART（分）
depart（離・分） 出発する
department（離・分） 部門
parcel（分→小さなもの） 小包

PAT / PASS（感）
patient（感） 忍耐のある
pathetic（感） 哀れな
sympathy（同・感） 同情
passion（感） 情熱

PED（足）
pedestrian（歩） 歩行者
expedition（外・足） 遠征

PEND（垂）
depend（下・垂→ぶら下がる） 頼る
independent（不・下・垂） 独立した
expense（外・垂→天秤→貨幣） 費用
expensive（外・垂） 高価な
spend（外（ex）・垂） 費やす

compensate（共・垂→つりあい）
　　　　　　　　　　　償う
indispensable
　（不・離・垂→離せない）不可欠の
suspend（下・垂→宙吊り）
　　　　　　　　　　　停止する

PERI（試）
experience（外・試）　経験
experiment（外・試）　実験
expert（外・試）　　　専門家
peril（試）　　　　　　危険

PET（求）
compete（共・求）　　競争する
competent（共・求→競争力）
　　　　　　　　　　　有能な
appetite（向・求）　　食欲
petition（求）　　　　嘆願
repeat（再・求）　　　繰り返す

PHAS（現）
emphasize（中・現）　強調する
phenomenon（現）　　現象
phase（現）　　　　　局面

PLE（満）
plenty（満）　　　　　豊富な
complete（満）　　　　完成する
supply（満）　　　　　供給する
implement（中・満）　実行する

PLY（折）
apply（向・折→目標に向けて）
　　　　　　　　　　　適合する
reply（戻・折→折り返し）答える

imply（中・折→見えないように）
　　　　　　　　　　　暗示する
employ（中・折→含む）雇う
display（離・折→開く）表示する
complicate（共・折）複雑にする
multiply（多・折）　　増やす
diplomacy（二・折→公文書）
　　　　　　　　　　　外交

POINT（示）
punctual（示→指示通り）
　　　　　　　　　　時間に正確な
appointment（向・示→指定）
　　　　　　　　　　　約束
disappoint
　（離・向・示→指名なし）失望させる

POPU（人）
popular（人）　　　人気のある
population（人）　　人口
public（人）　　　　公共の
publish（人→広まる）出版する
republic（事・人→人々の）
　　　　　　　　　　　共和国

PORT（運）
import（中・運）　　輸入する
export（外・運）　　輸出する
transport（移・運）　輸送する
support（下・運）　　支える

POSE（置）
pose（置）　　　　　提示する
impose（中・置）　　課す
expose（外・置）　　さらす
propose（前・置→相手の前へ）

		提案する
dispose	(離・置)	処理する
compose	(共・置)	構成する
oppose	(逆・置)	反対する
opponent	(逆・置)	対戦相手
suppose	(下・置→それを基に)	考える
purpose	(前(pro)・置)	目的
pause	(置→仕事を)	休止する
postpone	(後・置)	延期する

PRESS（押）
- express（外・押→押し出す）　表現する
- impress（中・押→押し込める）　印象づける
- depress（下・押）　気落ちさせる

PRI（価）
- price（価）　価格
- praise（価）　賞賛する
- precious（価）　貴重な
- appreciate（価）　評価する

PRIM（主）
- prime（主）　主な
- primitive（主）　原始的な
- principal（主）　主な
- principle（主）　原則

PRISE（捕）
- surprise（上・捕）　驚かす
- prize（捕）　賞
- prison（捕）　刑務所
- enterprise（入・捕）　事業

- comprehend（共・捕）　理解する

PROVE（調）
- prove（調→実証）　証明する
- proof（調）　証拠
- approve（向・調）　承認する

QUIRE（求）
- require（再・求）　要求する
- acquire（向・求）　得る
- inquire（中・求→情報を）　尋ねる
- conquer（共・求）　征服する
- quest（求）　探求
- request（再・求）　要求する

RADI（放）
- radiate（放）　放射する
- radius（放→円の中心から）　半径

RECT（正）
- correct（共・正）　正しい
- erect（正→まっすぐ）　建てる
- direct（正→まっすぐ）　直接の

REG（統）
- regular（統）　規則正しい
- regulate（統）　規制する
- region（統→統治）　地域
- royal（統→統治）　王室の

RUPT（破）
- corrupt（共・破）　腐敗させる
- interrupt（間・破）　中断させる
- bankrupt（台・破）　破産した

SACRE（聖）
- sacred（聖） 神聖な
- sacrifice（聖・作→いけにえ） 犠牲

SANI（健）
- sanitary（健→健全） 衛生の
- insane（不・健） 狂気の

SCEND（登）
- ascend（向・登） 上がる
- descend（下・登） 下がる

SCI（知）
- conscious（共・知） 意識的な
- conscience（共・知→分別） 良心

SENS（感）
- sensitive（感） 敏感な
- sensible（感→感性） 分別のある
- resent（戻・感） 怒る
- consent（共・感） 同意
- sentiment（感） 心情

SEQU（続）
- consequence（共・続→まとまる） 結果
- executive（外・続→やりとげる） 執行役員
- pursue（前・続） 追求する
- suitable（続→従う） 適した

SERT（結）
- desert（離・結→いなくなる） 砂漠
- exert（外・結→力を外へ） 発揮する

SERV（保）（仕）
- conserve（共・保） 保存する
- preserve（前・保） 保存する
- reserve（戻・保→取り置き） 予約する
- observe（向・保） 観察する
- serve（仕） 出す
- deserve（強・仕→役立つ） 価値がある

SID / SESS（座）
- reside（戻・座→腰をおろす） 住む
- possess（力・座→置いておく） 所有する
- obsess（向・座） とりつく

SIGN（印）
- sign（印） しるし
- assign（向・印→各々に） 割り当てる
- resign（戻・印） 辞職する
- design（下・印） 設計する
- significant（印→印づける） 重要な
- signify（印） 表す

SIM（同）
- same（同） 同じ
- similar（同） 類似した
- resemble（戻・同） 似る
- assemble（向・同→同じ場所へ）

集まる

SIST（立）
consist（共・立）　成り立つ
assist（向・立→相手に向かう）
　　　　　　　　　手助けする
resist（戻・立→押し戻す）
　　　　　　　　　抵抗する
insist（中・立→動かない）
　　　　　　　　　主張する
exist（外・立）　　存在する
persist（完・立）　固執する

SOLV（解）
solve（解）　　　解決する
resolve（戻・解）　解決する
absolute（離・解→解けない）
　　　　　　　　　絶対的な

SPECT（見）
specific（見→人が見る）特定の
spectator（見）　　見物人
inspect（中・見）　検査する
expect（外・見→外を眺めて）
　　　　　　　　　予期する
aspect（向・見→見える部分）
　　　　　　　　　局面
respect（戻・見→あらためて見る）
　　　　　　　　　尊敬する
suspect（下・見→裏をさぐる）
　　　　　　　　　疑う
species（見→外見でまとめる）
　　　　　　　　　種
prospect（前・見）　見込み
perspective（完・見）展望
despise（下・見）　軽蔑する

SPIRE（息）
inspire（中・息→吹き込む）
　　　　　　　　　刺激する
aspire（向・息→目指す）
　　　　　　　　　熱望する

STA（立）
stand（立→立ったまま）耐える
withstand（対・立）　耐える
stable（立）　　　安定した
establish（外・立）　設立する
statue（立）　　　像
status（立→立場）　地位
circumstance（周・立）状況
constant（共・立→同じ状態）
　　　　　　　　　一定の
distance（離・立）　距離
substance（下・立→表面の下）
　　　　　　　　　内容
obstacle（逆・立）　障害

STI（立）
institution（中・立）機関
constitute（共・立）構成する
substitute（下・立→控え）
　　　　　　　　　置き換える
superstition（上・立→超然）
　　　　　　　　　迷信
destiny（強・立→ゆるがない）
　　　　　　　　　運命

STING（刺）
distinguish（離・刺→刺して離す）
　　　　　　　　　区別する
distinct（離・刺）　際立った

extinguish（外・刺→出す）
　　　　　　　　　　消す
instinct（中・刺→体の中にある）
　　　　　　　　　　本能
stimulate（刺）　　刺激する

STR（力）
strong（力）　　　強い
district（離・力→別々に）　地区
strict（力）　　　　厳しい
restrict（戻・力）　制限する
strain（力）　　　　緊張
restrain（戻・力）　抑制する

STRUCT（建）
structure（建）　　構造
construction（共・建）　建設
destroy（下・建）　破壊する
instruct（中・建→能力をつくる）
　　　　　　　　　　指導する
obstruct（逆・建）　妨害する

SULT（跳）
result（戻・跳→跳ね返る）
　　　　　　　　　　結果
insult（中・跳→心を襲う）
　　　　　　　　　　侮辱する
assault（向・跳）　襲撃

SUME（取）
consume（共・取）　消費する
assume（向・取）　想定する
presume（前・取）　推定する
resume（再・取）　回復する

TAIN（持）
contain（共・持）　含む
retain（戻・持）　保持する
obtain（向・持）　得る
sustain（下・持）　支える
maintain（手・持）　維持する
entertain（間・持→中に迎える）
　　　　　　　　　　楽しませる
content（共・持）　内容
continent（共・持→まとめる）
　　　　　　　　　　大陸

TECT（覆）
protect（前・覆）　守る
detect（離・覆）　検出する

TEMPER（温）
temperature（温）　温度
temper（温→穏やか）　気質

TEMPO（時）
temporary（時）　一時的な
contemporary（共・時→同時代）
　　　　　　　　　　現代の

TEND（伸）
extend（外・伸）　伸ばす
extent（外・伸）　程度
attend（向・伸→向かう）
　　　　　　　　　　出席する
contend（共・伸→共に伸びる）
　　　　　　　　　　争う
intend（中・伸→入る）意図する
pretend（前・伸→大きく見せる）
　　　　　　　　　　振りをする

tension（伸→伸ばすと張る）　緊張
intense（中・伸→張った状態）　激しい

TERM（終）
term（終→期限）　期間
determine（強・終）　決定する
exterminate（外・終）　絶滅させる

TEXT（織）
context（共・織→内容を織り込む）　文脈
subtle（下・織→細かい）　微妙な

TORT（曲）
distort（離・曲）　ゆがめる
torture（曲→体を）　拷問

TRACT（引）
attract（向・引）　引きつける
contract（共・引→結びつける）　契約
extract（外・引）　引き出す
abstract（離・引→抽出）　抽象的な
treat（引→引き寄せる）　扱う

TRIBUTE（与）
contribute（共・与）　貢献する
distribute（離・与）　分配する
attribute（向・与→帰す）　せいにする

TRU（押）
threat（押）　脅威
intrude（中・押）　侵入する

TURB（乱）
trouble（乱）　トラブル
disturb（離・乱）　邪魔をする

USE（使）
useful（使）　役立つ
abuse（離・使）　乱用する
utility（使）　有用性

VA（無）
vain（無）　無駄な
vacant（無）　空いている
avoid（向・無）　避ける
inevitable（不・向・無）
= unavoidable　必然的な

VAGA（漂）
vague（漂）　あいまいな
extravagant（外・漂→越える）　浪費の

VAL（値）
value（値）　価値
evaluate（外・値）　評価する
valid（値）　有効な
available（向・値）　利用できる
prevail（前・価→評価される）　普及する

VENT（来）

event（外・来）　　出来事
invent（中・来→新たに入る）
　　　　　　　　　発明する
prevent（前・来→来る前に）
　　　　　　　　　妨げる
convention（共・来）　会議
advent（向・来）　　到来
avenue（向・来）　　大通り
revenue（戻・来）　　歳入
convenient（共・来）　便利な

VERSE（変）

convert（共・変）　変換する
conversation（共・変→双方向）
　　　　　　　　　会話
reverse（戻・変）　　逆の
advertise（向・変→注目させる）
　　　　　　　　　宣伝する
diverse（離・変）　　様々な
divorce（離・変）　　離婚する

VIA（道）

voyage（道）　　　　航海
convey（共・道）　　伝える
obvious（向・道→目の前）
　　　　　　　　　明らかな
previous（前・道）　以前の
trivial（三・道→三叉路の立ち話）
　　　　　　　　　ささいな

VID（見）

visit（見）　　　　訪れる
visible（見）　　　目に見える
advise（向・見→方向を示す）
　　　　　　　　　助言する
revise（再・見）　　改める
evidence（外・見）　証拠
evident（外・見）　　明らかな
provide（前・見→備蓄）供給する
view（見）　　　　　眺め
review（再・見）　　見直しをする
survey（上・見）　　調査
envy（中・見→のぞき込む）
　　　　　　　　　うらやむ

VIVE（生）

revive（再・生）　　復活する
vivid（生）　　　　生き生きとした
vital（生）　　　　重要な

VOC（声）

advocate（向・声）　主張する
vocation（声→神の声）天職

VOLVE（回）

involve（中・回）　　巻き込む
evolution（外・回→枠の外）進化
revolution（再・回）　革命

Group0
中学基礎レベル

基数

one 1
[wʌ́n]
two 2
[túː]
three 3
[θríː]
four 4
[fɔ́ːr]
five 5
[fáiv]
six 6
[síks]
seven 7
[sévn]
eight 8
[éit]
nine 9
[náin]
ten 10
[tén]
eleven 11
[ilévən]
twelve 12
[twélv]
thirteen 13
[θɚ̀ːtíːn]
fourteen 14
[fɔ̀ːrtíːn]
fifteen 15
[fìftíːn]
sixteen 16
[sikstíːn]
seventeen 17
[sèvəntíːn]

eighteen 18
[èitíːn]
nineteen 19
[nàintíːn]
twenty 20
[twénti]
twenty-one 21
[twènti-wʌ́n]
twenty-two 22
[twénti-túː]
thirty 30
[θɚ́ːrti]
forty 40
[fɔ́ːrti]
fifty 50
[fífti]
sixty 60
[síksti]
seventy 70
[sévənti]
eighty 80
[éiti]
ninety 90
[náinti]
one hundred 100
[wʌ́n hʌ́ndrəd]
one thousand 1000
[wʌ́n θáuz(ə)nd]

序数

first 1番目
[fɚ́ːrst]
second 2番目
[sékənd]

third 3番目
[θɚ́ːrd]
fourth 4番目
[fɔ́ːrθ]
fifth 5番目
[fífθ]
sixth 6番目
[síksθ]
seventh 7番目
[sévənθ]
eighth 8番目
[éitθ]
ninth 9番目
[náinθ]
tenth 10番目
[ténθ]
eleventh 11番目
[ilévənθ]
twelfth 12番目
[twélfθ]
thirteenth 13番目
[θɚ̀ːrtíːnθ]
fourteenth 14番目
[fɔ̀ːrtíːnθ]
fifteenth 15番目
[fìftíːnθ]
sixteenth 16番目
[sìkstíːnθ]
seventeenth 17番目
[sèv(ə)ntíːnθ]
eighteenth 18番目
[èitíːnθ]
nineteenth 19番目
[nàintíːnθ]

twentieth [twéntiiθ]	20番目	
twenty-first [twènti-fə́:rst]	21番目	
thirtieth [θə́:rtiiθ]	30番目	
thirty-first [θə́:rti-fə́:rst]	31番目	

曜日・月・季節

Sunday [sʌ́ndei]	日曜日
Monday [mʌ́ndei]	月曜日
Tuesday [t(j)ú:zdei]	火曜日
Wednesday [wénzdei]	水曜日
Thursday [θə́:rzdei]	木曜日
Friday [fráidei]	金曜日
Saturday [sǽtərdi]	土曜日
January [dʒǽnjuèri]	1月
February [fébruèri]	2月
March [má:rtʃ]	3月
April [éiprəl]	4月
May [méi]	5月
June [dʒú:n]	6月
July [dʒuláiı]	7月
August [ɔ́:gəst]	8月
September [septémbər]	9月
October [aktóubər]	10月
November [nouvémbər]	11月
December [disémbər]	12月
spring [spríŋ]	春
summer [sʌ́mər]	夏
fall [fɔ́:l]	秋
winter [wíntər]	冬

時

second [sékənd]	秒
minute [mínit]	分
hour [áuər]	時間
morning [mɔ́:rniŋ]	午前
noon [nú:n]	正午
afternoon [ǽftərnú:n]	午後
evening [í:vniŋ]	夕
night [náit]	夜
day [déi]	日
week [wí:k]	週
month [mʌ́nθ]	月
season [sí:zn]	季節
year [jíər]	年
century [séntʃəri]	世紀

家族

family [fǽm(ə)li]	家族
grandfather [grǽn(d)fɑ̀:ðər]	祖父
grandmother [grǽn(d)mʌ̀ðər]	祖母
father [fɑ́:ðər]	父
mother [mʌ́ðər]	母
brother [brʌ́ðər]	兄弟
sister [sístər]	姉妹

son [sʌ́n]	息子	
daughter [dɔ́:tər]	娘	
husband [hʌ́zbənd]	夫	
wife [wáif]	妻	
uncle [ʌ́ŋkl]	おじ	
aunt [ǽnt]	おば	
cousin [kʌ́zn]	いとこ	
parent [pé(ə)rənt]	親	
child [tʃáild]	子供	
children [tʃíldrən]	子供達	
grandchild [grǽn(d)tʃaild]	孫	

人

man [mǽn]	男
men [mén]	男達
woman [wúmən]	女
women [wímin]	女達
boy [bɔ́i]	少年
girl [gə́:rl]	少女
teacher [tí:tʃər]	先生
student [st(j)ú:dnt]	学生
friend [frénd]	友人

身体

body [bádi]	体
head [héd]	頭
hair [héər]	髪
face [féis]	顔
eye [ái]	目
nose [nóuz]	鼻
mouth [máuθ]	口
ear [íər]	耳
neck [nék]	首
shoulder [ʃóuldər]	肩
back [bǽk]	背中
stomach [stʌ́mək]	腹
arm [á:rm]	腕
elbow [élbou]	ひじ
hand [hǽnd]	手
leg [lég]	脚
knee [ní:]	ひざ
foot [fút]	足
finger [fíŋgər]	指
toe [tóu]	足の指

持ち物

pen [pén]	ペン
pencil [péns(ə)l]	鉛筆
eraser [iréisər]	消しゴム
book [búk]	本
dictionary [díkʃənèri]	辞書
notebook [nóutbuk]	ノート
picture [píktʃər]	絵・写真
bag [bǽg]	カバン

computer	コンピュータ
[kəmpjúːtər]	
TV	テレビ
[tíːvíː]	
radio	ラジオ
[réidiòu]	
desk	机
[désk]	
table	テーブル
[téibl]	
fork	フォーク
[fɔ́ːrk]	
knife	ナイフ
[náif]	

家

house	家（建物）
[háus]	
home	家（生活の場）
[hóum]	
roof	屋根
[rúːf]	
window	窓
[wíndou]	
wall	壁
[wɔ́ːl]	
floor	床
[flɔ́ːr]	
ceiling	天井
[síːliŋ]	
kitchen	台所
[kítʃən]	
dining room	食堂
[dáiniŋ rúːm]	
living room	居間
[líviŋ rúːm]	
door	ドア
[dɔ́ːr]	

学習

English	英語
[íŋgliʃ]	
Japanese	日本語
[dʒæ̀pəníːz]	
math	数学
[mǽθ]	
science	理科
[sáiəns]	
social studies	社会
[sóuʃəl stʌ́diz]	
P.E.	体育
[píːíː]	
music	音楽
[mjúːzik]	
art	芸術
[ɑ́ːrt]	
home economics	
[hóum èkənámiks]	
	家庭科

自然

space	宇宙
[spéis]	
star	星
[stɑ́ːr]	
cloud	雲
[kláud]	
sun	太陽
[sʌ́n]	
earth	地球
[ə́ːrθ]	
moon	月
[múːn]	
mountain	山
[máunt(ə)n]	
hill	丘
[híl]	
stone	石
[stóun]	
rock	岩
[rɑ́k]	
tree	木
[tríː]	
forest	森
[fɔ́rist]	
river	川
[rívər]	
lake	湖
[léik]	
flower	花
[fláuər]	

動物

dog	犬
[dɔ́ːg]	
cat	猫
[kǽt]	
horse	馬
[hɔ́ːrs]	
cow	（牝）牛
[káu]	
monkey	サル
[mʌ́ŋki]	

rabbit [rǽbit]	ウサギ
elephant [éləfənt]	ゾウ
bird [bə́ːrd]	鳥
fish [fíʃ]	魚

飲食物

milk [mílk]	ミルク
coffee [kɔ́ːfi]	コーヒー
tea [tíː]	茶
water [wɔ́ːtər]	水
beer [bíər]	ビール
rice [ráis]	米
bread [bréd]	パン
beef [bíːf]	牛肉
pork [pɔ́ːrk]	豚肉
chicken [tʃíkən]	鶏肉
apple [ǽpl]	リンゴ
orange [ɔ́rindʒ]	オレンジ
banana [bənǽnə]	バナナ
potato [pətéitou]	ジャガイモ
breakfast [brékfəst]	朝食
lunch [lʌ́ntʃ]	昼食
dinner [dínər]	夕食

スポーツ

tennis [ténis]	テニス
baseball [béisbɔ̀ːl]	野球
basketball [bǽskətbɔ̀ːl]	バスケットボール
volleyball [válibɔ̀ːl]	バレーボール
soccer [sákər]	サッカー
swimming [swímiŋ]	水泳

場所

park [páːrk]	公園
station [stéiʃən]	駅
church [tʃə́rtʃ]	教会
school [skúːl]	学校
zoo [zúː]	動物園
street [stríːt]	通り
bridge [brídʒ]	橋
village [vílidʒ]	村
town [táun]	町
city [síti]	都市
country [kʌ́ntri]	国
world [wə́ːrld]	世界

国

Japan [dʒəpǽn]	日本
Korea [kəríːə]	韓国
China [tʃáinə]	中国
America (the USA) [əmérikə]	米国
England (the UK) [íŋglənd]	英国
Australia [ɔːstréiljə]	オーストラリア

色

black [blǽk]	黒色
white [(h)wáit]	白色
red [réd]	赤色
blue [blúː]	青色
brown [bráun]	茶色
yellow [jélou]	黄色
green [gríːn]	緑色
gold [góuld]	金色
silver [sílvər]	銀色

状態

hot [hát]	暑い
warm [wɔ́ːrm]	暖かい
cool [kúːl]	涼しい
cold [kóuld]	寒い
sunny [sʌ́ni]	晴れた
rainy [réini]	雨の
cloudy [kláudi]	曇りの
snowy [snóui]	雪の
new [n(j)úː]	新しい
old [óuld]	古い
young [jʌ́ŋ]	若い
pretty [príti]	かわいい
big [bíg]	大きい
large [láːrdʒ]	大きい
small [smɔ́ːl]	小さい
long [lɔ́ːŋ]	長い
tall [tɔ́ːl]	高い
short [ʃɔ́ːrt]	短い
high [hái]	高い
low [lóu]	低い
many [méni]	多くの（数）
much [mʌ́tʃ]	多くの（量）
every [évri]	毎〜
all [ɔ́ːl]	全部の

頻度

always [ɔ́ːlweiz]	いつも
often [ɔ́ːfən]	たびたび
usually [júːʒuəli]	たいてい
sometimes [sʌ́mtàimz]	時々

動作

eat [íːt]	食べる
play [pléi]	する
study [stʌ́di]	勉強する
learn [ləʻːrn]	学ぶ
use [júːz]	使う
look [lúk]	見る
see [síː]	見える
hear [híər]	聞く
listen [lísn]	聴く
speak [spíːk]	話す
tell [tél]	告げる
talk [tɔ́ːk]	会話する

go [góu]	行く	teach [tíːtʃ]	教える
come [kʌ́m]	来る	know [nóu]	知る
open [óup(ə)n]	開く	ask [ǽsk]	尋ねる
close [klóuz]	閉じる	answer [ǽnsər]	答える
stand [stǽnd]	立つ	cry [krái]	泣く
sit [sít]	座る	stop [stάp]	止まる
live [lív]	住む・生きる	start [stάːrt]	始まる
die [dái]	死ぬ	end [énd]	終わる
run [rʌ́n]	走る		
walk [wɔ́ːk]	歩く		
swim [swím]	泳ぐ		
make [méik]	作る		
take [téik]	とる		
leave [líːv]	離れる		
read [ríːd]	読む		
write [ráit]	書く		
help [hélp]	助ける		

Group 0 の不規則動詞

eat/ate/eaten
see/saw/seen
hear/heard/heard
speak/spoke/spoken
tell/told/told
go/went/gone
come/came/come
stand/stood/stood
sit/sat/sat
run/ran/run
swim/swam/swum
make/made/made
take/took/taken
leave/left/left
read/read*/read*

*[発音 red]
write/wrote/written
teach/taught/taught
know/knew/known

索 引

A

□ abandon	162
□ ability	68, 110
□ able	68, 110
□ abnormal	206
□ abolish	222
□ abound	292
□ above	72
□ abroad	70
□ absence	54
□ absent	54
□ absolute	136
□ absorb	102
□ absorption	102
□ abstract	208
□ abstraction	208
□ absurd	208
□ abundant	292
□ abuse	174
□ accelerate	314
□ accept	76
□ acceptance	76
□ access	124
□ accident	34
□ accidental	34
□ accommodate	240
□ accommodation	240
□ accompany	168
□ accomplish	156
□ accomplishment	156
□ account	230
□ accumulate	294
□ accumulation	294
□ accuracy	140
□ accurate	140
□ accusation	162
□ accuse	162
□ accustomed	142
□ achieve	96
□ achievement	96
□ acid	340
□ acknowledge	156
□ acknowledgement	156
□ acquaint	186
□ acquaintance	186
□ acquire	90
□ acquisition	90
□ act	84
□ action	84
□ active	280
□ actual	138
□ actually	288
□ acute	210
□ adapt	150
□ adaptation	150
□ add	28
□ addition	28
□ address	46
□ adequate	142
□ adjust	234
□ adjustment	234
□ administer	318
□ administration	318
□ admirable	172
□ admiration	172
□ admire	172
□ admission	80
□ admit	80
□ adolescence	342
□ adolescent	342
□ adopt	156
□ adoption	156
□ advance	148
□ advantage	118
□ advantageous	118
□ advent	340
□ advertise	164
□ advertisement	164
□ advice	94
□ advise	94
□ advocate	312
□ aesthetic	356
□ affair	118
□ affect	94
□ affection	178
□ affectionate	178
□ affirm	244
□ affirmation	244
□ affluence	346
□ affluent	346
□ afford	174
□ afraid	60
□ against	72
□ aggressive	202
□ agonize	254
□ agony	254
□ agree	16
□ agreement	16
□ agricultural	116
□ agriculture	116
□ ahead	70
□ aid	176
□ aim	170
□ alarm	294
□ alien	352
□ alienate	352
□ alive	60
□ allow	76
□ allowance	76
□ almost	70
□ alone	52
□ along	72
□ alter	166
□ alteration	166
□ alternate	344
□ alternative	344
□ amaze	160
□ amazement	160
□ ambassador	334
□ ambition	190
□ ambitious	190
□ ambulance	260
□ amount	106
□ amphibian	340
□ amuse	246
□ amusement	246
□ analysis	116
□ analyze	116
□ ancestor	108
□ ancient	108, 130
□ anger	50
□ angry	50
□ anniversary	192
□ annoy	236
□ annoyance	236

389

☐ annual	212	☐ arrow	194	☐ authority	250
☐ anticipate	242	☐ article	176	☐ availability	138
☐ anticipation	242	☐ artificial	212	☐ available	138
☐ anxiety	132	☐ as	72	☐ avenue	254
☐ anxious	132	☐ ascend	300	☐ average	180
☐ anyway	70	☐ asleep	62	☐ avoid	76
☐ apologize	92	☐ aspect	176	☐ avoidance	76
☐ apology	92	☐ aspiration	308	☐ awake	276
☐ apparent	142	☐ aspire	308	☐ award	256
☐ appeal	98	☐ assault	312	☐ aware	134
☐ appear	22, 142	☐ assemble	302	☐ awareness	134
☐ appearance	22	☐ assembly	302	☐ awe	354
☐ appetite	182	☐ assent	324	☐ awful	354
☐ applaud	298	☐ assign	318	☐ awkward	214
☐ applause	298	☐ assignment	318		
☐ appliance	266	☐ assist	102	**B**	
☐ application	100	☐ assistance	102	☐ bad	54
☐ apply	100	☐ associate	104	☐ baggage	270
☐ appoint	184	☐ association	104	☐ ban	318
☐ appointment	184	☐ assume	158	☐ banish	318
☐ appreciate	150	☐ assumption	158	☐ bankrupt	350
☐ appreciation	150	☐ assurance	232	☐ bankruptcy	350
☐ approach	88	☐ assure	232	☐ bare	286
☐ appropriate	202	☐ astonish	304	☐ barely	216
☐ appropriateness	202	☐ astonishment	304	☐ bark	20
☐ approval	304	☐ astronaut	34	☐ barometer	338
☐ approve	304	☐ athlete	278	☐ barren	358
☐ approximately	288	☐ athletic	278	☐ basic	112
☐ apt	344	☐ atmosphere	114	☐ basis	112
☐ aptitude	344	☐ atmospheric	114	☐ bay	262
☐ architect	184	☐ atom	196	☐ bear	62, 236
☐ architecture	184	☐ atomic	196	☐ beast	198
☐ argue	82	☐ attach	226	☐ beautiful	56
☐ argument	82	☐ attachment	226	☐ beauty	56
☐ arise	224	☐ attain	154	☐ become	12
☐ aristocracy	338	☐ attainment	154	☐ beg	168
☐ aristocratic	338	☐ attempt	126	☐ begin	18
☐ arithmetic	340	☐ attend	86	☐ behave	78
☐ arrange	152	☐ attendance	86	☐ behavior	78
☐ arrangement	152	☐ attention	86	☐ behind	72
☐ arrest	226	☐ attitude	106	☐ belief	18
☐ arrival	14	☐ attract	148	☐ believe	18
☐ arrive	14	☐ attraction	148	☐ belong	28
☐ arrogance	350	☐ attribute	306	☐ belongings	28
☐ arrogant	350	☐ author	124	☐ below	72

Index

☐ bend	170	
☐ beneficial	112	
☐ benefit	112	
☐ beside	72	
☐ betray	304	
☐ beyond	72	
☐ bill	256	
☐ billion	44	
☐ bind	232	
☐ biography	268	
☐ biological	124	
☐ biology	124	
☐ birth	62	
☐ bite	26	
☐ bitter	208	
☐ bitterness	208	
☐ blame	86	
☐ bless	238	
☐ blind	206	
☐ blindness	206	
☐ block	32	
☐ blood	110	
☐ bloody	110	
☐ bloom	292	
☐ boast	236	
☐ bold	214	
☐ boldness	214	
☐ bomb	192	
☐ bone	40	
☐ border	258	
☐ bore	224	
☐ boredom	224	
☐ born	62	
☐ borrow	18	
☐ bother	158	
☐ bottom	264	
☐ brain	128	
☐ branch	264	
☐ brave	64	
☐ breadth	140	
☐ breath	20	
☐ breathe	20	
☐ breed	302	
☐ bribe	334	
☐ bribery	334	

☐ brief	282	
☐ bright	62	
☐ brightness	62	
☐ brilliant	350	
☐ broad	140	
☐ broadcast	122	
☐ brutal	280	
☐ brutality	280	
☐ budget	268	
☐ bullet	256	
☐ bully	338	
☐ bullying	338	
☐ burden	116	
☐ burial	170	
☐ burst	298	
☐ bury	170	
☐ busy	52	

C

☐ calculate	174	
☐ calculation	174	
☐ calm	138	
☐ canal	268	
☐ cancer	250	
☐ candidate	326	
☐ capability	140	
☐ capable	140	
☐ capacity	196	
☐ capture	174	
☐ carbon	252	
☐ care	12	
☐ careful	68	
☐ careless	68	
☐ cast	228	
☐ casual	272	
☐ cattle	320	
☐ cause	110	
☐ caution	250	
☐ cautious	250	
☐ cease	298	
☐ celebrate	152	
☐ celebration	152	
☐ celebrity	152	
☐ cell	270	
☐ century	40	

☐ ceremonial	182	
☐ ceremony	182	
☐ certain	130	
☐ certainty	130	
☐ cessation	298	
☐ chaos	342	
☐ chaotic	342	
☐ character	114	
☐ characteristic	178	
☐ charge	194	
☐ chat	230	
☐ cheap	56	
☐ cheat	294	
☐ cheer	20	
☐ chemical	282	
☐ cherish	238	
☐ chief	208	
☐ choice	14	
☐ choose	14	
☐ chore	328	
☐ church	38	
☐ circle	292	
☐ circulate	292	
☐ circulation	292	
☐ circumstance	252	
☐ citizen	180	
☐ citizenship	180	
☐ civil	204	
☐ civilization	114	
☐ claim	160	
☐ clarification	228	
☐ clarify	228	
☐ classification	296	
☐ classify	296	
☐ clear	58	
☐ clever	66	
☐ climate	120	
☐ cling	308	
☐ clothes	32	
☐ clue	256	
☐ coincidence	328	
☐ collapse	242	
☐ colleague	252	
☐ collect	10	
☐ collection	10	

Word	Page
college	48
colonial	332
colony	332
combination	232
combine	232
comfort	68
comfortable	68
command	260
commerce	266
commercial	266
commit	172
committee	248
commodity	266
common	130
communicate	90
communication	90
community	108
commute	316
compact	276
company	42
compare	82
comparison	82
compel	300, 352
compensate	238
compensation	238
compete	94
competence	206
competent	206
competition	94
complain	18
complaint	18
complete	100
completion	100
complex	202
complicate	150
complication	150
compose	104
composition	104
comprehend	164
comprehension	164
compromise	260
compulsion	300
compulsory	352
conceal	220
conceive	240
concentrate	92
concentration	92
concept	110, 240
conceptual	110
concern	122
concise	284
conclude	98
conclusion	98
concrete	208
conduct	156
confer	322
conference	322
confess	242
confession	242
confidence	182
confident	182
confidential	182
confine	246
confinement	246
confirm	164
confirmation	164
conflict	198
conform	292
conformity	292
confront	160
confrontation	160
confuse	224
confusion	224
congratulate	226
congratulation	226
Congress	334
connect	150
connection	150
conquer	302
conquest	302
conscientious	330
conscious	136
consciousness	136
consensus	330
consent	324
consequence	184
conservation	228
conservative	274
conserve	228, 274
consider	76
considerable	142
considerate	142
consideration	76
consist	88
constant	272
constitute	308
constitution	308
construct	196
construction	196
consult	234
consultation	234
consume	148
consumption	148
contact	154
contain	92, 186
contemporary	278
contempt	338
contemptuous	338
contend	296
content	92, 186
contention	296
context	320
continent	38
continental	38
contract	196
contradict	294
contradiction	294
contrary	208
contrast	128
contribute	158
contribution	158
control	120
controversial	192
controversy	192
convenient	200
convention	332
conventional	332
conversation	180
conversational	180
conversion	306
convert	306
convey	166
conviction	164
convince	164
cooperate	86

Index

- cooperation 86
- cope 152
- core 324
- correct 60
- correctness 60
- correspond 174
- correspondence 174
- corrupt 222
- corruption 222
- cost 28
- cough 240
- count 170
- courage 46
- courageous 46
- court 184
- courteous 184
- courtesy 184
- coward 322
- crash 256
- create 76
- creation 76
- creature 124
- credit 252
- crew 334
- crime 114
- criminal 114
- crisis 112
- critic 96
- critical 282
- criticism 96
- criticize 96
- crop 128
- crowd 48
- crowded 48
- crucial 356
- crude 356
- cruel 282
- cruelty 282
- crush 232
- cry 24
- cultivate 238
- cultivation 238
- culture 48
- cure 84
- curiosity 132
- curious 132
- custom 48
- customer 108

D

- daily 134
- damp 352
- dark 62
- darkness 62
- date 38
- dawn 332
- dead 60
- deaf 354
- deal 98
- death 60
- debate 226
- debt 180
- decade 122
- deceive 226
- decency 208
- decent 208
- deception 226
- decide 76
- decision 76
- declaration 240
- declare 240
- decline 292
- decrease 80
- dedicate 308
- dedication 308
- deep 66
- defeat 228
- defect 322
- defend 102
- defense 102
- deficiency 358
- deficient 358
- define 100, 204
- definite 204
- definition 100
- degree 192
- delay 98
- deliberate 276
- deliberation 276
- delicacy 348
- delicate 348
- delicious 68
- delight 162
- deliver 236
- delivery 236
- demand 90
- democracy 198
- demonstrate 244
- demonstration 244
- denial 88
- denounce 314
- denouncement 314
- dense 358
- density 358
- deny 88
- depart 222
- department 264
- depend 82
- dependence 82
- depict 316
- depress 244
- depression 244
- deprive 300
- depth 66
- derivation 312
- derive 312
- descend 300
- describe 160
- description 160
- desert 40
- deserve 238
- desire 108
- despair 254
- desperate 254
- despise 244
- destination 320
- destiny 320
- destroy 162
- destruction 162
- detail 120
- detect 166
- determination 156
- determine 156
- develop 76
- development 76

393

☐ device	176	☐ disguise	312	☐ dumb	354
☐ devise	176	☐ disgust	324	☐ dusk	332
☐ devote	220	☐ dismiss	222	☐ dust	258
☐ devotion	220	☐ dismissal	222	☐ dusty	258
☐ dialect	248	☐ dispense	350	☐ duty	118
☐ dialogue	262	☐ display	158	☐ dwell	242
☐ diameter	336	☐ disposal	298	☐ dye	294
☐ die	60	☐ dispose	298	☐ dynamic	354
☐ Diet	334	☐ dispute	310		
☐ difference	56	☐ dissent	324	E	
☐ different	56	☐ distance	184	☐ eager	212
☐ difficult	56	☐ distant	184	☐ eagerness	212
☐ difficulty	56	☐ distinct	280	☐ early	52
☐ dig	174	☐ distinction	280	☐ earn	104
☐ digest	296	☐ distinguish	162	☐ earthquake	44
☐ digestion	296	☐ distort	314	☐ ease	56
☐ dignity	248	☐ distortion	314	☐ easy	56
☐ diligence	284	☐ distribute	296	☐ eccentric	354
☐ diligent	284	☐ distribution	296	☐ eccentricity	354
☐ dim	358	☐ district	334	☐ economic	110
☐ diminish	246	☐ disturb	154	☐ economical	110
☐ diplomacy	342	☐ disturbance	154	☐ economy	110
☐ diplomatic	342	☐ diverse	286	☐ edge	260
☐ direct	200	☐ diversity	286	☐ edit	164
☐ direction	200	☐ divide	88	☐ educate	38
☐ dirty	64	☐ divine	352	☐ education	38
☐ disagree	16	☐ division	88	☐ effect	106
☐ disappear	22	☐ divorce	240	☐ effective	106
☐ disappoint	166	☐ dizziness	354	☐ efficiency	280
☐ disappointment	166	☐ dizzy	354	☐ efficient	280
☐ disaster	128	☐ do	10	☐ effort	110
☐ disastrous	128	☐ domestic	214	☐ elaborate	286
☐ discard	318	☐ dominant	280	☐ elect	102
☐ discipline	322	☐ dominate	280	☐ election	102
☐ disclose	242	☐ donate	308	☐ electric	42
☐ disclosure	242	☐ donation	308	☐ electricity	42
☐ discourage	234	☐ doubt	106	☐ element	186
☐ discouragement	234	☐ doubtful	106	☐ eliminate	304
☐ discover	24	☐ drastic	212	☐ elimination	304
☐ discovery	24	☐ dread	334	☐ eloquent	280
☐ discriminate	306	☐ dreadful	334	☐ else	70
☐ discrimination	306	☐ drought	324	☐ embarrass	170
☐ discuss	24	☐ drown	168	☐ embarrassment	170
☐ discussion	24	☐ due	358	☐ embassy	334
☐ disease	108	☐ dull	214	☐ embrace	238

Index

- emerge 240
- emergency 270
- eminent 344
- emotion 114
- emotional 114
- emperor 266
- emphasis 154
- emphasize 154
- empire 266
- employ 94
- employment 94
- empty 62
- enable 96
- encounter 104
- encourage 86
- encouragement 86
- endeavor 332
- endurance 148
- endure 148
- enemy 118
- engage 160
- engagement 160
- enhance 300
- enormous 210
- enough 64
- enter 20
- enterprise 320
- entertain 102
- entertainment 102
- enthusiasm 128
- enthusiastic 128
- entire 140
- entrance 20
- entrepreneur 320
- environment 108
- environmental 108
- envy 160
- epidemic 322
- equip 230
- equipment 230
- era 190
- erect 314
- erection 314
- escape 174
- especially 70
- essence 142
- essential 142
- establish 150
- establishment 150
- esteem 292
- estimate 222
- estimation 222
- eternal 354
- eternity 354
- ethical 250
- ethics 250
- evaluate 158
- evaluation 158
- even 70
- event 112
- eventually 288
- evidence 114, 140
- evident 114, 140
- evil 276
- evolution 248
- evolve 248
- exact 134
- exaggerate 232
- exaggeration 232
- examination 30
- examine 30
- example 40
- exceed 298
- excel 134
- excellence 134
- excellent 134
- except 72
- exception 118
- exceptional 118
- excess 298
- exchange 28
- excited 58
- excitement 58
- exciting 58
- exclude 224
- exclusion 224
- execute 266
- executive 266
- exercise 122
- exert 306
- exertion 306
- exhaust 300
- exhibit 222
- exhibition 222
- exist 78
- existence 78
- expand 154
- expansion 154
- expect 80
- expectation 80
- expedition 332
- expel 310
- expenditure 336
- expense 56
- expensive 56
- experience 36
- experiment 36
- expert 194
- expiration 242
- expire 242
- explain 12
- explanation 12
- explode 232
- exploit 302
- exploitation 302
- exploration 236
- explore 236
- explosion 232
- export 92
- expose 220
- exposure 220
- express 76
- expression 76
- expulsion 310
- extend 158
- extension 158
- extent 178
- exterminate 310
- extermination 310
- external 210
- extinguish 312
- extract 314
- extraordinary 214
- extravagant 358
- extreme 202

395

F

- ☐ facility 336
- ☐ fact 42
- ☐ factor 110
- ☐ factory 44
- ☐ faculty 320
- ☐ fade 318
- ☐ fail 20
- ☐ failure 20
- ☐ faint 286
- ☐ faith 194
- ☐ faithful 194
- ☐ false 138
- ☐ fame 62, 256
- ☐ familiar 134
- ☐ familiarity 134
- ☐ famine 328
- ☐ famous 62
- ☐ fare 124
- ☐ farm 34
- ☐ farsighted 64
- ☐ fascinate 246
- ☐ fascination 246
- ☐ fasten 312
- ☐ fatal 186
- ☐ fate 186
- ☐ fatigue 258
- ☐ fault 40
- ☐ favor 120
- ☐ favorable 120
- ☐ favorite 58
- ☐ fear 112
- ☐ fearful 112
- ☐ feature 180
- ☐ fee 196
- ☐ feed 96
- ☐ fellow 260
- ☐ female 182
- ☐ feminine 278
- ☐ fertile 358
- ☐ festival 46
- ☐ feudal 352
- ☐ feudalism 352
- ☐ fever 32
- ☐ field 176
- ☐ fierce 352
- ☐ fight 24
- ☐ figure 182
- ☐ finance 204
- ☐ financial 204
- ☐ find 26
- ☐ fine 50
- ☐ finish 14
- ☐ fire 48
- ☐ firm 346
- ☐ fit 132
- ☐ fitness 132
- ☐ fix 24
- ☐ flame 332
- ☐ flat 284
- ☐ flatter 242
- ☐ flattery 242
- ☐ flexibility 136
- ☐ flexible 136
- ☐ flight 22, 38
- ☐ flock 338
- ☐ flood 324
- ☐ flourish 310
- ☐ fluency 210
- ☐ fluent 210
- ☐ fly 22, 38
- ☐ focus 230
- ☐ follow 28
- ☐ fond 60
- ☐ foolish 66
- ☐ forbid 292
- ☐ force 180
- ☐ forceful 180
- ☐ forecast 124
- ☐ foresee 294
- ☐ foretell 294
- ☐ forget 10
- ☐ forgive 228
- ☐ forgiveness 228
- ☐ form 42
- ☐ formal 42, 200
- ☐ former 348
- ☐ fortunate 48
- ☐ fortune 48
- ☐ fossil 250
- ☐ found 168
- ☐ foundation 136
- ☐ fragile 350
- ☐ frankly 216
- ☐ free 52
- ☐ freedom 52
- ☐ freight 342
- ☐ frequency 204
- ☐ frequent 204
- ☐ friction 266
- ☐ friendly 60
- ☐ frighten 224
- ☐ frontier 330
- ☐ frown 300
- ☐ frustrate 236
- ☐ frustration 236
- ☐ fuel 124
- ☐ fulfill 100
- ☐ fulfillment 100
- ☐ full 50
- ☐ function 128
- ☐ functional 128
- ☐ fund 168
- ☐ fundamental 136
- ☐ funeral 332
- ☐ funny 52
- ☐ furious 354
- ☐ furniture 252
- ☐ furthermore 288
- ☐ fury 354
- ☐ future 30

G

- ☐ gain 82
- ☐ gather 94
- ☐ gaze 310
- ☐ gene 220
- ☐ general 212
- ☐ generate 220
- ☐ generation 116
- ☐ generosity 278
- ☐ generous 278
- ☐ genius 126
- ☐ gentle 138

Index

- gentleness 138
- genuine 214
- geographical 178
- geography 178
- geometrical 270
- geometry 270
- germ 338
- gesture 38
- get 12
- gigantic 206
- glad 50
- glance 228
- glass 36
- glasses 36
- global 132
- globe 132
- gloomy 346
- glorious 326
- glory 326
- glow 302
- govern 300
- grace 198
- graceful 198
- grade 32
- gradual 32
- gradually 288
- graduate 88
- graduation 88
- grasp 158
- gratification 306
- gratify 306
- gratitude 184
- grave 274
- gravity 274
- greet 148
- grief 180
- grieve 180
- grocery 340
- grow 10
- growth 10
- guarantee 154
- guess 78
- guilt 272
- guilty 272

H

- habit 48
- handle 172
- hang 24
- happen 14
- hard 64
- hardly 216
- harm 176
- harmful 176
- harmonious 120
- harmony 120
- haste 254
- hasty 254
- hate 20
- hatred 20
- headache 190
- heal 230
- health 58
- healthy 58
- hear 14
- heaven 264
- heir 266
- hell 264
- heredity 328
- heritage 328
- hesitate 164
- hesitation 164
- hide 20
- hit 20
- hollow 354
- holy 346
- honest 54
- honesty 54
- honor 120
- honorable 120
- hope 16
- horrify 268
- horror 268
- hospital 30
- hospitality 322
- hostile 282
- hostility 282
- huge 62
- human 108
- humble 352

- humid 286
- humidity 286
- humiliate 246
- humiliation 246
- hunger 50
- hungry 50
- hurry 22
- hurt 152
- hydrogen 252
- hypothesis 342
- hypothetical 342

I

- idea 32
- ideal 142
- identical 274
- identification 148
- identify 148, 274
- idle 348
- ignorance 104, 200
- ignorant 200
- ignore 104
- ill 68
- illegal 284
- illiterate 286
- illness 68
- illuminate 296
- illumination 296
- illusion 250
- illustrate 296
- illustration 296
- imaginary 20
- imagination 20
- imaginative 20
- imagine 20
- imitate 158
- imitation 158
- immediate 208
- immense 352
- immigrant 252
- immigration 252
- impact 192
- impatient 138
- implement 246
- implementation 246

☐ implication	152	
☐ imply	152	
☐ import	92	
☐ impose	222	
☐ impossible	66	
☐ impress	78	
☐ impression	78	
☐ improve	76	
☐ improvement	76	
☐ impulse	262	
☐ incidence	182	
☐ incident	182	
☐ inclination	236	
☐ incline	236	
☐ include	78	
☐ income	118	
☐ increase	80	
☐ incredible	274	
☐ indeed	288	
☐ independence	132	
☐ independent	132	
☐ indicate	96	
☐ indication	96	
☐ indifference	346	
☐ indifferent	346	
☐ indispensable	350	
☐ individual	106	
☐ individualistic	106	
☐ induce	318	
☐ induction	318	
☐ indulge	310	
☐ industrial	108	
☐ industrious	108	
☐ industry	108	
☐ inevitable	344	
☐ infamous	256	
☐ infect	310	
☐ infection	310	
☐ inferior	276	
☐ inferiority	276	
☐ infinite	348	
☐ influence	80	
☐ inform	34	
☐ information	34	
☐ infrared	356	
☐ inhabit	236
☐ inhabitant	236
☐ inherit	306
☐ inheritance	306
☐ initial	354
☐ injure	90
☐ injury	90
☐ innocence	272
☐ innocent	272
☐ inquire	302
☐ insane	344
☐ insect	42
☐ insight	180
☐ insist	90
☐ inspect	164
☐ inspection	164
☐ inspiration	298
☐ inspire	298
☐ instinct	180
☐ instinctive	180
☐ institute	260
☐ institution	260
☐ instruct	156
☐ instruction	156
☐ instrument	40
☐ instrumental	40
☐ insult	162
☐ insurance	234
☐ insure	234
☐ integrate	316
☐ integration	316
☐ intend	84
☐ intense	202
☐ intensity	202
☐ intention	84
☐ interact	302
☐ interaction	302
☐ interest	58
☐ interested	58
☐ interesting	58
☐ interfere	238
☐ interference	238
☐ internal	210
☐ interpret	168
☐ interpretation	168
☐ interrupt	156
☐ interruption	156
☐ interval	268
☐ intimacy	282
☐ intimate	282
☐ intricate	356
☐ introduce	18
☐ introduction	18
☐ intrude	306
☐ intrusion	306
☐ invade	234
☐ invasion	234
☐ invent	84
☐ invention	84
☐ invest	162
☐ investigate	154
☐ investigation	154
☐ investment	162
☐ invisible	208
☐ invitation	10
☐ invite	10
☐ involve	148
☐ involvement	148
☐ irregular	142
☐ irritate	164
☐ irritation	164
☐ isolate	100
☐ isolation	100
☐ issue	126
☐ item	116

J

☐ jail 336
☐ jealous 200
☐ jealousy 200
☐ job 32
☐ join 24
☐ joint 24
☐ journey 196
☐ judge 82
☐ judgment 82
☐ just 190
☐ justice 190
☐ justification 224
☐ justify 224

Index

K

- [ ] keen 142
- [ ] keep 18
- [ ] kill 26
- [ ] kind 38
- [ ] kingdom 328
- [ ] knowledge 118
- [ ] knowledgeable 118

L

- [ ] labor 122
- [ ] laboratory 184
- [ ] laborious 122
- [ ] lack 92
- [ ] laid 126
- [ ] landscape 252
- [ ] language 36
- [ ] last 166
- [ ] late 52
- [ ] lately 52
- [ ] latter 348
- [ ] laugh 14
- [ ] laughter 14
- [ ] launch 220
- [ ] law 46
- [ ] lay 126
- [ ] laziness 202
- [ ] lazy 202
- [ ] leak 316
- [ ] leakage 316
- [ ] lean 308
- [ ] leap 294
- [ ] lecture 182
- [ ] legal 284
- [ ] legend 270
- [ ] legendary 270
- [ ] lend 18
- [ ] length 194
- [ ] lengthy 194
- [ ] lessen 292
- [ ] liberal 192
- [ ] liberty 192
- [ ] lick 312
- [ ] lie 126
- [ ] likely 132
- [ ] linguistics 340
- [ ] link 244
- [ ] liquid 266
- [ ] literacy 286
- [ ] literally 288
- [ ] literary 198
- [ ] literature 198
- [ ] lively 210
- [ ] load 342
- [ ] local 138
- [ ] locate 238
- [ ] location 238
- [ ] logic 186
- [ ] logical 186
- [ ] loneliness 60
- [ ] lonely 60
- [ ] long 306
- [ ] loose 210
- [ ] lose 12
- [ ] loss 12
- [ ] loyal 208
- [ ] loyalty 208
- [ ] luggage 270
- [ ] lung 254
- [ ] luxury 176

M

- [ ] magnify 298
- [ ] main 68
- [ ] maintain 96
- [ ] maintenance 96
- [ ] male 182
- [ ] mammal 340
- [ ] manage 84
- [ ] management 84
- [ ] manipulate 318
- [ ] manufacture 152
- [ ] map 42
- [ ] marriage 18
- [ ] marry 18
- [ ] marvel 246
- [ ] marvelous 246
- [ ] masculine 278
- [ ] mass 114
- [ ] masterpiece 320
- [ ] material 110
- [ ] materialistic 110
- [ ] matter 38
- [ ] mature 352
- [ ] maturity 352
- [ ] maximum 196
- [ ] maybe 70
- [ ] meal 40
- [ ] mean 16
- [ ] means 128
- [ ] measure 90
- [ ] media 190
- [ ] medical 44
- [ ] medicine 44
- [ ] medium 190
- [ ] meet 18
- [ ] melt 152
- [ ] mend 164
- [ ] mental 140
- [ ] mentality 140
- [ ] mention 96
- [ ] mercy 322
- [ ] mere 216
- [ ] merely 216
- [ ] mess 338
- [ ] messy 338
- [ ] method 112
- [ ] microscope 320
- [ ] might 262
- [ ] mighty 262
- [ ] migrate 252
- [ ] mild 136
- [ ] military 206
- [ ] million 44
- [ ] mind 42
- [ ] minimum 196
- [ ] minister 256
- [ ] minute 276
- [ ] miracle 34
- [ ] mischief 328
- [ ] mischievous 328
- [ ] miserable 200
- [ ] misery 200
- [ ] misfortune 326

☐ miss	28	☐ navigation	318	☐ objective	282
☐ mission	258	☐ nearsighted	64	☐ obligation	294
☐ mistake	30	☐ neat	286	☐ oblige	294
☐ moderate	276	☐ necessarily	216	☐ obscure	358
☐ modern	130	☐ necessary	68	☐ obscurity	358
☐ modest	272	☐ necessity	68	☐ observation	88
☐ modesty	272	☐ need	16	☐ observe	88
☐ modification	244	☐ needle	328	☐ obsess	312
☐ modify	244	☐ negative	134	☐ obsession	312
☐ moment	40	☐ neglect	160	☐ obstacle	264
☐ momentary	40	☐ negotiate	236	☐ obstruct	310
☐ monarch	334	☐ negotiation	236	☐ obstruction	310
☐ monarchy	334	☐ neighbor	38	☐ obtain	94
☐ monopolize	326	☐ neighborhood	38	☐ obvious	132
☐ monopoly	326	☐ nephew	36	☐ occupation	126
☐ monument	264	☐ nerve	56	☐ occupational	126
☐ monumental	264	☐ nervous	56	☐ odd	202
☐ moreover	288	☐ neutral	286	☐ offer	84
☐ mortal	350	☐ nevertheless	216	☐ official	138
☐ mortality	350	☐ niece	36	☐ offspring	260
☐ mostly	288	☐ nightmare	334	☐ omission	302
☐ motivate	126	☐ nitrogen	252	☐ omit	302
☐ motive	126	☐ noble	142	☐ one-way	34
☐ move	16	☐ nod	12	☐ operate	172
☐ multiplication	302	☐ noise	44	☐ operation	172
☐ multiply	302	☐ noisy	44	☐ opinion	32
☐ multitude	336	☐ nominate	170	☐ opponent	324
☐ murmur	234	☐ nomination	170	☐ opportunity	112
☐ muscle	176	☐ nonetheless	216	☐ optimism	356
☐ muscular	176	☐ nonverbal	346	☐ optimistic	356
☐ mutual	284	☐ normal	206	☐ orbit	326
☐ mutuality	284	☐ notice	78	☐ order	28
☐ myth	330	☐ notion	186	☐ ordinary	130
☐ mythical	330	☐ nourish	232	☐ organization	102
		☐ nourishment	232	☐ organize	102
N		☐ novel	124	☐ origin	118
☐ naive	352	☐ nuclear	136	☐ original	118
☐ naked	206	☐ nuisance	324	☐ orphan	336
☐ narrow	66	☐ numerous	214	☐ otherwise	288
☐ nation	62	☐ nutrition	248	☐ outcome	178
☐ national	62			☐ outlook	194
☐ native	64	**O**		☐ outstanding	212
☐ nature	48	☐ obedience	104	☐ overall	212
☐ naughty	360	☐ obey	104	☐ overcome	162
☐ navigate	318	☐ object	46	☐ overlook	240

Index

☐ overtake	236	☐ period	124	☐ popular	54
☐ overwhelm	234	☐ periodical	124	☐ popularity	54
☐ owe	154	☐ permanence	206	☐ population	114
☐ own	64	☐ permanent	206	☐ pose	170
☐ oxygen	252	☐ permission	82	☐ positive	134
		☐ permit	82	☐ possess	150

P

☐ pain	34	☐ persist	168	☐ possession	150
☐ painful	34	☐ persistence	168	☐ possibility	66
☐ pale	272	☐ person	30	☐ possible	66
☐ parallel	332	☐ personal	30, 130	☐ posterity	334
☐ parcel	330	☐ personality	130	☐ postpone	174
☐ Parliament	334	☐ perspective	192	☐ potential	348
☐ participate	98	☐ persuade	100	☐ potentiality	348
☐ participation	98	☐ persuasion	100	☐ pour	148
☐ particular	212	☐ pessimism	356	☐ poverty	54, 258
☐ passenger	196	☐ pessimistic	356	☐ practical	136
☐ passion	260	☐ petition	340	☐ practice	16
☐ passionate	260	☐ phase	322	☐ praise	88
☐ passive	280	☐ phenomena	126	☐ pray	102
☐ pastime	268	☐ phenomenon	126	☐ prayer	102
☐ path	198	☐ philosophical	178	☐ precede	356
☐ pathetic	356	☐ philosophy	178	☐ precious	204
☐ patience	138	☐ physical	140, 198	☐ preciousness	204
☐ patient	138	☐ physician	332	☐ precise	212
☐ patriotic	360	☐ physics	198	☐ precision	212
☐ patriotism	360	☐ pity	258	☐ predict	102
☐ pause	232	☐ place	40	☐ prediction	102
☐ pay	14	☐ plain	210	☐ prefer	82
☐ payment	14	☐ planet	38	☐ preference	82
☐ peace	42	☐ please	34	☐ pregnancy	350
☐ peaceful	42	☐ pleasure	34	☐ pregnant	350
☐ peasant	268	☐ pledge	330	☐ prejudice	254
☐ peculiar	204	☐ plentiful	198	☐ preliminary	360
☐ pedestrian	336	☐ plenty	198	☐ preoccupation	296
☐ penetrate	298	☐ poem	36	☐ preoccupy	296
☐ penetration	298	☐ poet	36	☐ preparation	78
☐ perceive	150	☐ poison	184	☐ prepare	78
☐ perception	150	☐ poisonous	184	☐ presence	54
☐ perfect	64	☐ polish	104	☐ present	54
☐ perform	86	☐ polite	68	☐ preservation	168
☐ performance	86	☐ political	272	☐ preserve	168
☐ perfume	254	☐ politics	272	☐ prestige	336
☐ perhaps	216	☐ poll	342	☐ prestigious	336
☐ peril	340	☐ pollution	110	☐ presume	296
		☐ poor	54	☐ presumption	296

☐ pretend	98	☐ proportion	252	**R**	
☐ pretense	98	☐ proportional	252	☐ race	126
☐ prevail	242	☐ proposal	78	☐ racial	126
☐ prevalent	242	☐ propose	78	☐ radiate	316
☐ prevent	90	☐ prospect	180	☐ radiation	316
☐ prevention	90	☐ prosper	166	☐ radical	274
☐ previous	138	☐ prosperity	166	☐ radius	336
☐ price	106	☐ protect	22	☐ rage	336
☐ pride	62	☐ protection	22	☐ raise	82
☐ priest	250	☐ protest	152	☐ random	360
☐ prime	204	☐ proud	62	☐ range	178
☐ primitive	202	☐ prove	104, 198	☐ rapid	134
☐ principal	346	☐ proverb	328	☐ rare	274
☐ principle	262	☐ provide	82	☐ rarely	216, 274
☐ prior	266	☐ province	338	☐ rate	122
☐ priority	266	☐ psychology	248	☐ rather	70
☐ prison	256	☐ public	136	☐ rational	274
☐ prisoner	256	☐ publish	100	☐ rationality	274
☐ privilege	332	☐ punctual	282	☐ raw	206
☐ prize	46	☐ punish	160	☐ react	78
☐ probably	216	☐ punishment	160	☐ reaction	78
☐ problem	30	☐ purchase	154	☐ ready	60
☐ process	114	☐ pure	134	☐ real	66
☐ produce	82	☐ purity	134	☐ reality	66
☐ production	82	☐ purpose	36	☐ realization	80
☐ profession	194	☐ pursue	156	☐ realize	80
☐ professional	194	☐ pursuit	156	☐ reap	304
☐ profit	116			☐ reason	108
☐ profitable	116	**Q**		☐ reasonable	108
☐ profound	348	☐ qualification	220	☐ rebel	318
☐ progress	106	☐ qualify	220	☐ rebellion	318
☐ progressive	106	☐ quality	46	☐ recall	162
☐ prohibit	220	☐ quantity	46	☐ receipt	12
☐ project	128	☐ quarrel	170	☐ receive	12
☐ prolong	298	☐ queer	360	☐ recent	140
☐ prominent	344	☐ quest	340	☐ recently	140
☐ promise	28	☐ question	30	☐ reception	12
☐ promote	104	☐ quiet	52	☐ reckless	360
☐ promotion	104	☐ quietness	52	☐ recognition	90
☐ prompt	278	☐ quit	20	☐ recognize	90
☐ pronounce	156	☐ quite	288	☐ recollect	308
☐ pronunciation	156	☐ quotation	246	☐ recollection	308
☐ proof	104, 198	☐ quote	246	☐ recommend	174
☐ proper	140			☐ recommendation	174
☐ property	256			☐ reconcile	314

Index

☐ reconciliation 314	☐ reluctant 274	☐ respectful 10
☐ record 100	☐ rely 168	☐ respective 10
☐ recover 86	☐ remain 86	☐ responsibility 132
☐ recovery 86	☐ remark 254	☐ responsible 132
☐ reduce 84	☐ remedy 338	☐ rest 176
☐ reduction 84	☐ remember 26	☐ restless 350
☐ refer 148	☐ remind 92	☐ restoration 220
☐ reference 148	☐ remote 284	☐ restore 220
☐ refine 226	☐ removal 96	☐ restrain 244
☐ refinement 226	☐ remove 96	☐ restraint 244
☐ reflect 168	☐ renounce 306	☐ restrict 294
☐ reflection 168	☐ repair 88	☐ restriction 294
☐ reform 226	☐ repeat 26	☐ result 106
☐ refrain 244	☐ repetition 26	☐ resume 304
☐ refugee 330	☐ replace 84	☐ resumption 304
☐ refusal 88	☐ replacement 84	☐ retain 224
☐ refuse 88	☐ reply 96	☐ retire 94
☐ regard 80	☐ represent 242	☐ retirement 94
☐ region 190	☐ representation 242	☐ return 14
☐ regional 190	☐ reptile 340	☐ reveal 166
☐ register 314	☐ republic 328	☐ revelation 166
☐ registration 314	☐ reputation 186	☐ revenge 308
☐ regret 94	☐ request 220	☐ revenue 336
☐ regular 142	☐ require 80	☐ reverse 348
☐ regularity 142	☐ requirement 80	☐ review 158
☐ regulate 160	☐ rescue 150	☐ revise 168
☐ regulation 160	☐ research 114	☐ revision 168
☐ reign 316	☐ resemblance 154	☐ revival 228
☐ reinforce 292	☐ resemble 154	☐ revive 228
☐ reinforcement 292	☐ resent 226	☐ revolution 112
☐ reject 94	☐ resentment 226	☐ revolutionary 112
☐ rejection 94	☐ reservation 102	☐ revolve 242
☐ relate 92	☐ reserve 102	☐ reward 190
☐ relation 92	☐ reside 298	☐ rich 54
☐ relative 136	☐ residence 298	☐ ridicule 314
☐ relativity 136	☐ resign 300	☐ ridiculous 284
☐ relax 26	☐ resignation 300	☐ right 50
☐ relaxation 26	☐ resist 104	☐ rigid 272
☐ release 170	☐ resistance 104	☐ riot 262
☐ relevant 344	☐ resolution 172	☐ ripe 360
☐ reliance 168	☐ resolve 172	☐ risk 112
☐ relief 172	☐ resource 122	☐ risky 112
☐ relieve 172	☐ resourceful 122	☐ rob 162
☐ religion 106	☐ respect 10	☐ robbery 162
☐ religious 106	☐ respectable 10	☐ role 124

☐ rough	278	☐ seize	172	☐ similar	130
☐ round-trip	34	☐ seizure	172	☐ similarity	130
☐ routine	184	☐ seldom	216	☐ simple	66
☐ royal	202	☐ select	166	☐ simultaneous	350
☐ rude	68	☐ selection	166	☐ sin	320
☐ ruin	234	☐ selfish	280	☐ sincere	214
☐ rumor	118	☐ send	12	☐ sincerity	214
☐ run	24	☐ sensible	278	☐ sinful	320
☐ rural	200	☐ sensitive	214, 278	☐ sink	222
		☐ sensitivity	214	☐ site	266

S

		☐ sentiment	186	☐ situation	118
☐ sacred	356	☐ sentimental	186	☐ skill	112
☐ sacrifice	120	☐ separate	148	☐ skillful	112
☐ sad	50	☐ separation	148	☐ slave	186
☐ sadness	50	☐ serious	130	☐ slavery	186
☐ sail	240	☐ seriousness	130	☐ slight	138
☐ same	56	☐ serve	224	☐ smart	54
☐ sane	344	☐ settle	166	☐ smell	26
☐ sanitary	350	☐ settlement	166	☐ smoke	22
☐ satellite	248	☐ several	64	☐ soak	310
☐ satisfaction	84	☐ severe	206	☐ social	48
☐ satisfy	84	☐ sew	296	☐ society	48
☐ savage	346	☐ shake	12	☐ soil	194
☐ save	14	☐ shallow	282	☐ soldier	248
☐ say	12	☐ shame	178	☐ sole	348
☐ scarce	212	☐ shameful	178	☐ solemn	358
☐ scarcely	216	☐ shape	110	☐ solid	266
☐ scare	238	☐ share	86	☐ solution	86
☐ scatter	302	☐ shelter	250	☐ solve	86
☐ scene	122	☐ shine	24	☐ somehow	216
☐ scenery	122	☐ short-tempered	270	☐ somewhat	216
☐ scent	252	☐ shortage	192	☐ sophisticate	308
☐ scheme	326	☐ show	22	☐ sorrow	268
☐ scholar	324	☐ shrewd	360	☐ soul	182
☐ scholarship	324	☐ shrewdness	360	☐ sound	22
☐ scold	156	☐ shrink	316	☐ source	184
☐ scope	258	☐ shy	50	☐ sovereign	336
☐ scream	304	☐ sick	58	☐ sovereignty	336
☐ sculpture	338	☐ sight	260	☐ spare	170
☐ search	90	☐ sightseeing	34	☐ special	70
☐ secure	240	☐ sign	192	☐ species	128
☐ security	240	☐ significance	142	☐ specific	140
☐ seed	262	☐ significant	142	☐ specification	140
☐ seek	166	☐ signify	304	☐ spectacle	264
☐ seem	80	☐ silly	204	☐ spectator	264

Index

☐ spend	28	☐ stupid	64	☐ surrender	230
☐ sphere	326	☐ stupidity	64	☐ surround	92
☐ spill	294	☐ subject	32	☐ survey	248
☐ splendid	284	☐ subjective	282	☐ survive	228
☐ spoil	224	☐ submission	172	☐ suspect	152
☐ spontaneous	360	☐ submit	172	☐ suspend	306
☐ spread	98	☐ subordinate	358	☐ suspension	306
☐ stability	206	☐ substance	320	☐ sustain	222
☐ stable	206	☐ substantial	320	☐ sustainable	222
☐ stairs	44	☐ substitute	222	☐ swallow	308
☐ stand	160	☐ subtle	348	☐ swear	310
☐ standard	160	☐ subtlety	348	☐ sweat	270
☐ stare	226	☐ suburb	250	☐ swell	316
☐ startle	292	☐ suburban	250	☐ sword	264
☐ starvation	174	☐ succeed	78	☐ sympathize	196
☐ starve	174	☐ success	78	☐ sympathy	196
☐ state	230	☐ successful	78	☐ symptom	330
☐ statement	230	☐ succession	78		
☐ static	354	☐ successive	78	**T**	
☐ statistical	262	☐ sudden	130	☐ tale	250
☐ statistics	262	☐ sue	314	☐ talent	42
☐ statue	324	☐ suffer	94	☐ tame	280
☐ status	128	☐ sufficient	204	☐ tap	316
☐ stay	10	☐ suggest	98	☐ task	178
☐ steal	228	☐ suggestion	98	☐ taste	26
☐ steep	344	☐ suicide	262	☐ tasty	26
☐ steer	312	☐ suitability	210	☐ tax	120
☐ stem	314	☐ suitable	210	☐ tear	230
☐ stick	296	☐ sum	122	☐ tease	234
☐ still	70	☐ summarize	330	☐ technological	126
☐ stimulate	152	☐ summary	330	☐ technology	126
☐ stimulation	152	☐ superficial	348	☐ telescope	256
☐ stir	318	☐ superior	276	☐ temper	270
☐ strain	268	☐ superiority	276	☐ temperature	46
☐ strange	66	☐ superstition	268	☐ temple	44
☐ strategy	270	☐ superstitious	268	☐ temporary	278
☐ strength	54	☐ supply	90	☐ tempt	228
☐ stretch	172	☐ support	80	☐ temptation	228
☐ strict	134	☐ suppose	92	☐ tend	98
☐ strive	300	☐ supposition	92	☐ tendency	98
☐ strong	54	☐ supreme	272	☐ tender	276
☐ struggle	224	☐ sure	52	☐ tenderness	276
☐ stubborn	276	☐ surface	186	☐ tense	176
☐ stubbornness	276	☐ surgeon	332	☐ tension	176
☐ stuff	190	☐ surplus	264	☐ term	182

☐ terrible	130	☐ trace	324	☐ unavoidable	344
☐ terrific	130	☐ trade	122	☐ undergo	240
☐ territorial	254	☐ tradition	106	☐ understand	16
☐ territory	254	☐ traditional	106	☐ undertake	244
☐ terror	130	☐ traffic	30	☐ uniform	44
☐ testify	304	☐ transfer	230	☐ unit	260
☐ theme	328	☐ transform	150	☐ unite	100
☐ theoretical	116	☐ transformation	150	☐ unity	100
☐ theory	116	☐ translate	88	☐ universal	120
☐ therapy	334	☐ translation	88	☐ universe	120
☐ therefore	288	☐ transmission	100	☐ university	48
☐ thermal	328	☐ transmit	100	☐ unprecedented	356
☐ thermometer	328	☐ transparency	358	☐ until	72
☐ thick	60	☐ transparent	358	☐ upset	172
☐ thickness	60	☐ transplant	244	☐ upstairs	44
☐ thief	190	☐ transport	86	☐ urban	200
☐ thin	60	☐ transportation	86	☐ urge	202, 230
☐ thing	44	☐ trap	270	☐ urgent	202, 230
☐ think	16	☐ trash	326	☐ useful	58
☐ thirsty	50	☐ treasure	194	☐ utility	258
☐ thorough	274	☐ treat	84	☐ utmost	354
☐ thought	16	☐ treatment	84	☐ utter	344
☐ thread	328	☐ tremble	304	☐ uxurious	176
☐ threat	248	☐ tremendous	204		
☐ threaten	248	☐ trend	192	**V**	
☐ throw	24	☐ trendy	192		
☐ thus	288	☐ trial	18	☐ vacancy	272
☐ tidal	330	☐ tribe	342	☐ vacant	272
☐ tide	330	☐ trip	32	☐ vague	286
☐ tidy	346	☐ triumph	194	☐ vain	284
☐ tight	210	☐ trivial	344	☐ valid	346
☐ till	72	☐ trouble	36	☐ valuable	108
☐ timid	344	☐ troublesome	36	☐ value	108
☐ tiny	280	☐ true	58	☐ vanish	316
☐ tired	52	☐ trust	26	☐ variation	150
☐ tiredness	52	☐ truth	58	☐ variety	136
☐ tolerance	232	☐ try	18	☐ various	136
☐ tolerate	232	☐ turn	16	☐ vary	136, 150
☐ tomb	326	☐ typical	200	☐ vase	46
☐ tongue	40	☐ tyranny	340	☐ vast	284
☐ tool	48			☐ vegetable	30
☐ torture	342	**U**		☐ vegetarian	30
☐ touch	44			☐ vehicle	262
☐ tough	132	☐ ugly	56	☐ verbal	346
☐ toughness	132	☐ ultimate	274	☐ vice	322
		☐ ultraviolet	356	☐ victim	116

Index

☐ view	36		☐ whisper	158
☐ vigor	258		☐ wicked	360
☐ vigorous	258		☐ wickedness	360
☐ violate	96		☐ wide	66
☐ violation	96		☐ width	66
☐ violence	116		☐ wild	62
☐ violent	116		☐ willing	200
☐ virtual	278		☐ willingness	200
☐ virtue	322		☐ win	14
☐ visible	208		☐ wind	36
☐ visit	10		☐ windy	36
☐ vital	286		☐ wipe	164
☐ vivid	214		☐ wisdom	68
☐ vocation	326		☐ wise	68
☐ vocational	326		☐ wish	22
☐ void	346		☐ withdraw	234
☐ volcano	254		☐ withdrawal	234
☐ volume	126		☐ within	72
☐ voluntary	32		☐ without	72
☐ volunteer	32		☐ withstand	312
☐ vote	98		☐ witness	270
☐ voyage	198		☐ wonder	76
			☐ wonderful	56

W

☐ wage	178		☐ worm	342
☐ wait	10		☐ worry	10
☐ wake	26		☐ worship	228
☐ wander	238		☐ worth	132
☐ war	42		☐ wound	220
☐ warn	102		☐ wrong	50
☐ waste	28			
☐ weak	54			

Y

☐ wealth	120		☐ yell	246
☐ wealthy	120		☐ yield	246
☐ weapon	190			
☐ wear	22			
☐ weather	30			
☐ weed	320			
☐ weep	232			
☐ weigh	116			
☐ weight	116			
☐ welcome	52			
☐ welfare	322			
☐ well-being	258			
☐ wheelchair	34			

著者略歴

平山 篤(ひらやま あつし)

1955年生まれ。山口県出身。山口大学経済学部卒業後、日産自動車入社。東京本社で海外関連業務に携わる。その後、ローレル奨学生としてカリフォルニア州立大学留学、政治学を専攻。現在、予備校生や社会人を対象に英語指導。著書「CD BOOK アメリカの小学校の宿題・ミニテストをやってみる」「CD BOOK 中学・高校6年分の英語を総復習する」(ベレ出版)「英単語コネクション」「片手で覚えられる英熟語帖」(学陽書房)。下関市在住。

英文校閲
James Humphreys
Sandy Stockton

(CDの内容) ●時間…79分14秒
●ナレーション…Carolyn Miller
●収録内容:全てのユニットの「英語で話してみよう」の英語例文

CD BOOK 中学・高校6年分の英単語を総復習する

2008年 6月25日	初版発行
2014年 3月 4日	第9刷発行
著者	平山 篤(ひらやま あつし)
カバーデザイン	OAK

©Atsushi Hirayama 2008. Printed in Japan

発行者	内田 眞吾
発行・発売	ベレ出版
	〒162-0832 東京都新宿区岩戸町12 レベッカビル
	TEL (03) 5225-4790
	FAX (03) 5225-4795
	ホームページ http://www.beret.co.jp/
	振替 00180-7-104058
印刷	株式会社 文昇堂
製本	根本製本株式会社

落丁本・乱丁本は小社編集部あてにお送りください。送料小社負担にてお取り替えします。

ISBN 978-4-86064-196-2 C2082   編集担当 脇山和美